我又瘦又高，豪情洋溢，這天我從維多利亞・查孔（Victoriana Chacón）國小畢業——與凱米托首長尤格尼歐・卡斯塔尼翁（Eugenio Castañón）握手。

童年大部分的時光，我的夢想都是成為巴拿馬的球王比利。這時我十八歲——就在我肇因於嚴重的眼部運動傷害而放棄足球運動前不久。

1991年，11月9日，我和克拉拉結婚當天。娶她回家是我這輩子做過最棒的決定。

出發日：我和克拉拉正要離開巴拿馬市，在我離開巴拿馬去指導聯盟打球前，先度個兩天的蜜月。

人生第一次離開巴拿馬那天——也是第一次搭飛機——我擺出一副大無畏的表情，但別被我騙了。我在巴拿馬市機場與父母合照。躲在我後頭的是我表兄弟艾伯托。（克拉拉負責照相）

走在巴拿馬市的托庫門國際機場中，手上拿著機票，要去參加下一季的比賽，強裝鎮定，不讓別人知道我有多害怕搭飛機。

1992年我在1A球隊羅德岱堡洋基隊擔任先發，成績不錯——直到動了手肘手術，讓我對未來的猜疑大過期待為止。

1999年史考特·波休斯（左）與荷黑·波沙達在我們橫掃勇士隊，四年內拿下第三座世界冠軍後，衝上來擒抱我。（Jamie Squire/Getty Images）

拿下第602次救援，超越崔佛·賀夫曼成為大聯盟史上救援王後，向球迷致意。（Rob Tringali/Getty Images）

即將投出又一顆卡特球。（Ronald C. Modra / Sports Imagery / Getty Images）

最後一出局總是最難拿下。我正在慶賀解決掉馬克．史威尼，完成了1998年橫掃教士隊的壯舉。（Vincent Laforet / Getty Images）

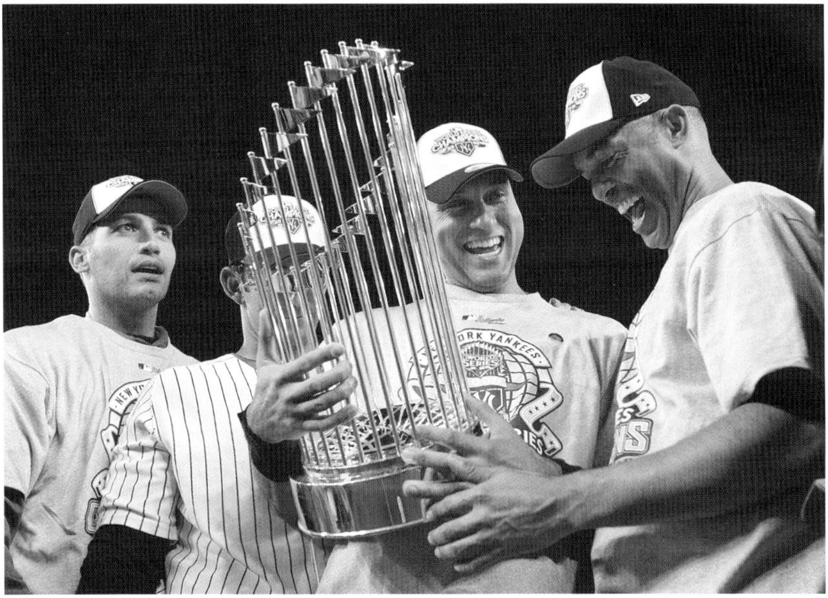
勝利永遠是最棒的事。（Pool / Getty Images）

擁有始終如一、重複的投球機制，是一名投手最大的本錢。在圖中，我重複著自己生涯中始終如一的投球方式。（Jim McIsaac / Getty Images）

我最後一場比賽第九局兩人出局，安迪・佩堤特與戴瑞克・基特走上投手丘換我下場，大概一秒鐘後，我便靠在安迪的肩膀上抽泣。我強壓情緒好久好久，已經準備好全部釋放出來了。（Al Bello / Getty Images）

2013年9月26日，最後一次走下投手丘——全場所有球迷都起立喝采，坦帕灣光芒隊（背景處）與洋基隊全體隊員也全都站起來為我鼓掌——這是我人生中感受到最多力量與情緒的時刻之一。（Jim McIsaac / Getty Images）

馬里安諾・李維拉自傳

終結者

The Closer

馬里安諾・李維拉 Mariano Rivera　韋恩・考菲 Wayne Coffey ——著　威治 ——譯

目錄

獻給我的主與救贖者，耶穌基督，
以及祂所降福的我的家人：
我美麗的妻子克拉拉，我們那三個無比美好的男孩們，
小馬里安諾、亞費特與亞吉爾。

序幕

你絕對不會想要成天跟彎刀耗在一起。我在還是個小孩時就學到了這件事——比我初次聽到卡特球（cut fastball）這個名詞還要早了數十年，更別說投出這種球了。我學到了你不會拿起這種東西，然後把它當成球棒或是掃把柄開始揮擊。你得知道如何使用它，知道正確的技巧，這樣一來便能有效率且讓事情保持單純，如果你問我的話，我會覺得這永遠會是最好的做事方法，在你人生的各個層面皆然。

保持單純。

所有我知道如何使用彎刀的知識，都是我的祖父曼紐．吉儂（Manuel Giron）傳授給我的。我們常會一起去甘蔗園，他會示範給我看要如何握它——如何彎低膝蓋好讓刀面放低，這樣一來彎刀就會跟你想砍擊的平面保持一致，不是隨便亂砍，而是更精確的割下去。拿到彎刀後，我會用它把整片草地鏟平——作業面積比較接近投手丘而非外野——但我還是手持彎刀，把這片方圓一平方呎左右的草地都割遍了。這花了我一小時、也或許是兩小時。我不會匆促行事。我從不匆促行事。完成任務後的感覺，真好。

一九九〇年三月下旬的某個早上，我在日出時走到街上，聞著今天的第一股魚腥味，手上並沒有拿著彎刀。我不認為自己會需要它。我已經二十歲了，剛跟紐約洋基隊（New York Yankees）簽下了一紙職業棒球合約。我完全不知道這代表了什麼。

完全不知道。

幾週前，一位名叫賀伯．雷伯恩（Herb Raybourn）的洋基隊球探坐在我們這間兩房泥磚屋的廚房中。這間座落於凱米托港（Puerto Caimito）山丘上的房子，有個錫製屋頂，後面還養了幾隻雞，我的人生至今都住在這個貧窮的巴拿馬小漁村。父母睡一間，我們四個小孩睡在另一間。

賀伯來訪前，我很快的先跟父親討論了一下。

「有個阿多仔想要跟你聊聊我去打職業棒球的事。」我說。我就只知道這麼多了。

「就聽聽看他怎麼說吧。」父親這樣說。

儘管他看起來像白人，但他確實是巴拿馬人，還說西班牙話。他把幾張紙放在桌上，先看看我，再看看我父親。

「紐約洋基隊想要跟你簽訂合約，並提供兩千美元的簽約金，」賀伯說。「我們認為你是名擁有天賦而且未來一片光明的年輕人。」

賀伯還補充說洋基隊的合約中還包含了一隻手套與一雙棒球用釘鞋。我在父親的商業捕魚船上工作一個星期能掙到五十美元。他們沒有要談判的意思，紐約洋基隊的合約就這樣，從頭到尾只提了這個數字。

「因為你已經二十歲了，我們不會把你送到多明尼加共和國（Dominican Republic）去，那是青少年球員去的地方，」賀伯說。「我們會直接把你送到坦帕（Tampa）參加春訓。」

我相信自己應該把這件事當做是一個好消息，但賀伯不知道他剛新簽下的球員對這一切有多麼陌生。我從沒聽過坦帕，對多明尼加共和國近乎完全陌生。我的世界不是用小就能形容的，大概就跟彈珠一樣大。我人生中最遠的旅行僅僅是開六小時的車到哥斯大黎加（Costa Rica）邊境而已。

我天真的認為，洋基隊簽下我後，我會繼續在巴拿馬打我的棒球。想說自己大概得搬到巴拿馬城，拿到一件比較乾淨的球衣、真正的手套以及一雙大拇指沒有破洞的球鞋——就像我在接受洋基隊測試時穿的那樣。我會去打一陣子棒球，靠它賺點小錢，接著便離隊去唸技師學校。這就是我的計畫。

我對修理東西非常在行，我喜歡修理東西。我將來會成為一名技師。

我腦中對於所謂的大聯盟——lasGrandesLigas 的了解近乎於零。我知道巴拿馬最偉大的棒球選手羅德・卡魯（Rod Carew）[1]曾在那裡打過球。我知道它們分為美國聯盟（American league）與國家聯盟（National league），球季的最後會有世界大賽（World Series）。我就知道這麼多。當我進入大聯盟後，有一次我無意間聽到某人正在討論漢克・阿倫（Hank Aaron）。

「漢克・阿倫是誰？」我問。

「你不是認真的吧？」那個人說。

「不，我說真的。漢克・阿倫是誰啊？」

「他是史上全壘打記錄保持人，超越了貝比・魯斯（Baby Ruth）的紀錄，敲出了七百五十五支全壘打！」

「貝比・魯斯又是誰？」我問。

那個人邊碎念邊走開了，知道最好不要繼續問我知不知道何那斯・華格納（Honus Wagner）[2]是誰。

因此賀伯得把所有事情都跟我這個身材就像根棉花棒的乾癟小孩詳細說清楚：「不，你不會待在巴拿馬。跟大聯盟簽約後，意味著你得搬到美國去。去買些T恤、內衣褲跟一個便宜的行李箱。你會拿到工作簽證，填那些文件時，你得試著讓自己看起來好像知道自己在做什麼。當你唯一會說的英文是：『我不會說英語。』時，你會非常害怕、緊張、難過、完全不知道要怎麼在國外處理任何事情。」

這不只令人畏懼，甚至是讓人毛骨悚然了。我試著不要露出害怕的神情，而我總是能夠好好的將自己的感覺隱藏起來。

過了幾週，到坦帕的機票送來了。是時候接受現實了。

時候到了。

「披利（Pili），我們走吧，」我母親說。披利這個名字是我姐姐迪莉亞（Delia）當我還是小嬰兒時替我取的，沒人知道原因。這輩子我的家人都這樣叫我。父親發動他那輛白色的日產小貨車。我們將它命名為「渦輪」，它有十歲大了，車身滿是鏽斑與凹痕，沒人會將它與賽車聯想在一塊，但我們還是叫它渦輪。我交往已久的女朋友克拉拉・迪亞茲・查康（Clara Diaz Chacón），正坐在我父親老馬里安諾（Mariano Sr.）和我那也叫做迪莉亞的母親中間。我把行李箱丟到後側載貨區上，自己爬上去，旁邊坐著我的表兄弟艾伯托（Alberto）。我父親讓渦輪迴轉後便開上路，經過凱米托港，從我們村子唯一進出的道路，也是唯一的鋪石子路出發。其他的路都是泥巴，而且大部分都比你開過的路要窄得多。我們途中經過了五哩外一個較大的城鎮，喬雷拉（Chorrera），接下來就要開在一條彎彎曲曲、路面滿是車輪痕跡、兩旁有山羊、芭蕉樹，活

1 巴拿馬籍棒球選手，曾經效力於美國職棒大聯盟明尼蘇達雙城隊及加州天使隊，於一九八五年退休。

2 生涯大部分時間都待在匹茲堡海盜隊，曾經連續十七個球季打擊率都維持在三成以上，拿過八次打擊王、五次盜壘王，是大聯盟最初進入名人堂的五位成員之一，生涯累積安打數三千四百三十支。

像個雨林景觀的路上。艾伯托跟我像個椰子般在後面滾來滾去，完全沒東西可抓，只有一圈不牢靠的欄杆讓我們勉強可以不被甩出車外。

我知道**我們**要前往何處——位於巴拿馬城的托庫門國際機場（Tocumen International Airport）——但我對於**自己**要前往何處就沒那麼確定了。

我是一名高中輟學生，甚至沒在佩卓．帕布羅．桑契斯高中讀完九年級，那是一間位於喬雷拉心臟地帶的一棟U型建築，樓高三層，中間有個庭院，裡面還有一堆哪裡有陰影就往哪躺的懶狗。離開學校是個非常糟糕的決定，但有一天我突然覺得對這一切都很倒胃口，便直接放棄，穿著我那件平整的藍色長褲與藍色T恤（我會自己燙制服；我喜歡讓東西看起來很整齊）從那些懶狗旁邊走出去。我沒有思考太多離開學校可能造成的影響，也不是想跟我的父母走同樣的路，他們都是相當聰明，但跟正統教育不太熟的工人階級。

我在學校的最後一堂課——也是讓我決定輟學的最後一根稻草——是特哈達女士的數學課。至少我還記得住她的名字，但我得誠實的說，其實我不是很確定。因為我試著不要記得太多關於她的事情。她不太喜歡我，也沒有想要掩飾的意思，她總是用一種我是她教學生涯中最大禍害的眼神怒視我。我總是跟一些還不是真正的麻煩人物，但絕對會搞些惡作劇的人混在一起。我猜這是以偏概全的緣故。有一天我們之中少數幾個人在教室後面幹著傻事，幾乎沒在注意講台上的畢達哥拉斯定理，把注意力全都放在我們正在教訓的一個小鬼身上。其中一個朋友把一張紙捏成球，往那個小鬼扔，丟到了他的頭。

「嘿！別丟了。」那個小鬼說。

我沒有丟他，但我在旁邊一直笑。

特哈達女士注意到了。

「李維拉！」她總是叫我的姓。

「你為什麼要丟東西？」

「我什麼都沒丟，」我回道。

「別跟我說你沒丟。過來這裡。」

我沒做錯任何事。我哪也不去。

「李維拉，過來這裡！」她重複道。

再一次的，我不聽從她的指揮，此刻她真的生氣了。我不再僅僅是個丟紙球的人。我完完全全變成一個反抗者了。她走到我的座位前站著。

「你現在就得離開這間教室，」她說，接著便將我帶到走廊，剩下來的數學課我就站在那裡，絕對沒上到任何數學。

當天我離開學校後，校方決定以停學三天作為我最終的懲處，而我再也沒有回到佩卓・帕布羅・桑契斯高中。我沒再見過特哈達女士，直到我成為職業球員數年後，某次在市場碰見她。

「嗨，馬里安諾」她說。「恭喜你擁有這麼棒的棒球生涯，我一直都有觀賞你優異的表現。」

沒有怒視、沒有責罵。她用我從未見過的溫和語氣向我問候。

這真的是特哈達女士，或者只是某個長得很像特哈達女士但性情更溫和的人？我這樣認為。

我對她投以微弱的笑容。我只能做到這樣了。我從來就不喜歡人們根據你有多成功或多傑出來決定要如何對待你。我在她課堂中的所有時間，她都視我為行為偏差的邊緣少年。也許我的表現沒有好到讓大家忘了愛因斯坦的存在，但我也不是她想讓我扮演的那種角色。

請不要現在表現得像是妳很關心與喜歡我，但當我是個學生時，妳卻完全不關心我也不喜歡我，我這樣認為。

「謝謝。」我說，邊說邊越過她往水果攤走，希望她接收到我想傳達的訊息。

但特哈達女士並非我輟學的主要原因。最大的問題是跟人起衝突，這經常發生。我樂於學習，在學校的表現也很優秀，但跟人起衝突的頻率實在太高了。在走廊、在校園角落、在回家途中——他們會在任何地方掀起戰火，幾乎總是同樣的理由，那些小鬼嘲笑我聞起來就像條魚：

「來了來了！魚男來了！」

「捏住鼻子，那條魚越來越靠近了。」

「我以為我們在學校，不是在捕魚船上。」

他們對我的挖苦話其實沒說錯，我聞起來確實像條魚。大部分住在凱米托港的小孩身上都有這種味道。我們在海邊生活，距離那些將沙丁魚肉加工成——我們稱它為**harina de pescado**（魚粉）——的加工場不遠。我的父親是一艘商業捕魚船的船長，他在工作日時得花超過十二個小時以上的時間耗費在撒網，然後盡可能的將所有沙丁魚和鳳尾魚拖上船。魚腥味充斥著整個凱米托港。你可以洗上一個小時的澡並將自己浸到古龍水池裡來去除味道，但假使有一兩滴加工廠的水滴到你的衣服，整個晚上你身上都會臭得要命。這些魚讓當地的經濟免於滅頂危機，還為那些嘲笑我的小鬼們的父母提供了工作機會。我可以、也應當忽視他們。但我做不到。

他們逗弄我，接著把我騙進去跟他們一夥。我並不對此感到驕傲。這真的是我愚蠢之處。祖母剛剛過世，而我有點失神，一不小心便被自我毀滅的衝動給擊垮了。我應該把最後那一年讀完，應該像聖經教導我們的一樣，把另外一邊臉頰伸出去。當時我對聖經還不熟，也不知上帝為何物。我既年輕又頑固，硬是堅持要照自己的方法行事。祂的方式？經文的力量？

我還沒到達那個境界。

我們繼續開往機場。在高速公路上，我在小貨車後座感受到溫暖的空氣吹拂著我。我越來越感到悲傷。我們駛過成群的木薯與鳳梨樹，還有不時出現的牛群，這幾乎就像是我的少年時代如同走馬燈般一一流過。我回想起在沙灘上用牛奶盒做的手套、棍子當做球棒以及將魚網緊緊捆在一起當做球，大家開心打著棒球的景象。我想知道假使自己的最後一場比賽在埃爾塔馬林多（El Tamarindo）（另一個我曾經在那裡打過比賽的一座滿是泥濘的球場，球場的名字是因為本壘板是用塔馬林多樹製成而得名）的話，並思索著假使我繼續踢足球的話，事情會變成什麼模樣。那是我第一個愛上的運動，常常試圖用精美的步法（無論有沒有穿鞋都一樣靈活）擊敗對手，想像自己是巴拿馬比利。這個夢想一直持續到我在一場比賽中爭球時眼睛遭受重擊，造成暫時失明後才終止。當時我很努力的踢球，比賽開踢二十分鐘後，在一次頭錘時跟一個人相撞，後來急急忙忙到了急診室，醫師縫合傷口後，告訴我眼睛傷勢看起來非常嚴重，需要找專科醫師做檢查。

我的足球生涯並沒有持續很久。

再半小時左右就要到了。我往渦輪的駕駛座瞧，看向坐在我父母親中間的克拉拉。克拉拉總是在我身旁，堅定且強大。你知道只要在某些人旁邊，你就能感覺到他們的力量與良善嗎？這就是我在克拉拉身旁時的感受。我們都在凱米托港出生，距離幾棟房子遠而已；打從讀幼稚園時我就認識她了。有一晚，在俱樂部的舞池中，跟她的友情突然間昇華為浪漫的愛情故事。克拉拉從我輟學後就再也沒跟我說過任何話了。甚至是看到我走過來便轉身離去。我想——不，其實我很清楚——她對我的表現感到相當失望。我認為她期望我要有更好的表現。這種冷場一直等到我們那群朋友通通在俱樂部會合後才好些，我們也開始跳起舞來。燈光有些昏暗，音樂的節奏很強。這支舞結束後我們回到場邊時四目相對。她牽起了我的手，我無法形容那一刻心中的感受。接下來一整晚我們都沒有再一起跳舞。我沒有送她回家，也沒有在搖曳的棕櫚樹下接吻或是在午夜寧靜的埃爾塔馬林多漫步。

但有些感覺發酵了，一種強而有力的感覺漸漸升溫。是主讓我們兩人在一起的，我確信這件事，就跟確信我的名字叫做馬里安諾．李維拉一樣強烈。那應該，也必定是主的旨意讓我和克拉拉在一起的。不然是什麼原因讓她再次跟我攀談？是什麼原因讓她在那晚來到俱樂部？她幾乎不上俱樂部，完全不喜歡俱樂部的那種氣氛。但我們卻在那裡共舞，那一刻我們之間產生了一種彼此都沒有察覺的漣漪。你也可以說這只是一個巧合，是宇宙一隅某場隨機的輪盤遊戲，但我相信這是主的計畫，而這只是個開端。

輟學後，我常常在喬雷拉這間俱樂部遊盪，當時我還沒開始跟父親一起出海捕魚。我會喝點小酒，跳一整晚的舞，活像個梅倫格舞[3]選手在舞池上揮灑青春，但不是真的在比賽，就只是在俱樂部跳著舞。這裡到處充斥著酒精與雄性激素，也因此打架鬥毆不是什麼新鮮事。警察每天也都會來看看狀況。那些小夥子隨身攜帶碎冰錐、不然就是小刀。有一晚我跟一群人，大概十五個人混在一起，說不定還超過這個人數。其中一個人跟另一個帶著一夥人的傢夥起了爭執。我不知道是怎麼開始的，可能是瞄了某個人的女朋友或是對她品頭論足這種很常見的事情。但事情越演越烈。他們準備大打出手，而我走到兩群人中間想讓他們冷靜下來。

「老兄，今天這裡氣氛不錯。大家是來這裡找樂子、跳舞，不是來打架的。不要有人受傷或

[3] 流行於多明尼加共和國，具有加勒比海節奏風格的一種舞蹈。

是幹些傻事好嗎？」我說。

在事情似乎短暫的冷靜下來前，大家都擺出了要幹架的姿態，看起來都很強硬並一直叫囂。接著另一邊有個人突然衝到最前頭，手上還拿了把彎刀。他臉上的表情說明了他想要用那把彎刀做點事情，而且不是要拿來除草。顯然的，他想要繼續打下去，而且他看我不太順眼。

「那個瘦皮猴呢？就是那個和平主義者！」他邊揮舞著彎刀邊喊著。

如今我已擠回人群之中，但我看得到、也聽得到他在尋找我的蹤影，我反應很快，跑的也很快。我拔腿就逃，那個傢伙緊追在後。我先想辦法把他甩掉，然後躲進附近的房子裡避難。那個手持彎刀的傢伙終究沒找到我。

這不是平常會發生的事。我也不是個壞孩子，從來沒被關進監牢，但假使這種事真的發生了呢？

這當然有可能發生。我常混在一起的那群人之中，有好幾個都曾被關進監牢，而且不只是關幾個小時或一個晚上而已。被那個手持彎刀的小夥子追殺是我想脫離這種生活的另一個警鐘。克拉拉和我越來越常相約見面，我們的關係也隨之慢慢轉變。我們會在安靜的餐廳共進晚餐、躺在我家外面的吊床上談天說地（這個吊床是用魚網搭成的）。我們可以聊個不停，而我對於自己不假思索便能不斷跟這位女孩一直聊下去感到相當驚訝。我開始珍視這些時間，而且在我們開始交往不久便理解到這件事。

假使那個晚上我在俱樂部跳整晚的舞，而沒有先跟她一起離開的話，後來的種種好事都不會降臨在我身上。

我真心認為，假使沒有克拉拉，我絕對不會成為一名洋基人。

父親駕駛著渦輪開到了機場並停好車。艾伯托和我從後座爬下來。我們一起走向航站。直到此時，我才意識到這一切都是真實的。

我要離開家裡了。離開巴拿馬。

離開克拉拉。

從此刻起，我這個六呎高、一百五十五磅重的軀體已是一名職業棒球選手了。我不知道這個身分會持續多久。任何事都掩蓋不了我的情緒：我非常害怕。我知道自己喜歡打棒球，但不知道自己跟未來面對到的對手相比實力如何。我並非天生多愁善感，但我是個現實主義者。有誰的人生曾經發生過跟我一樣大的變動——從一個巴拿馬漁船上的小夥子，變成了紐約洋基隊的選手？

我去凱米托港當漁夫時，父親曾告訴我，他從基層開始做起，清理船隻、清掃垃圾、只領到微薄的薪水，但他不斷的辛勤工作，也不斷升職最後當上了船長。「披利，你也會跟我一樣，這並不容易，但你會用自己的方式成為人上人。」

我擁抱母親，跟父親握手向他們道別。

有五個月的時間見不到克拉拉。感覺就像是五年見不到她一樣難熬。

我告訴克拉拉我有多麼愛她以及我會多麼想念著她。

「我會寫信給妳，而且很快就回來了。」我說，接著我用雙手緊緊抱著她、跟她吻別並試著別哭出來，但我還是哭了。

她也哭泣著。

「我愛你，披利。我會在這裡，等你安然歸來。」她說。

我走向登機櫃檯、通過安檢門，走進一輛電梯。

「我們的小男孩要走了。不知道接下來他會遇到什麼事？」儘管已經聽不太清楚，但我知道這是母親的聲音。

我看著他們往上走到觀景台要看著飛機起飛。我則是轉身走進空橋搭上飛機。很快的，飛機便起飛了，這是我人生中第一次搭飛機。我的眼淚快流乾了，但沒有回頭望。

第一章　影響我一生的小漁港

我的國家位於中美洲南端邊陲的一塊狹長土地，當你在地圖上看到它時，看起來並不比鞋帶寬。這裡擁有三百六十萬國民，與綿延四十八英哩，連接大西洋與太平洋那條世界聞名的運河，它替所有的船隻省下了大約八千英哩的海上航程。北方的鄰國是哥斯大黎加（Costa Rica），南方則是哥倫比亞（Colombia）。巴拿馬不只是兩個大洋交界之處，還是北美與南美洲交會的地點。就一個國家而言，它只是一個比南加州要小一點的地方，不過，這塊土地上有著說不完的故事。

凱米托距離運河約二十五英哩，坐落於巴拿馬靠太平洋這面，距離一座名為埃法耶（El Valle）的火山約十五英哩。這個村莊以漁業聞名，在凱米托，假使你不是漁夫，那你可能就是在修船場或是魚類加工廠工作，不然就是在市場賣魚。簡單的說，所有人的人生都與魚息息相關，三餐也都離不開魚。

父親說，我會長的這麼身強體壯，都是因為餐餐吃魚的關係。我祖父活到了九十六歲，父親說他會活的比祖父還長，我深有同感。

父親生長在一個艱苦的農家中，有十五個兄弟姊妹。他出生並成長於靠近哥倫比亞邊界的達連省（province of Darién），六年級後他便輟學，在他們家那小小的農田裡，一週六天，一天十一個小時辛勤工作著。他們家種植米、玉米、大蕉以及各式各樣的蔬菜，耕種時完全不使用牽引機或者任何動力設備。就連鐮子、鋤頭、耙子都是那些環境比較好的農夫才用得起的高階工具。我父親和他的家人一直以來都是用彎刀割除灌木叢與雜草，用鋒利的棍子耕地。每個星期他們都會找一天把作物帶到市場販售，那一整天往來市場的交通，他們會乘坐類似貢多拉的船隻靠著用人力划槳來移動。

這是一段艱苦，甚至可說是嚴酷的生活，此時我父親還只是名青少年，他有好幾個兄弟都因為覺得漁業是比較有賺頭的工作而搬到了凱米托。等到他十七歲後，便加入了他們的行列。一開始他就是盡可能的找一些跟魚有關係的零工，但他還是不斷思索著自己未來應該做什麼才好，有一天他在路上閒晃時，遇見了一位在自家門前一邊哼著歌一邊洗碗的女孩。這位女孩只有十五歲，家裡有八個兄弟姊妹，我父親會跟你說他對那個女孩一見鍾情。她的名字是迪莉亞・吉儂（Delia Giron），在她用歌聲偷走我老爸的心後過了兩年，便生下了一個女娃娃。

又過了兩年，她生下了我。

在凱米托的生活，簡單且惡臭難聞。我人生的前十七年，全都生活在巴拿馬灣沿岸，在泥土路旁用骯髒水泥砌成的房屋，有兩個房間，錫製的屋頂搖搖欲墜，離魚類加工廠並不遠。這個村莊有一整排這樣的房子，大部分房子都是我的姑姑、舅舅、叔叔等親戚在住的。我父母親剛搬過來時，房子沒水也沒電；屋子外面有個露天廁所，不用走太遠就有一座井。照明得靠煤油燈的光。一九六九年我來到這個世界上時，家裡已經有電跟水了，但露天廁所仍然是洗手間的唯一選項。走幾步路就是一個滿是碎貝殼的大沙灘，岸邊靠著幾艘陳舊的小船，以及一些棄置的破網。這片沙灘不是你會在可樂娜啤酒廣告或是旅遊書中看到的那種——沒有青綠色的海水、熱帶樹林或是柔軟得如同滑石粉般的砂粒。這裡是工作的地方，有的只是與暴風雨對抗的船隻、半死的魚、竭力試圖要從大海討生活的謙遜靈魂匯聚於此的村莊。

就是這片海岸讓我成為了一名運動員。退潮時這裡是凱米托最棒的遊戲區，又大又平坦，是一處可供你一整天跑個不停的泥灘。我在這踢足球、打棒球、玩著各式各樣的遊戲，而我最喜歡的一種遊戲，是我們會把一片厚紙板上面割三個洞，將它用兩根桿子架在沙灘上。接著我們會往後拉開大概二十到三十呎的距離，開始狂丟石頭，看誰能夠把最多石頭丟進紙板上的洞。

我的準頭很好。

我們也了解到得盡量在這片海岸上展現創意。沒有球棒，就找根老一點的木棍或是從樹上鋸根樹枝下來。沒有球，就用魚網和膠帶把石頭捆起來。沒有棒球手套，假使你知道要怎麼折出一個手套的話，就可以用硬紙板箱子或是六罐裝啤酒的紙盒做出神奇的手套！

這便是我大部分童年時光打球的方式；直到十六歲前，手上沒有戴過真正的手套。在我們搬離這片海岸時，我父親才買了一個手套給我，二手貨，我們搬到三英哩外的一座山丘，搬到另一間水泥屋，這裡安靜些，路上沒有太多酒鬼或是整晚待在岸邊閒晃的人們。

我們家也沒有電話這種東西（搬到美國之前，我是沒有電話的），或是任何便利的聯絡工具。屋頂籠罩在大蕉的庇蔭下。我從沒擁有過自己的三輪車、腳踏車或是任何車，而且我說真的，在我很小的時候，大部分的時間都只有一個玩具。它叫做大嘴巴先生。按他的肚子他的嘴巴就會張開，你就可以把一枚硬幣放進他嘴裡讓他吞進肚子裡。我很愛按大嘴巴先生的肚子。我不會覺得匱乏，我並不匱乏。這便是人生的樣貌。

我擁有所有自己需要的東西。

一年之中我最愛的節日就是聖誕節。身為家中最年長的兒子，我的任務就是準備聖誕樹。每年都是由我張羅，也知道要去哪找。我們家後面是一個manglar——一片沼澤——淤泥中長著許多小樹。當然，你不可能在沼澤中找到南方香脂冷杉（Fraser fir），最完美的狀態就是仔細尋找適合當聖誕樹的大約三到四呎高的樹，將它連根拔起，然後帶回家。等它乾枯後，用布將樹枝包起來，這樣就會有點節慶感，不會像是沼澤裡的可憐小樹。聖誕老人總是不會到巴拿馬靠近我們這區的地方——可能是因為這裡的房子很少會有煙囪的關係——但聖誕夜還是擁有神奇的魔力，有閃爍的燈光、不斷播放的聖誕歌曲以及所有預期在重大節日會上演的好事。多年來我拿到的都是同樣的禮物——一把新的玩具手槍。收到這樣的禮物我很開心。我喜歡它發出的啪啪聲。我喜歡一邊觀賞我最喜歡的電視影集《獨行俠》（The Lone Ranger），一邊不斷擊發手槍，這部片是關於一個戴著黑面具的行義者的故事，但事實上我更喜歡他的搭檔湯頭（Tonto）。湯頭非常聰明、忠誠且相當謙遜，絲毫不在意自己是否有名氣。你絕對無法在西部找到比湯頭更值得信賴的人。我覺得這超酷的！

我很早就發現自己超愛到處跑，很喜歡一直讓自己動起來。如果我沒有在踢足球或打棒球，那就一定是在打籃球。一等到沙灘退潮，我們就會轉移陣地到埃爾塔馬林多，海水會退到離岸邊夠遠的地方，讓我們可以不用在腳踝陷入泥土裡的狀況下玩耍。無論我們玩哪種遊戲，我都極度的想要獲勝。打棒球時，一旦我這隊快要輸掉了，我就會把球丟進巴拿馬灣裡，然後宣布這場比賽打成平手。這樣做當然讓我跟運動精神獎絕緣，不過也確保了我不會徹底慘敗。

漲潮的話，我最喜歡的運動就是獵捕美洲蜥蜴。牠們遍佈整個巴拿馬，這些全身綠色、容易動怒，擁有皮革般硬皮的蜥蜴總是懶洋洋的靠在樹枝上，隱身在群綠之間。我很清楚在哪可以找到牠們以及如何獵捕。我只需要一塊石頭跟我的右手臂。在有防備的情況下，美洲蜥蜴移動速度非常快，也擁有極為驚人的適應能力；牠們可以從四十或五十英呎的樹上掉落至地面，卻表現的好像只是從公園的板凳上落地般迅速逃逸。不過大部分的狀況下，美洲蜥蜴會乖乖的待在樹木的上層樹枝上，這也讓牠們變成一個絕佳的靶子。我幾乎都是第一次出手就直接命中目標，然後將牠們拾起，扛在肩上帶回家當晚餐。大家都說美洲蜥蜴是生長在樹上的雞——這不像是椰漿飯或玉米粽這類大家會當成主食的東西，也不會看到速食餐廳販售炸美洲蜥蜴塊，但這是我最喜歡的餐點之一。

我一直以來都在試著搞清楚我在凱米托有多少親戚，但我只能告訴你我的堂兄弟數量可能比美洲蜥蜴還多。這點的好處是，只要你想要來場比賽，很快就能找到一大堆玩伴，有一種小市鎮的親切感，在這裡，就算大家都不知道你的名字以及你要找誰，至少也會知道要問誰。身旁總是圍繞著友善的臉孔與時時關照你的人，在這樣的環境下長大是一件非常愉快的事，唯一的困擾，就是你不可能做了一件事情後，不讓這個市鎮超過四分之三的人都知道你幹了什麼好事。

當你擁有一個像我父親一樣的父親時，這常常不會是件好事。

我的父親在人生的路上教導了我很多事。他不是會長篇大論以及擺出父母親那一套規矩的人，但他會用以身作則的方式來形塑我。其中最重要的一條教誨，就是行正道、做正事，無論多麼艱苦，都要遵守這項規則——他總是身體力行，示範給我看。他是個優秀的一家之主，星期一早上五點起床，然後整個星期都待在捕魚船上，不到星期六絕不會回家，一天要花十二到十四個小時（甚至更長）的時間撒網再拉回來，打從骨子裡就是個討海人。我很確定他有時候也會倦勤，但我不記得他有哪一次真的放自己一天假。

度假？週末假期？掛病號？

沒這種事。他是一名漁夫。漁夫就是要捕魚。他日復一日，把全副心思都放在事業上。

然而當你還小時，並不會意識到太多他所做的一切。你總是忙著踢足球、餵飽大嘴巴先生，或是打著家裡那輛腳踏車的主意，想要騎著它遠離你妹妹。身為一個小孩，想到父親，只會聯想到恐懼。他是一個高大強壯的男人，我是個瘦小、乾瘦的小孩；他有渾厚的胸肌，我只有一副排骨。他星期六回家時，身上總會帶著一股魚的腥臭味，而我總會馬上望向他的手。

那是雙渾厚、有力的工作人的手。

那雙手總是會驚呆了我。

那也是一雙會揍我的手。是一雙會讓我想要逃到充滿貝殼的沙灘上的手，因為你無從得知那雙手什麼時候會揍你。身為家中最年長的小孩，我是他最喜愛的靶子。有時候我覺得自己就像是父親的皮納塔（**Piñata**）[1]。我沒留意頻率，但我真的很常被揍。上船前，他總會給我一張家中的待辦清單。但我不是每次都完成所有事項，每當事情沒全部完成時，大事就不妙了。

「披利，為什麼你沒做我要你做的事情？」父親問道。

「大部分的事我都做啦！」我說。

---

1 是一種盛放糖果與小禮物的罐子，也是美洲一種很受歡迎的遊戲，遊戲者的任務就是打碎皮納塔，享受成功與收穫的快樂。

「你沒有完成**所有**我要你做的事！」

「爸爸，對不起。下次我一定會把所有事情都完成，我保證。」

但我父親絕不寬貸。

「趴下去。」他說。

我最怕的就是這句話。其次是聽到我媽說：「等你父親回來你就知道了。」回家時沒有聽到好消息，父親渾厚的手會馬上伸到腰間，脫下皮帶，幾乎毫不拖泥帶水，開始處罰我，抽打我的背三到四下，有時候會多些。我會試著不要哭出來，但有時候就是忍不住。

我會因為很多理由嘗到鞭刑。踢球時打破東西？在學校行為不良？帶著弟弟妹妹惡作劇？還有一些雞毛蒜皮的事。有一次我在小鎮裡跟父親的朋友擦身而過。我其實不認識他，只是看起來有點面熟，也或許是正好在放空，我也不知道。總之，我沒有朝他揮手或打招呼。後來他遇見我父親時跟他提了這件事。

父親馬上就跑來找我。

「披利，你為什麼不尊敬我的朋友？他說他看到你但你完全沒理會他。你甚至沒有對他招手打招呼。」

「我不確定他是誰啊。」我說。

這不是理由。皮帶馬上就來了。這是我最後一次沒跟父親的朋友打招呼。現在我會跟所有人打招呼。我也因此練就了一招關鍵疼痛防範技術。每當我知道自己搞砸了某件事，皮帶就快要招呼在我身上時，我就會穿兩條褲子。

有時候我還會穿三條褲子。要對抗鞭刑，你絕對需要所有可能弄到的緩衝物。

我被打最慘的一次是在某年的二月底，巴拿馬舉辦嘉年華會期間。為了慶祝這個節日，會舉辦場盛大的舞會。當時我十四歲。我父母為了想增加一些額外的收入，在家門前弄了一個小小的雜貨店，賣點水果、雜貨跟日用品。他們跑去參加嘉年華會，留下我和妹妹迪莉亞顧店。店開了一陣子，但沒什麼生意，大家都跑去嘉年華會了。沒有客人還要開店真是有夠無聊的。

而且知道嘉年華會那邊有超多好玩的東西還可以跳舞，但自己卻不能參與，那更是無聊中的無聊。

我跟妹妹說：「我們把店關了，去跳舞吧！」

她說：「不行啦，你知道這樣做我們到時候會有多慘嗎？」

「我知道，但這是嘉年華會耶，今年最大的派對！而且妳還是跟我一起去好了，就算妳一個人留在這，還是會因為放我去玩而受罰啦。」

我妹妹不確定我的說辭是不是有道理，但我們還是換了衣服跑去舞會了。美倫格舞的音樂正愉快的放送。舞池裡擠滿了人，大家都沉浸在節慶的歡樂氣氛中。這跟我原本想像的場景一樣美好。跳到一半時，快節奏的康加鼓聲突然響起，我覺得自己正在節奏中翱翔，享受著這段大好時光。

接著，我感覺到有一隻手在我的頸後。

一隻又大又強壯的手。一隻像是夾鉗的手。

假使我有看到它伸過來，一定會拔腿就跑，不過我沒這麼好運氣。甚至連轉身看後面的機會都沒有，也沒有這個必要。在這個世上只有一個人會這樣抓住我。我父親就在我身旁，發出比音樂還要大聲的怒吼。

「你在這裡做什麼？沒人告訴你要待在店裡照顧生意嗎？」

我沒有扯到店裡生意很冷清的事。應該說我沒有採取任何防禦手段，沒什麼好辯解的，我違背了他的旨意。我知道這一刻終將到來，只是希望在這一刻來臨前能夠再多跳一陣子舞罷了。父親身上有些酒氣，這讓我更加發愁。喝了酒後的父親總是更加粗暴。

他用力鉗住我的脖子，推著我往前，直接把我的頭往柱子上招呼，我前額腫了一個大包。如潮水般洶湧的憤怒直衝著我來。有部分的我想要痛打他、踹他，不過我知道最好別輕舉妄動，這樣做只會讓事情變得更糟，比現在糟糕得多。我沒有再回到舞池，也很清楚當父親離開派對回家後，皮帶又要抽過來了。

我們家距離派對場地只有五百碼，我在熱帶地區的陰暗夜空下踱步回家，心中滿是哀傷與痛楚。

我心想，為什麼父親一定要如此嚴厲？為何他無法理解小孩子心裡都想些什麼，以及去嘉年華會對我的意義有多大？為何他總是要折磨我？

我知道灌輸紀律的觀念與教導小孩辨明是非是父母的職責所在，但真的應該做到像他那樣嗎？我不知道，並感到有些困惑。我父親的兄弟——也就是我的叔叔米格爾（Miguel）——就住在我們隔壁。他對待自己的小孩也是極為嚴厲，也跟我父親一起在船上工作。我跟他和他的家人走的很近，有一次我決定開門見山的問米格爾叔叔這個問題。

我從沒動過要問我父親這個問題的念頭。

「為何你和我父親都對你們的小孩如此嚴厲？你們是想讓我們在對你們的恐懼中生活嗎？」

叔叔思索了好一陣子。我看得出來他想要好好的回答這個問題。他似乎比我父親更能體會我的心情。

「我很清楚我們都是嚴厲的人，你父親跟我都是。可如果你認為我們很嚴厲的話，你應該看看我們的父親是怎麼對待我們的，」他說。「這算不上理由，不過我們只知道這樣教小孩，我們就是被這樣養大的。我們只能盡可能的早點離開那個家——遠離這一切。」他沒有說明太多細節，但我知道他們生長在內陸，在一個農業區，實際上他們就是得儘快逃跑，一切事情都如此糟糕。

我在心中想像著父親小時候，害怕自己的父親，等到他半大不小時靠著自己的力量逃走的模樣。很難想像他也有如此瘦小與脆弱的時刻，不過聽著叔叔的描述，讓我多少有了些畫面。我從沒懷疑過父親是嘗試要靠著拳頭幫助我找到自己的人生道路。儘管他在我小時候從沒表示過，但我從沒懷疑他對我的愛。這一直是一件……難事。我從米格爾叔叔身邊走開，深深感受到對父親的憐憫，以及對他的愛。我知道他有多在意我，多麼盡力嘗試要傳授我們在人生中取得成功一切所需。因為這一切，讓我了解到一件事。

等到有了小孩，我會訓練他們、教導他們，假使我一事無成，我也一定會盡可能的用令他們恐懼以外的所有方法對待他們。我會為他們祈禱，等到他們有了自己的小孩，他們會成為比我更好的父母。

第二章　大海的折磨

你不應該在靠近巴拿馬運河處捕魚。那裡的海上交通實在太過擁擠了，其他的漁船也不會為了你而減速。若你的船跟我父親的一般大小——九十英呎長、一百二十噸重，魚網伸展開來超過一千呎——假使你真得在這裡捕魚的話，實在很難不擋到其他人的路。

不過我父親是這樣看的，就是你得做該做的事。身為一名漁船船長，他嘴上總掛著一句我聽了一輩子的格言：

「放在船上的魚網賺不了錢，只有放在海裡才能生錢。」

這時我十八歲，在我父親的船上擔任全職船員，是船上九名船員年紀最小的。這艘笨重的鋼製漁船名叫麗莎號，船體斑爛，到處都是亂糟糟的鏽斑和黯淡的油漆，全都是歲月的痕跡。我不是因為想當漁夫才到船上工作的，在船上我一個星期可以掙到五十美金，這樣我才可以去上技師學校。我早已認清漁人生活不適合我。我不喜歡整個星期都在海上漂流，把大多時間都花在這種枯燥無味的工作上，這還沒算上其中牽涉的風險呢。

你知道嗎？捕魚是當地第二危險的職業，只比伐木工好些，這是有個朋友跟我說的，他說這比一般工作要危險三十六倍之多呢！

我回他說，我不知道。但我不意外。接著我告訴他我家人的朋友之前手卡在兩艘船中間，然後手就被擠斷的事。

我並不醉心於成為一名漁夫，還有另一個理由。我痛恨與克拉拉分離。一個星期有六天要待在海上，只有一天可以跟克拉拉在一起？我們有辦法把天數反過來嗎？

然而此刻我別無選擇。我需要錢，而這是我唯一的賺錢門路。我們的魚網一直在海裡，在巴拿馬灣裡，不過今天不是個好日子。我們花了好多個小時在慣常的沙丁魚熱門點，我們稱這裡叫 La Maestra（女教師），不過什麼也沒撈到，正打算回到根據地的島上。就在我們駛了二十分鐘，離運河還不太遠時，探魚聲納的燈亮了起來。

聲納若是亮橘燈，代表你遇到了一大堆魚；若是紅燈，就代表你中了魚樂透！聲納亮了紅燈。到處都是魚。我們忙了整天一無所獲，突然間卻來到沙丁魚的家上頭！儘管我們還蠻靠近運河的，但父親判斷到了這個時間——此刻剛過晚上十一點——船隻交通不會造成太大問題。每一百噸魚只能賺到三十五美元，你是絕對不會想放過所有游過你的魚群的。

「撒網吧，衝啊！好多魚等著我們捕呢。」父親吼道。

我們撒下魚網，讓它呈現一個大圓，概念是要讓魚網圍繞在魚群外圍，接著將兩條巨大的拉繩用液壓絞車在另一側迅速將網收攏。

這得花些時間，而且這次收獲頗豐，可能有八十到九十噸的沙丁魚，魚網滿到快爆開了，船前進的速度也被魚的重量拖累了，事實上，船身吃水變得很深。我們補到太多魚了，父親用無線電叫其他船隻前來幫忙，這樣我們就可以將剛剛捕獲的魚讓其他船先運回去，繼續去捕更多的魚。其他船隻出現了，我們將魚卸下後，便轉頭回去剛剛的熱門點。此刻已接近凌晨四點。這不是正常的捕魚時間，但我們沒有停下的意思。

不會在聲納亮紅燈時停下。

父親再次圈選撒網點，我們將網拋出。有段時間，他得花上很多力氣才能在強勁的湧流上巧妙的操縱這艘船，不過我們還是成功到達了捕魚點。船首船尾各有一人在顧網子——這張巨大的網狀物捕捉沈重的獵物，將它們拖到船上。拉繩是由滑輪系統在導引，最上方的滑輪處有一個片狀物將繩子的運轉方向固定住，等到絞車開始收緊繩子時，繩子就不會飄來飄去不好收了。機器動順後，繩子就會收的很快，就像是急馳在德多納（Daytona）賽道上的賽車。

我們在伸手不見五指的黑夜中工作，離日出還有兩個小時。船上的甲板燈也沒開，開燈就等於在警告魚群我們來了，牠們就會跑光光。這時我們差不多要開始收網，讓液壓絞車動起來，把魚拉上來了。我站在船中，離米格爾叔叔大約六呎左右。在晚上進行這項作業非常棘手，不過我們都很清楚工作流程，通常不會出什麼問題。

但這次有個滑輪片不太牢靠。要是白天絕對會有人注意到，這片黑夜讓大家疏忽了。繩子必須一條一條串連起來收緊魚網，但那時我注意到有條繩子跑得太前面了，我告訴守著第二條繩子的船員放鬆一點。他放了，但因為滑輪片不夠牢靠，絞車一開始收緊，繩子就因為吃力而彈出滑輪，挾著等同榴彈砲的威力，從水裡朝船上的我們襲來。這只是電光火石的瞬間，完全沒時間反應。繩子正中我叔叔的胸部，讓一個兩百四十磅的人活像片棕櫚葉般彈向船的另一頭。他面朝前方撞上了船中央大型鹽水儲存槽鋼鐵製的邊角。一微秒後，繩子也招呼在我胸口上，我彈得更遠，但沒撞上鋼鐵製的邊角，僅僅撞上儲存槽。

除了牙齒撞掉了幾顆，身上有些擦傷跟瘀傷外，其他地方都沒有受傷。不是因為我的運動神經或做了任何讓傷害減到最小的動作；這是神的恩典，我只是撞到了相對安全的地方罷了。

但叔叔就沒那麼幸運了。他的臉裂得大開，鮮血汩汩四溢，傷得很重。他因為疼痛而大聲哀號。這是我有生以來看過最駭人的景象。

「停下來！去幫忙！米格爾受傷了！」有人尖叫著說。

「找人來幫忙！快點！他傷得很重！」

船上的每個人都在尖叫。當時父親人在上層甲板的舵房裡，衝下後來看到他兄弟的臉好像被彎刀砍過似的。我腦中不斷重播這場惡夢般的事件。沒裝緊的滑輪片，一條失控的繩子，又過一秒，我深愛的叔叔——這位剛剛才溫柔的向我解釋為何我父親會如此嚴厲且總是用皮帶伺候我的叔叔——就這樣死在我眼前。我但願自己能做點事，但願自己能做任何事來換回他的命。父親用無線電通知了最先有回應的海岸巡防隊，他們在幾分鐘後就找到我們，並將叔叔送到最近的醫院。此刻已漸露曙光，但我無法將那個殘酷的景象從腦海中翦除。

叔叔患有糖尿病，這讓他的復原狀況變得非常複雜。某些日子他的病情看起來似乎有了起色，過了幾天卻又益加嚴重。他跟死神搏鬥了一個月有餘，最後並沒戰勝。葬禮與長眠處都在凱米托。有數百人送他最後一程。

「米格爾回到他的家陪伴上帝了。」牧師說。「我們為了失去他而悲痛萬分，不過我們也得謹記，上帝已為他留了一個位置，他去了一個更美好的所在。」連續九天早上我們都虔誠的為他禱告。那是我印象中第一次看到父親哭泣。

幾天後，我們重又回到船上，因為魚網只有在海裡才能賺錢。最後一天早上的祈禱儀式結束後，我們就回去工作了。我們只能這樣週復一週、日復一日的做下去。

距離叔叔過世快滿一年時，有天星期五我們理應要放假，但因為父親沒收到出借船隻給他的公司的通知，我們先花了些時間將魚網補好後，就朝著太平洋上的康塔多拉島（Contadora Island）方向啟程，前往哥倫比亞。魚網很快就裝了滿滿的魚，便回頭朝我們的根據地航行，想先把這批拖網裡的魚卸下。沒前進多遠，水泵的皮帶就停止運轉。我們嘗試要將備用皮帶換上，但無法完全貼合。水泵還是無法運轉。

這可不妙。

水泵是用來把船上的水抽走的。假使水泵無法發揮功用的話，船是沒法浮在水上太久的。我們載著上百噸的沙丁魚，因此現在的吃水本來就深，沒有水泵，馬上就會吃進越來越多的水。我們距離康塔多拉島旁一個名為帕契卡（Pacheca）的小島還有兩千英呎遠。但我們已開始下沉。

已經沒時間慢慢思考了。父親當機立斷做出定奪——一個沒有一名船長會想做出的決定。我們要把船開到帕契卡島，直接開上沙灘，父親說。我們開不到康塔多拉了。

他決定直奔那座島前進後，我們開到半路，大約還有一千英呎的距離時，水泵的皮帶不可思議的又開始運作了。沒人知道原因，也沒人深究。船上的水又抽了出去，船身也開始慢慢浮出水面。你可以看到我父親臉上鬆了一口氣的表情；他很清楚嘗試要把這樣的大船直接開往岸上會有多大的風險。我們可能會撞上岩石或珊瑚礁，船體會像送進粗齒木銼的起司那樣變成碎屑。船會吃進太多含沙的海水，之後引擎會被整個搞爛。

距離我們的根據地還有兩個小時的路程，因為水泵回復正常了，父親說我們要回到康塔多拉。風漸漸變大了，海上的浪湧也逐漸增強，但父親堅信不會再出問題。

我父親在這片海域捕了很多年的魚，對何時安全、何時則否擁有很敏銳的直覺。那份直覺讓他受益良多，但這並不代表直覺總是正確。他調轉方向，離帕契卡越來越遠。水泵再次故障時，我們離目的地還有超過一千五百英呎的距離。

此刻已近乎晚上九點，船的進水量也必然的開始上升。風勢持續增強，很快的浪湧也達到了八到十呎的高度，不斷拍擊著船舷。情況每分每秒都在不斷的變糟。船隻也以驚人的速度下沉。事已至此，沒有做選擇的空間了，因為現在只剩下一個選項。

父親喊道：我們得回去帕契卡。他又再次轉向，在風暴下，海岸線就是我們唯一的避風港。這段航程一點都不輕鬆也快不起來，在船身大量進水且風浪這麼大的情況下更不會是件簡單事。

只要大夥兒安全的抵達岸上，無論速度有多慢都沒關係。我知道父親心裡一定抱持著這樣的想法。

接著，引擎也停了下來。

沒有劈啪叫也沒有嗚嗚響。它就是掛了。引擎位於船首，可能是被水淹壞了。現在要怎麼辦？我問父親。

「我們要到船底試著用曲柄發動。」他說。他看起來極為平靜，好像早已考慮到會有這個狀況了。

我們穿過一片潮溼與黑暗，踏著金屬階梯進入船底，我緊握粗大的金屬把柄，開始不斷持續的轉動曲柄，讓某個裝置不斷的將空氣推入引擎，製造能量來發動引擎。

沒有反應。

我又轉了一陣子。引擎依然毫無反應。

這艘九十呎長的船正像個軟木塞般在海上載浮載沉。正以很快的速度沉沒。沒有時間讓我們繼續搖曲柄了。我們只得趕緊爬上主甲板，水已經淹到與腰齊高了。

每個人都上救生艇，父親吼道。

救生艇是鐵製的，船身很深，有十五呎長。我們努力對抗強風與如牆般堅硬的海浪，最後終於將救生艇丟到水上，我們九個人也都成功登上救生艇。船上應該要配備救生衣的，但沒有。父親啟動引擎，操縱救生艇緩慢的遠離麗莎號，風浪撞擊並搖晃著救生艇，就像在浴缸中浮浮沈沈的洗澡用玩具。

在我們身後，我看到父親的船——我們家的生財工具——朝一邊翻，接著整艘船就頭上腳下翻覆了。幾分鐘內，它就完全消失不見。

帕契卡在遠處浮現，可能在八百呎處，卻好似在地球的另一端。我坐在救生艇的右側。它現在裝著我們，船身沉了些，海水也開始灌進救生艇。

我望向前方帕契卡發出的亮光。想說接下來是不是要游過去才有可能活下來，並思索著我們之中有多少人——或者說有任何人——有辦法游得過去。浪湧是一回事，鯊魚又是另外一回事。

我們在這片海域捕過許多次魚了，錘頭雙髻鯊、礁鯊、虎鯊，各種鯊魚我們都見過。

這裡到處都是鯊魚。

對我們最有希望的結果是可以從島的後方登岸，那裡有一些能夠遮風擋浪的屏障，應該會比較不險峻。父親確實是嘗試要讓我們從那邊上岸。我們在被浪湧撞得東倒西歪的狀況下前進，速度相當緩慢。大船已經沉沒，我們這艘也會遭受到同樣的命運嗎？

我無法不直視那不斷翻絞的大海，它看起來非常憤怒。我不是會懼怕海水的人，但我現在怕極了。我們離島後方更近一些了，但看來似乎還是近乎絕望的遙遠。強風和巨浪還是持續敲擊這艘救生艇。船上每個人都默默的不發一語。我整個人被恐懼所支配，幾乎無法呼吸了。

我不敢相信自己居然可能會因為一個故障的水泵而死。

我很清楚自己一點都不想當漁夫，這就是原因所在。我想到叔叔，以及整個家族為了這樣的漁夫人生付出的代價。我想到母親、弟弟與妹妹們。我尤其心繫克拉拉。儘管我從沒說出口，但她是我最好的朋友，是我想要終身陪伴的人。有可能再也見不到她的想法實在太過沈重，讓我無法承受。

倚在舷邊時，有一股大浪襲來讓我全身濕透了。我想要淹死，還是被鯊魚吃掉呢？活到十九歲的我，現在有這兩種死法可選。

不知父親用了什麼方法，但救生艇持續緩慢的前行，邊搖晃邊破浪前進。我試著收心不去想那些死法。儘管我們身處於一個遠比理想中的逃生工具差了許多的救生艇，但他確實用了某種方法讓事情持續有進展。也許最後他會帶我們到無風無浪的地方；也許我們不會沈入海中。

過了五分鐘嗎？十分鐘？我不知道。我只知道現在我們離海岸更近了，可能只剩下三百呎吧。風慢慢平息，海浪似乎也退去。我們使勁增加了一點速度，朝向沙灘前進。

我們就快抵達帕契卡了。

父親操控引擎，引領這艘救生艇駛向沙灘。我從船上跳下去後忍不住大聲歡呼。上岸了！我們上岸了，從來沒想過上岸的感覺會這麼美妙！

我們互相擁抱，我甚至還抱了父親——並感謝他用如此純熟的技術帶領我們抵岸。父親已經先用無線電求救了，警察和海巡隊已經等在一旁，上前確認我們的身體狀況是否正常。他們帶我們去旅館暫歇——帕契卡是一個旅遊勝地，有很多好地方可待——讓我們這群全身顫抖且心懷感激的人們洗了一個熱水澡並換上乾衣服。沉船一事令人傷心，但最後的結局比任何故事都更美好，直至幾分鐘前我都還能記得當時的景象。

最終，父親從船公司那得到一艘新船讓他繼續當船長，但得等一段時間，捕魚季就此告終。我們把時間都花在捕魚網上。那還蠻單調且耗時的，不過我並不急著回到海上。我也很開心還能活著去做任何事。

這個幾乎滅頂的體驗也導致了另一個好結果：免去了一星期六天的海上航程，讓我能夠跟著我的球隊，西巴拿馬隊（Panama Oeste）去打更多比賽。當我還是小孩時，成天都在打球，可是在這個偏僻且貧窮的凱米托，只有一些短期的非正式比賽可打。我是村裡數一數二的球員，十三歲時我就開始以省代表隊成員的身分遠征巴拿馬各地，跟其他省的球隊比賽。我在當地稱得上是好球員，但還不到會讓大家吹捧我是下個羅德・卡魯或銳尼・史坦奈特[1]（RemnieStemnett）那種程度的球員。到了十八歲，我被招募至巴拿馬最高層級成人聯盟中的西巴拿馬牛仔隊（Panama Oeste Vaqueros）比賽。球隊要我站什麼位置我就站。這場比賽我是右外野手，下場比賽是游擊手，再下一場是蹲捕手。我通常打第一棒或第二棒。我跑的很快，也能打出長打。

不過我最喜歡的守備位置是外野手，棒球比賽中沒什麼事能比追高飛球還要有趣了。季後賽的某場關鍵比賽，我被指派為右外野手。隊上最棒的先發投手踏上投手丘，我們很確定他會主宰這場比賽，但今天對手卻把他打得滿地找牙，球一下就被打到巴拿馬運河裡了，接著我們又被打成滿壘。總教練走上投手丘，看了四周一陣子，接著對站在右外野的我招了招手。

他看我幹嘛？我心想。**他不可能是在叫我吧。我甚至連投手都不是。**

他又指了我一次，揮手叫我上前，他真的在叫我。我完全不清楚他叫我的目的，但我還是慢

---

[1] 巴拿馬籍棒球選手，曾效力於美國大聯盟匹茲堡海盜隊，是大聯盟單場最多安打保持人之一（七支）。

慢往前跑。

「我知道你沒當過投手，」總教練說，「但我們現在有狀況，我們只求你能丟出好球。別擔心任何事。把球往本壘板丟，這樣就好了。」

「好吧，我試試，但我真的不知道該怎麼做才好。」我說。

「丟出好球，這樣就可以了。」

「沒問題，我盡力。」我說。

我擁有一條好手臂，總是很柔軟，也可以幾乎隨心所欲的把球往我想要的位置投。但離最棒的投手還有一大段距離，而且自從十四歲時在省代表隊短短投過幾局後，我就再也沒當過投手了。要踏上投手板，試著對捕手打暗號讓我感到相當怪異。

我在第二局比賽進行到一半時登板，沒有讓對手得到任何分數。我沒有使用任何戰術，不會投曲球，當然也沒有什麼犀利的球路，只是拿著球然後丟出去，或許球速還不到八十五英哩，但我投球節奏很快，都對準好球帶的角落，每個人都揮空了。

這場比賽以我們球隊獲勝告終。

「幹的好！」總教練說。「你讓球隊穩了下來，且讓我們有時間把分數要回來。你為我們守下了這場比賽。」

我沒想太多，只認為這是一次偶然的插曲，下場比賽我就會回去守游擊、外野之類的地方。

我回去捕破網並盡可能的參加西巴拿馬隊的球賽，茫然思索著什麼時候才能夠申請進入技師學校。大約過了兩週，有一個週末，我花了一整個下午與克拉拉和我的家人在沙灘上度過了一段悠閒的時光，是日將盡，我們走回位於山丘上的家，到家時，西巴拿馬隊的中外野手與捕手艾密力歐·蓋茲（Emilio Gaes）與克勞迪諾·賀南德茲（Claudino Hernandez）在家中等著我。他們想跟我說些事情。我們沒有電話，親自前來是找到我的唯一方法。

「什麼風把你們吹來啦？」我說。

「我們替你準備了一場測試會。」克勞迪諾說。

「測試會？你說什麼？跟誰測？」

「跟紐約洋基隊。」

「那個紐約洋基隊？」

你真以為我會相信嗎？我心想。

「對，他們想看你投球。」克勞迪諾說。

「我們告訴他們你在其他日子的表現有多亮眼，他們也認為你值得測試。」艾密力歐說。

到這裡，事情越來越荒唐了。

「看我投球？但我不是投手啊，」我說。「如果你們是在開玩笑，請就到此為止吧。」

「不是在開玩笑。我們是認真的，馬里安諾。他們想看你投球，而且測試會時間就定在明天。」克勞迪諾說。

我用極度狐疑的眼光看著我的隊友。就算克萊頓・摩爾（Clayton Moore）和傑・席佛黑爾（Jay Silverheels）騎著馬前來凱米托，跟我說我有機會在《獨行俠》中露面，都不會讓我這麼驚訝。

當我逼問他們更多細節時，克勞迪諾告訴我他對我那場比賽的表現印象實在太深刻了，於是他跟艾密力歐想到可以撥通電話給奇哥・賀倫（Chico Heron）跟他提說有我這號人物。奇哥是本地球隊的教練以及洋基隊的兼職球探，是那種將人生都貢獻在棒球上的棒球人之一，你總是會在某個球場瞥見他們的身影。艾密力歐與克勞迪諾都是好人，不過說到底，他們也是想在這件事情中拿點好處。結果是，假使你介紹一名球員給洋基隊，而洋基隊最後真的跟他簽約，你就能得到介紹費兩百美金。

「那，你怎麼說？」克勞迪諾問道。

我想的是這是我聽過最瘋狂的一件事之一。但魚網放在船上不會生錢，而且我喜歡打棒球。

「我們明天見。」我說。

第三章　轉一次巴士，投九顆球

洋基隊的測試會辦在胡安．德莫斯特內斯．阿羅塞梅那紀念公園球場（Estadio Juan DemostenesArosemena），這是一個灰泥石牆建築上有華麗裝飾物，擁有悠久歷史的著名公園。起建時間是一九三八年，得名於當時決定建造的巴拿馬總統。主通道旁的石頭上刻著拉丁文Citius、Altius、Fortius（更快、更高、更強壯）。我不確信自己是否擁有上面三個條件的任何一項，不過我來這裡就是要試試身手的。許多頂級中美洲與汎美冠軍錦標賽都在這裡舉行。上半天我把時間花在跟父親一起補破網，他聽到我說要出門並沒有很大反應，但還是心不甘情不願的才允許。

「出門前，能做多少算多少吧。」他說。

我在下午一點時出發前往巴拿馬城。從凱米托搭巴士到喬雷拉要四十五分錢。然後轉搭其他能坐到巴拿馬城的巴士，要價六十五分。這趟車程得花一個半小時，下車後我就餓了，便停在雜貨店前買了六個一條的小麵包——我們稱這個叫做pan de huevo（雞蛋麵包）——五分錢一個，和二十五分錢一罐的牛奶。這表示我身上已經不夠搭車回家的一點一元了，不過司機通常會人很好的讓我賒帳下次再付。

從巴士站走到體育場要二十分鐘。這裡大部分區域屬於庫朗度（Curundu），是一個充滿了破舊房屋、空地，以及幾乎到處都可以看到流浪狗的貧民區。隨處可見垃圾堆在路旁，還有醉漢、無家可歸的人以及騙徒。犯罪事件層出不窮。這絕不會是你想久待之地，但其他人跟我說沒人會找棒球選手的麻煩。我走的很快，片刻都未稍停。穿過這區時沒人找我碴。

洋基隊的測試會沒有規定服裝真是一個好消息，假使有這種事，我大概立刻就被趕回凱米托了吧。報到時我穿著一件老舊的綠色短褲、起了荷葉邊的T恤、破洞的鞋……連手套也沒有。同時還有大概二十個參加測試的潛力球員，當我穿著這套破爛的服裝現身時，我看到大家指著我並嘲笑我。

嘿！快看，他們還給了遊民測試的機會啊。我想像得到他們的對話。

我曾經在這個球場比賽過。我知道這個球場的布局與大小——可容納兩萬五千民觀眾——對我來說，這個環境已經夠熟悉了。到這裡後，我做的第一件事就是找尋舉辦這場測試會的洋基隊球探奇哥·賀倫的身影。奇哥外型矮小、圓滾滾的，像拖把般蜷曲的頭髮上總是戴著一頂洋基隊的帽子。我認識他好多年了；在喬雷拉、凱米托或是附近城市的棒球選手一定聽過他的大名。我跟他握手道好。

「我很高興看到你來，馬里安諾。我們正在觀察一些選手的表現，也想看你投幾顆球給我接。聽說你其他日子擔任中繼投手時表現不錯，那你現在要開始投球了嗎？」

「嗯，其實只少少投過幾次。我不總是擔任投手啦，真的，我只投過那一次，只是因為球隊要我暫代投手罷了。」

「好，沒問題。先去旁邊熱身，接著我們就要開始測試了。」

奇哥曾在場邊觀察過我，那是一年前的事情了。他看了好幾場我在西巴拿馬隊擔任游擊手時的比賽。我幾乎每一球都守住了，還打了好幾支安打，但奇哥覺得我還沒達到讓他推薦我為潛力球員的程度。他擔心的是我的打擊能力不足以成為職業好手，也因為他曾觀察過我，接到艾密力歐跟克勞迪諾的電話時並沒有讓他動心。

「我已經看過馬里安諾．李維拉擔任游擊手時的表現了。」奇哥對他們說。

「你沒看過他擔任投手的樣子，」艾密力歐說。「你得看看才行。」

「相信我，我接過他的球，」克勞迪諾說。「這個小子可以隨心所欲的把球投到任何位置。」

我在測試場上看到了幾個以前曾跟他們比賽過的球員。二十歲的我，是裡面年紀最大的球員。他們最不想錯過的一個球員，是一個大孩子投手，名叫路易．帕拉（Luis Parra）[1]，是一個

---

[1] 後來也加入了洋基隊，但在小聯盟待了兩年後即被釋出。

真正的速球投手。還有另一個投手他們也很喜歡，但我完全不知道他是誰。我跟其他人借了手套，便開始熱身。我不擔心路易．帕拉或其他任何人。心中也不存著要讓誰留下深刻印象的想法，只有好好打球。我並不需要調適會不會表現不好的心情。假使他們不喜歡我的話，最糟的狀況會是如何——送我回老家？我不會存著這是我逃離凱米托的大好機會，並永久的改變家人生活的想法。

我心中只存著一個想法：**好好打場球吧，打完我就搭巴士回家。**

幾分鐘後，奇哥點名叫我。

「你怎麼不站上投手丘投個幾球呢？」

「好的，沒問題。」

我走上投手丘然後用腳在投手板前面的土上挖了幾下。低頭往腳邊望，看到我的大拇指從右腳的鞋頭突了出來，但沒放在心上。我正對本壘板，用傳統的揮臂式投法投球。我將左腳向後擺動，微微舉起雙手，接著左腳往前踏，右手將球投出。球飛翔而出，送至捕手手套——一顆投到好球帶角落的快速球。我接到捕手的回傳球然後再投一次，又是一個擦過好球帶的好球掉進了捕手手套。我的投球動作輕鬆且流暢，沒有歡呼也沒高興的揮舞雙臂，看起來似乎毫不費力。我外表看起來或許像個水管工人，但投出的球像長了眼睛似的知道該往哪走。

我總共投了九顆球。全都是快速球，因為我只會投這種球。

「做的很好，馬里安諾。我就是需要這樣的表現。」奇哥說。

我不太確定他是什麼意思，投九球？就這樣？我該回家補破網了嗎？

幾分鐘後，奇哥把我拉到一旁。

「我喜歡你今天讓我看到的表現。我希望這個星期你都能過來，之後拉丁美洲的球探總監賀伯・雷伯恩（Herb Raybourn）也會在，他會觀察你的表現。賀伯是得做出最後決定的人。你覺得這樣的安排如何？」

「這樣很好，奇哥，」我說。「只要我能擺脫工作，一定會來。謝謝你今天讓我參加測試。」

「希望明天能夠見到你。」奇哥說。

我穿過貧民區，避過一些乞丐，搭上一輛巴士，接著是另一輛（並跟司機商量，拜託他讓我免去這趟的二十五分錢車資）。父親也同意我參加額外的測試會。這週剩下的日子都是重覆的行程。早上修理魚網，接著搭兩班巴士，穿過庫朗度（Curundu），在下午抵達胡安・德莫斯特內斯・阿羅塞梅那紀念公園球場。整個星期都在奇哥的指導下進行訓練，這一切都棒極了。我可以每天打棒球，而且有很多不用補魚網的時間——這種事情多多益善。賀伯・雷伯恩在這週的尾聲現身了。我發現自己得擔任巴拿馬國家隊的敵對投手。除了覺得自己應該是最不起眼的投手外，其他我全然不明究裡。帕拉顯然是他們最有興趣的投手，還有其他他們在這個星期已經做過貼身觀察的球員，那些球員投球數比我多，也得到更多的反饋意見。

我是吊車尾的球員。過去這段時間讓我相當清楚這件事。

這樣也好，我生來就不是要為這些低估我的人好好上一課的。也不會用充滿怒意的眼神注視路易．帕拉或其他球員。在這裡拿出優秀的表現是否代表了什麼我心裡也沒個底。這就像是他們用英文之類的外文交談，無論他們跟我說什麼，我就是照做而已。他們叫我來這，我就來這。他們叫我去那，我就去那，叫我去投球，我就投。我沒看到什麼未來，甚至無法想像。

在我的雷達中，為何沒顯示出任何可能性呢？

話說，雷達又是什麼？

最後這一天，我搭著同樣的兩班巴士，一樣停在雜貨店前買了同樣的麵包和牛奶。當我到達體育館，我看到賀伯正在跟奇哥說話。賀伯的身材中等，頭上頂著一頭白髮，手上拿著測速槍等著測量球速。他跟奇哥一樣，對我擔任投手感到非常驚訝，他也只看過我擔任遊擊手而已。我只知道一點點賀伯的事，他曾在大聯盟的匹茲堡海盜隊打球，後來也簽下好幾名巴拿馬藉大聯盟球員，包括奧馬爾．莫雷諾（Omar Moreno）[2]、銳尼．史坦奈特（RennieStennett）[3]以及曼寧．桑吉蘭（Manny Sanguillen）[4]。但我認識他最重要的原因，是他曾經簽下我舅舅曼紐．吉儂。曼紐也是投手，有很多人認為他會是凱米托第一個登上大聯盟的球員。他在海盜隊系統下打了三年球，後來還是被釋出了。他回到了凱米托繼續工作——能去哪工作呢？——回到這整個捕魚業系統之中。舅舅從沒多提他的職業棒球生涯，我也沒多問。他就是回到原點，這在大家身上屢見不鮮，人生就是如此。

比賽開始前大約半小時，賀伯把我叫進球員休息室。

「等下你第一個上場投球，得快一點熱身囉。」他說。

我整個人嚇到了。

「我要先發？」

「是的，我想要把你擺上球場，讓那些傢伙見識一下你投的球。」賀伯笑著說。

他一定是在開玩笑吧，我心想。

我先讓手臂放鬆一些，走上投手丘時我感覺好極了。賀伯拿著測速槍走到投手板後方。我不知道他在期待什麼，不知道那把槍會測出什麼數字，也不擔心。對我這種沒經驗的人來說，我只知道投出犀利的好球比測速槍上的數字能夠說明更多事情。

首位打者站上打擊區，我就站在他的面前。我的投球節奏很快，投出一個又一個的好球，讓一個又一個打者下場。我沒有使出任何詭計，幾乎每一球都確實投到我想要它去的位置。好球帶看起來跟房子的牆壁一樣大。儘管如此，我的策略還是讓事情保持乾淨俐落，盡可能快速的走下

2 前匹茲堡海盜隊明星球員，曾三度獲得國家聯盟盜壘王，也是海盜隊史上單季最多盜壘數記錄保持人。

3 巴拿馬籍棒球選手，曾效力於美國大聯盟匹茲堡海盜隊，是大聯盟單場最多安打保持人之一（七支）。

4 匹茲堡海盜隊明星球員，曾三度獲選明星球員，並得到兩次大聯盟總冠軍。

投手丘。

我投了三局，三振了五名打者，被打出一支安打。我沒仔細算，不過我應該沒投超過三十到三十五顆球，大部分是快速球，另外穿插一兩顆非常粗劣的變速球。下場時，奇哥跟我握手。

「幹的好，馬里安諾。你今天投到這裡就好。我們現在要去看看其他球員的狀況了。」

我跟他道謝完便坐在球員休息室觀看帕拉和其他球員投球，真希望我能出去多打一下球，去外野跑一下也不錯。不是要讓他們留下印象，就只是單純的打棒球。我總是想在場上打球，而不是坐壁上觀。比賽結束後，賀伯問我能不能留下來跟他聊幾分鐘。

「好啊，當然。」我說。

「你今天表現得非常好。」他說。

「謝謝你。」

「你讓一些優秀打者看起來相當平庸。」

「謝謝你。」

「我認為你當投手的前景不錯。我想跟你和你父母討論一下你跟紐約洋基隊簽約的事。你明天可以先過來找我，然後我們一起去你家，這樣我們大家就可以坐下來一起討論這件事，好嗎？」

「好的，當然好。我沒問題。」我說。

我不確定為何賀伯要我先過來跟他會面，而不是自己開車來凱米托，不過他怎麼說，我怎麼做。到了體育館後，我們驅車開過了丘陵、擁有銀色瀑布的雨林，經過喬雷拉後終於回到我的村子。到達時父親正在船底，我得進去找他。賀伯隨身帶著一個小公事包。我很想知道裡面裝著什麼，也想知道現在這樣是什麼意思，我到現在還是沒能把這一切搞清楚。

我們全都回到遮風避雨的家時，克拉拉也在，這對我來說就像吃了一顆定心丸。假使我發生了什麼重大的變故，我希望她也在場。賀伯打開他公事包，將合約放在桌上，解釋從現在開始會是什麼狀況，當克拉拉和我的家人聽完後，全都感到有些驚訝。

在我父母的禱告下，我跟紐約洋基隊簽了一紙合約。成為一個棒球選手，讓我得到了兩千美元的獎金。這一天是一九九〇年二月十七日，星期六。

我那如同彈珠的小世界，即將不斷的膨脹擴大！

第四章　灣岸聯盟的啟示

進入新世界並不是件輕鬆的事。和我同為潛力球員的路易．帕拉是我在路上的同伴。我倆得在邁阿密轉機。這意味著我們得探索邁阿密機場，找到另一個登機門，並在飛機起飛前抵達。路易跟我一樣無助。這就像是我們得去某個外國的大城市中心拜訪某個人，而且不得不這樣做。快速奔波的人群臉上都帶著狂躁的表情。嬰兒正哭著，機場播報在怒吼。我從沒見過這麼多的人或聽過這樣混亂嘈雜的聲音。

幸運的是，這裡有許多會講西班牙話的人，跟大約十個人問路後，我們總算設法到達短程航行至坦帕班機的登機門。這次的旅程會讓我如此印象深刻，只因為我是從我人生中的這兩次飛行，發現到自己有多麼害怕離開地面。未來的二十多年，我飛了數百萬英哩，但我從來沒能克服這件事。

我們下了飛機，開始走向坦帕機場的大廳。這裡沒那麼混亂，但依然令人不知所措。舉目所見，所有標示都是用我完全不懂的英文寫的。

貝果？薯條？華堡之家？

這些字的意思是什麼？

行李領取處？失物中心？地面運輸？

不好意思，有誰能為我解說一下嗎？

我和帕拉繼續往前走。我們得找到一個目標：尋找一個戴著洋基隊帽子與洋基隊夾克的人。他們只跟我們說：「找一個穿著洋基隊的衣服，叫做克里斯的人。他大概三十多快四十，身材像是布丁卷，絕對不會找不到他。」

事實上，我們很輕易的就沒能找到他。只要有其他任何人戴著洋基隊帽子，穿著洋基隊夾克，我們就糟了。他們絕對不會讓第一順位選進來，又不會講英文的人自己在陌生的機場亂闖，不過我們只是用大約等值於一磅蝦子的錢簽下來的默默無名的巴拿馬小鬼。因此，別想了，我們不可能會有皇家級的禮遇。

我們得找到穿著洋基隊服裝的克里斯。

搭電扶梯下樓後，我們走到靠近行李傳送帶附近，在這邊等著。

「快看！那邊有個穿著洋基隊夾克的人。可能是他喔，」我跟帕拉說。「他看起來好像在等人。」

於是我們走了過去。

「克里斯嗎？」我說。

他伸開雙臂。

「就是我。歡迎來到坦帕。你們一定是馬里安諾．李維拉跟路易．帕拉吧。來吧，等我們拿到你們的行李，就要去洋基大樓囉。」

我們兩個都不知道他說了什麼。英文連我們的第二外語都稱不上，對我們而言那甚至不算是種語言。我們臉上茫然的表情算是告訴了他這件事。

從機場到洋基隊總部的短暫旅程讓我大開眼界。這路實在太大……太平整了。辦公大樓和球隊商店全都非常巨大且令人印象深刻。所有擺設跟裝飾的尺寸與規模都大到讓人目不暇給，接下來，我們進入了洋基大樓，然後下車，我對這一切敬畏的程度就像在巴拿馬運河上奔馳的快艇一般。

我往旁邊一看，就看到了這輩子看過整理得最美麗的球場。看向另一邊後，又看到另一個球場，只能用完美來形容它，接下來，又看到更遠處的兩座球場，並驚訝於球場看起來怎麼可以這麼棒（我猜這片草地絕對不是小朋友用彎刀修出來的）。

我再也不是在埃爾塔馬林多打球了，我現在身處硬式棒球天堂。

這裡的辦公室潔白無暇，還有寬敞的球員休息室。有擊球練習網和練習室以及比我這輩子看過還要多的球棒、棒球和打擊頭盔。當克里斯不用擔任機場接送員時，他的工作是球員休息室的職員。他交給我們練習器具與制服，我也得到了一副手套與一雙釘鞋，這樣一來我就可以讓那雙破洞的球鞋功成身退了。這就像是在四月過聖誕節。我們前往港灣旅店，這是附近一間屬於洋基隊老闆喬治・史坦布瑞納（George Steinbrenner）的旅館；我們這一季會在這裡落腳。過去當我在巴拿馬各處旅遊時，曾住過幾間一晚費用十或二十美元的汽車旅館，但那些地方的房間裡只要有張床都算是一件走運的事。在這裡，我和帕拉的房間有電視，還有獨立浴室。浴室裡有成堆的浴巾、肥皂和洗髮精。也有客房服務。

「客房服務是什麼？」帕拉問我。

「我完全沒有頭緒。」

路易和我很少到離旅館太遠的地方探險，大多數的情況是因為語言藩籬的關係。用餐時，假使沒有拉丁裔的服務生，我們就指著菜單上看起比較好吃的餐點照片點餐。美洲蜥蜴餐總是出人意料的不在菜單上。

當我們到球場開始進行訓練時，我馬上就被其他球員的身材給嚇的說不出話來了，特別是投手。他們的身材通通很高大，而且大部分的人還很厚實。隊上的頭號投手，是一個從杜克大學畢業的左撇子投手，名叫提姆・盧墨（Tim Rumer）[1]，身高六呎三吋，體重超過兩百磅。畢業於路易西安那大學的盧斯・史普林格（Russ Springer）[2]，身高六呎四吋，兩百磅上下，甚至連來自克萊門森大學（Clemson）的六呎右撇子投手布萊恩・法（Brian Faw）[3]，都比我多了三十磅有餘。看著他們投球時，我想說測速槍會不會就這樣被他們弄壞了，他們的球速都非常快。盧墨還有一顆位移超過兩呎的曲球。

不過當我在灣岸洋基隊的球場待了一陣子後，我便知道自己完全有能力跟他們競爭。在進行跑步、基本練習與演練時，我都跟所有人一起。當我站上投手丘後，我發現了一件事，像我這樣瘦弱，且擁有的球路只是沒什麼了不起的八十六至八十七英哩快速球的投手，有個地方我能夠做得比任何投手都要好。

把球確實的投到我想要的位置。

大部分的菜鳥剛開始練投時，教練都會告訴他們只要投進好球帶即可，就算是投到紅中也沒關係。等到能做到這點，就可以把好球帶放大些，並慢慢調整你的掌握度。但我跟他們不同。上帝賜福我，給了我控球力這項才能。假使我要讓球進入好球帶時維持在打者膝蓋的位置，我就能這樣投。假使我想要投到本壘板外側擦過好球帶，我還是能這樣投。我還是只有那一百零一個球種——快速球——加上沒什麼震攝力的滑球以及平庸的變速球混合使用。多年來我一直勤練變速

1 紐約洋基隊於一九九〇年第八輪選入，八年職棒生涯都待在小聯盟。

2 一九八九年被洋基隊選上，一九九二年首度登上大聯盟，生涯共待過十一支球隊，雖然跌跌撞撞，但中繼表現尚佳，一直投到四十一歲（二〇一〇）才退休。

3 一九八七、八八年兩度被洋基隊選上皆放棄，直到一九九〇年洋基隊第三次選中才加入，五年職棒生涯最多到達2A。

球，但它從來沒有變得更犀利。那些菜鳥打者看我熱身的時候，心理可能會想，**這傢伙應該很輕鬆就能解決吧**。

我們的三壘手提姆‧庫伯（Tim Cooper）[4]，有時候會在牛棚裡接我的球。我們都叫他庫，他高中時曾經學過西班牙文，所以也變成了我的英語老師。我投快速球給他接的時候，他笑笑的搖搖頭說，「那些傢伙怎麼會沒辦法每次都把你投的球打到球場外面去啊？」

我的球隊總教練是格林‧夏洛克（Glenn Sherlock）[5]，投手教練是荷伊‧威爾漢姆（Hoyt Wilhelm）[6]，他是善投蝴蝶球的老前輩。儘管我聽不太懂他們說的話，但他們兩個都是好人。今年他們讓我從牛棚起步。威爾漢姆盡了所有努力來幫助我，不過基本上我對投球上的種種眉角一無所知。我身邊的所有人都已經浸淫在這個圈子超過了十年，而我會在這裡的原因，只是某個星期天下午，東巴拿馬牛仔隊需要某個人幫他們投完那場比賽罷了。

但每當我剛被派上場比賽時，我通常會在播報員說完我的名字後，先搶得領先球數，兩好一壞或兩好球沒有壞球。這一整年，相同的場面幾乎場場發生。我總共投了五十二局，被打了十七支安打，失了一分。三振五十八人，投出七次保送，防禦率是〇‧一七。提姆‧盧墨是這個俱樂部裡的頭號投手，是灣岸聯盟最棒的明星球員之一，但我只用非常普通的快速球，就達成了整季只被得一分的成就。

這沒有嚇到我。

簡直是讓我驚呆了！

環顧四周我看到的所有的人都比我強壯，球速也比我快，我的表現卻幾乎比所有人都好。這種震撼跟靈魂出竅的體驗相去不遠。在我讓一名又一名打者下場時，每次心理都只想著一件事：

我是怎麼走到這個境地的？

這一切落到這個地步幾乎是一件費解的難題了。首先，我應該是在多明尼加共和國打球，而非坦帕，但洋基隊因為我已經二十歲了，便決定送我過來參加延長春訓。在過了前幾個星期的此刻，他們見識到作為一名投手我還尚未成熟，便再次提出要把我送到多明尼加共和國進行更多的訓練，但賀伯插話了。

「沒錯，他尚未成熟，但看看他對球的掌握度，」賀伯這樣跟他的球探主管說。「先讓他投幾場再看看我們要怎麼做吧。」

這一定是上帝的旨意。我達到的成果遠遠超過體能所能做到的。我不是很清楚是怎麼一回事，但感覺這結果比我能力所及還要更好些。

---

4 洋基隊在一九八九年第十九輪選中，十三年職棒生涯最多只達到A+，生涯後段多半待在獨立聯盟。

5 一九八三年休士頓太空人隊於第二十一輪選入，七個球季最多爬到三A，後轉任教練。

6 史上第一位進入名人堂的救援投手，擅長蝴蝶球，大聯盟史上首位達成兩百次救援成功的投手。

菜鳥聯盟跟其他層級的職業比賽不同，因為這裡所有球員都是新人，大家彼此也都不熟。對我這種外國球員或是那些沒有經過大學棒球洗禮的美國人來說，這不僅僅是第一次遠離家鄉打球，這還是我們第一次打這麼多場球——一季要打超過六十場。有太多需要習慣的地方，表現也理所當然的會大打折扣。一九九〇年大聯盟選秀狀元奇伯．瓊斯（Chipper Jones）[7]也在我們這個聯盟。他替灣岸勇士隊打球，這一年他的打擊率是二成二九。這個聯盟的頂級大物投手，大都會隊的荷西．馬丁尼茲（Jose Martinez）[8]，總共只在大聯盟登板四次。頂級後援投手，灣岸遊騎兵隊的安東尼．伯頓（Anthony Bouton）這一年只取得了十七次救援，又撐了兩年便離開了職棒圈。提姆．盧墨從未在大聯盟投過球。我在灣岸聯盟被評為第二十六名的投手。我沒能進入明星隊，就是你根本搞不清楚是誰的那種無名小卒。每兩星期，我會領到三百一十美元，稅後，然後我就把錢存起來，等我回巴拿馬時可以給我父母。

隨著球季進行，提姆．庫伯跟我走得越來越近。我連頭髮都讓他幫我剪。他手藝不錯，還會教導我何謂棒球選手的幽默。「對於你的臉，我可無能為力。」他說。我們搭乘巴士到灣岸各處旅遊，丹尼丁（Dunedin）、清水灣（Clearwater）、布列丹頓（Bradenton），我們還定下規則：庫只能說西班牙文，我只能說英文。有些人會去貝立茲（Berlitz）[9]學語言，其他人會用羅賽塔石碑（Rosetta Stone）這個軟體學語文。我則是跟來自加州奇科市的提姆．庫伯學習。我開始會講幾個單字，甚至可以說上幾句，晚餐後我們去打撞球時，我除了說英文外，還賺了些錢。我們一場球賭一元，而我贏了庫伯很多錢（我在喬雷拉時常常在俱樂部裡廝混，所以我撞球打得很不錯）。我學會了要怎麼說英文。這就像是從嬰兒手上將糖果取走一樣容易。

我們也常去釣魚。港灣附近有一個木頭橋墩，我們會買些釣竿，揮桿入水。如果沒釣到魚，我們會潛進灣裡捉魚。大多時候會捕到鯰魚，然後我們會把魚放生再去抓別的。無論去到何處，我都離不開魚。

有一天我們坐巴士前往沙拉索塔（Sarasota），庫決定提高我說英文的難度。

「好，現在我們要來玩一下角色扮演，」庫伯說。「你剛剛贏得了世界大賽第七戰，提姆·麥卡佛想要訪問你。你不能帶翻譯，這太煞風景了。你得能說英文才行，最好現在就開始學好英文。」

「準備好了嗎？」

庫開始用力模仿提姆·麥卡佛。

---

7 十九個大聯盟球季都待在亞特蘭大勇士隊，拿過一次世界大賽冠軍，六次入選明星賽，兩次銀棒獎，一次國聯MVP，一次國聯打擊王，二〇一二年正式退休。

8 多明尼加人，曾於一九九六、九七年來台加入時報鷹隊，登錄名為馬丁尼J.M.，九七年在中華職棒的防禦率為五點九七，是當年進入排行榜的投手中防禦率最高者。

9 全球規模最大的外語培訓機構。

「馬里安諾，當你在巴拿馬生活時，可曾想像過這樣的景象——穿著洋基隊制服在世界大賽第七場投球？」

「也不盡然。這實在太神奇了，我能讓最後幾名打者出局，這一切功勞都要歸於上帝。」

「最後你得連續面對三名強打者。你解決他們的方法為何？」

「我就是盡量把球投好，搶到好球數。」

「你曾在你父親的漁船上工作，而此刻你成為了世界冠軍。這一路下來，你學到了什麼？」

「我認為假使你有上帝作為助臂，你可以做到任何事。得以追求最大的夢想。」

庫在此結束這次訪談。

「Muybueno（說的很好）。」他說。

「謝謝你。」我說。

灣岸洋基隊僅僅是支勝率五成的球隊，但我持續不斷的讓對方打者出局。在這個球季剩下最後一天時，我總共投了四十五局——只差五局就可以角逐聯盟的防禦率王寶座。儘管我前一天已經投了幾局，夏洛克諮詢了洋基球員發展部的人，問他們可不可以讓我先發主投對海盜隊的比賽，這樣我就可以補滿所需局數。洋基隊說可以。這整季我還沒投到五局過，但我認為只要省點球數應該辦的到。

這天是一九九〇年八月三十一日，星期五，在坦帕的主場比賽。度過了全無失分的三局比賽，接著是第四局，我們取得了三比〇領先。從踏上投手丘到第五局上半，我沒有讓任何打者擊出安打。一名海盜隊打者將球擊向三壘試圖撕裂防線，庫使出了反身撲接，火速傳往一壘讓打者出局。一分鐘後在外野處，今年洋基隊第一順位選進的球員卡爾．艾佛瑞特（Carl Everett）[10]，奮力跑到三不管地帶將球接住。

比賽進入第七局，海盜隊還是沒能打出安打，只有一名打者曾站上壘包，還是因為二壘手不小心漏接了一顆滾地球才讓他得逞。我拿下了第七局的前兩個打者，再一人出局比賽就結束了（今天打的是雙重賽；在小聯盟的比賽中，雙重賽會縮短到只打七局）。我心中只想著把球丟進我的捕手麥可．費加（Mike Figga）[11]的手套裡，並盡量投出犀利的球。我沒讓心神飄到其他地方去，用我的快速球拿下最後一個打者後，很快我就被隊友給淹沒了。

投手丘上大概圍了五十個人，而這一刻——並與隊友分享——是我在球場上有過感覺最棒的時刻之一。這是我投出的第一場無安打比賽。依照我跟洋基隊的合約，這還應該會為我賺到五百美元獎金和一支手錶，可是我不確定在只有七局的比賽達成這個目標，這個紅利還算不算數。

---

10 曾兩次入選明星賽，二〇〇五年世界冠軍芝加哥白襪隊主力成員之一。

11 三年大聯盟資歷，待過紐約洋基隊與巴爾的摩金鶯隊，退休後在坦帕擔任小聯盟教練。

因此我撥了通電話給洋基球員發展部門的最高負責人馬克·紐曼（Mark Newman），他人正飛往華盛頓，我盡可能的用我殘破的英文向他說明這個狀況。

「你這一季打的很好，馬里安諾。我們很高興能發給你這份紅利。」賽後在休息室，洋基隊為了獎勵我們季末的表現，特地訂了乎特斯餐廳（Hooters）的大餐犒賞我們。庫用西班牙話說：「我幫你守住了無安打比賽，你應該欠我一份紅利吧。」

我用英文回說：「我沒有懂喔。」（編按：此處是李維拉故意用不熟練的英文回答，裝作聽不懂。）

隔天我便以跟五個月前相比煥然一新的面貌飛回巴拿馬。我現在是一名真正的投手了。一個想要在最高層級的棒球殿堂中與人競爭的投手。一道通往比我過去所能想像還要有更大可能性的世界的大門正為我而開。我的願望不再是想成為一名技師，我也絕對不會是個漁夫了。

我是一名職業棒球選手。

整個休賽期，我都在巴拿馬市的訓練中心裡接受奇哥·賀倫的訓練。早上五點起床，跟我去參加洋基隊測試會一樣轉兩次巴士，同樣花四十五分跟六十五分錢的車資，但我現在不用求司機免去我的車資了。一個星期有五天要進行訓練。進行舉重、跑步等各種訓練課程來建構我手臂的力量以及整體的精實，並透過練投來增加手臂的力量。我已經見識過真正的比賽了，也見識到了對一名球員來說，要多長的時間才有可能離開菜鳥聯盟。灣岸洋基隊有三十三名球員，只有七名球員上過大聯盟，只有五個算是真正在大聯盟有留下成績：宣恩．史賓賽（Shane Spencer）[12]、卡爾．艾佛瑞特、瑞奇．李迪（Ricky Ledee）[13]、盧斯．史普林格和我。

假使我沒有踏上頂尖的殿堂，絕對不會是因為別人比我努力。

一九九一年，我升級至1A球隊，在南大西洋聯盟的格林斯波羅黃蜂隊（Greensboro Hornets）投球，先發中繼兩頭跑，這對我來說沒什麼差別。假使他們要我上場，我就站上投手丘。對我而言，最大的挑戰是在場下。感謝庫的協助，讓我在學習英文之路有一個好的開始，但跟坦帕不同，位於北卡羅萊納的格林斯波羅是一個幾乎沒人會說我家鄉話的地方。這是一種極端的孤立。在餐廳、大賣場以及便利商店，我那拙劣的英文能力不斷的打擊我。

某天比賽結束後，我嘗試著向某人問路。

「不好意思，我的英文不好，你能不能告訴我要怎麼到……」

---

12 一九九〇年第二十八輪第七百五十順位被洋基隊選中，在小聯盟打滾九年才登上大聯盟，但登上大聯盟那年便創下單月打出十支全壘打，其中包括三支滿貫全壘打的表現，也在同年拿到了世界冠軍，但之後便再也拿不出這樣的成績，慢慢消失在球場上。

13 是一九九九與二〇〇〇年洋基隊冠軍班底，但成績平平，不過他是少數四支位於紐約的棒球隊（洋基、大都會、道奇、巨人）都待過的球員。

我到哪裡都結結巴巴搖擺不定，怎麼樣都說不出口。我認為自己的英文不止於此，但現在看起來似乎更糟了。另一次，我詢問一名店員店裡商品的事情，但我又什麼都說不出口了。我回到住處，覺得很孤單，比這一整季在球場上遭受到的挫敗感還大。我不知道為何我會如此絕望，但事情就是發生了。我覺得自己就像是一隻離開海水的沙丁魚，在魚網裡掙扎，完全沒有逃出生天的可能。這感覺很差，我整個人都被這種感覺給壓垮了。我開始哭泣。我跑到浴室洗把臉，然後看著鏡子裡的我。接著我關上燈，上床睡覺。

我還在哭泣。

我的語言自怨自艾期沒有維持太久。隔天庫便來到我的隊上。

「我得在英文上多加強些，庫。我英文還是不好，我得在贏得世界大賽時侃侃而談，對吧？」

庫露出微笑。「我們接下來還有很長的一段路要走，」他說。「等到我們把這件事搞定後，你就能好好的用英文發表得勝感言了。」

我沒真的發表幾次得勝感言，但也沒被拿下太多分數。這一整季我的手肘狀況都不太好，但我什麼都沒說，不想讓任何人知道這件事。我沒有道理要說出這件我明明可以自己處理好的事，來影響到目前的節奏，我就是繼續投球。感謝南大西洋聯盟如此舟車勞頓的客場旅程，一天有六七八個小時可以在車上用西班牙文與英文交談。這些多出來的時間讓我的英文突飛猛進。最後我終於可以自在的用英文與人交談。我再也不會迷路，也不再孤單了。提姆．庫伯有時候是我的隊友，會幫我剪頭髮、上英文課、守下七局的無安打比賽。他和我在這段長途旅程中一起學到了許多很棒的東西，不只是語言而已。

「假使我們有幸踏入了最高殿堂，要先約定好，我們絕對不能用大聯盟球員的架子對待任何人，」庫說。「我們絕對不會讓自己表現的像是自己比大家都優秀，或是看輕任何人，因為這不是真正的大聯盟球員應該有的態度。」

「你說的沒錯，」我說。「我們不能用大聯盟球員的架子對待任何人。我們會保持謙遜。我們要記得自己是從哪一步一步爬上來的。」

「重要的是你如何待人。這才是最重要的，你說是吧？」庫說。

「阿門，庫。」

這件顯而易見的事實變成了我人生奉為圭臬的燈塔，在球場上下皆然。主不會在意某個人擁有多少財富、多有名或是拿到了多少場救援成功。我們都是上帝之子，主只在意我們心中的愛與善，這便是一切。

我對什麼才是重要事情的信念，讓我能真心感謝當下的每一刻。小聯盟球員總是詛咒著如同馬拉松般的長途跋涉，這長期塵土飛揚的旅程應該是底層聯盟中最精華的寫照。但我並不是這樣看的。沒有這些巴士之旅，我無法好好學會我應該學的語言。學好語言這個讓我終身受用的技能的回報是不證自明的。

我這一季的防禦率以二・七五告終，比每局的三振率還要低些。不過戰績欠佳（四勝九敗）。我在潛力好手圈中依然默默無名，而且，你知道我在《棒球美國》以及所有大大小小列出選手排名的報導中得到了多少關注嗎？

完全沒有。

我不在意那些排名報導或是那些基於一大堆數字而得出的武斷評判說了什麼。只要他們把球交給我，我就接下任務。開始投球。大部分的情況下我都能讓打者出局。

簡單俐落就是我最好的表示。

球季後我的返鄉假只有四天，因為我得回去指導聯盟。但我現在心中只想著要跟克拉拉見面。今年是我們交往的六週年。她到機場來接我，我一看見她便熱情的擁抱並親吻她。我知道是時候了。三年前我簽約時，克拉拉和我在沙灘上散步，走了一段路後坐在沙灘附近的小公園裡。那是個天空滿是星光的美麗夜晚，我們看著天空並決定假使我們之中有誰看到天空有流星飛過，便要許下願望，並在流星消失前大聲的將願望說出來。

突然間，一道流星劃過天空。

「要跟克拉拉結婚！」我盡可能的快速把這句話說完。克拉拉笑了。我們都知道十七歲不是結婚的好時機，但此刻，情況已經完全不同了，是時候了。

隔天晚上，我邀請克拉拉到巴拿馬市一間名叫唐李的中國餐廳共進晚餐。我們轉了兩輛巴士，這可說是既定程序了。唐李不是很華麗的餐廳，但我們很喜歡到這裡用餐。而且我們負擔得起這邊的費用。它座落於銀行區，店名是用霓虹燈招牌用大大的跑馬燈打出來的。當我們抵達餐廳時，門口有個人在賣玫瑰花。

我們進入餐廳就座。

我買了一朵玫瑰獻給了克拉拉。

「我非常愛妳，當我遠在他方時，我無時無刻不在思念著妳。」我說。

「我也是一直愛著跟想著你。」她說。

店員送來了菜單與開水。我知道我們為何來到此地，但就是不知道要怎麼樣把話說出口。我一直看著桌子另一側的克拉拉。我有多愛這位女子呢？我有多想要與她共渡餘生呢？話還是出不了口。麵是吞下肚子了，不過話就是吐不出來。

最後，克拉拉說，「我們都在一起這麼多年了，現在你想怎麼樣？」

我笑著握住她的手。克拉拉起了頭讓我覺得自己像個傻子，但這就是我愛她的原因之一。她的堅強、她的堅定、她對這一刻的敏感。

「現在我想怎麼樣？」我說。「我想跟妳共結連理，克拉拉。我不想再跟妳分別了。一個多月後我會再回來，這聽起來很瘋狂，我知道。我很快就要離開了，所以妳得安排一切，所有事情，所有計畫。不過我想跟妳結婚，下次回來時我很希望能夠跟妳完成終生大事。」

「好啊，」克拉拉說。「我不知道你怎麼會拖到現在才說。」

於是我回到了指導聯盟，克拉拉則把所有事都打理好了——邀請函、接待、食物、音樂、攝影師，你想得到的事情都處理好了。一九九一年十一月六日，我們在法官的見證下結為連理，接著是公證結婚儀式，然後是十一月九日的婚禮派對。慶祝會場設在凱米托的漁夫活動中心。我就是一個生長在漁村裡的漁夫，你總不會期望我把會場設在麗思卡爾頓酒店吧？漁夫活動中心就是一個有屋頂但沒有牆壁的樓房。克拉拉下廚、我母親下廚、我也一起幫忙下廚。我們把後面幾天的時間都花在準備食物，像是arroz con pollo（雞肉飯）、puercoasado（烤豬）、empanadas（餡餃）、tamales（玉米粽），各式各樣的食物都有。還用ceviches（酸橘汁醃魚）當做開胃菜。克拉拉的堂哥則擔任我們的攝影師。

我們盡情的吃喝、大笑，開心的跳舞。雖然我們盡可能的一切從簡，空氣中瀰漫著魚的味道，但這是我人生中最快樂的一天，因為這就是婚禮該有的樣子：一場感謝上帝讓我們兩人成為對方唯一真愛的慶祝典禮。

第五章　最糟的借鑑

老實說，除了一九九一年外，我真的記不得還有哪一年更棒了。我娶了克拉拉，成了一名投手，還學會了合宜的英文。在這些好事中，只有一個問題，我手肘的疼痛一直沒有緩解。事實上，儘管我盡了最大的努力去忽略它並祈求它消失，它還是越來越嚴重。有一位訓練員葛瑞格·史普拉特（Greg Spratt）跟我盡其所能的想要好好處理這個傷。一有空就冰敷，也確保自己做好充足的熱身動作，但疼痛依然沒有好轉，我只能期望休季時的休息會讓傷勢好轉。

結婚後，我和克拉拉開啟了在她母親位於凱米托的房子中擁有一個小小房間的新婚生活。那是一個只比教練指導格大一些些的空間，裡面放了張雙人床後就幾乎沒有任何剩餘空間了。我們的衣櫥是用兩根釘子和一根掃把柄組成的。幸運的是，我們幾乎沒有什麼衣服。這樣的生活條件就算以凱米托當地的標準都是非常簡陋的，但我心中有個計畫，就是要省下每分錢，好讓我們能夠早日建立自己的家。我們跟她的母親，還有掃把柄一起生活，就這樣過了四年，即使到我升上了大聯盟後依然如此。

做你該做的事情，如此而已。

這整個冬天我再次接受奇哥的訓練，規律的五點出發，搭上凱米托到喬雷拉再到巴拿馬市的連環巴士轉車行程。每當我接受奇哥的指導時，我總是非常感謝這個人的真誠與善良。他就是不斷的付出與給予。他的報酬就是看我成長茁壯，不求其他。他幫忙找場地、安排訓練課程、幫我提昇技術、教導我如何成為職業選手——他的貢獻是無法用數字衡量的。無論何時，只要我需要奇哥・賀倫，他一定都在。你絕對無法忘記這樣的好人。

這所有的一切努力非常值得，都是因為有奇哥幫忙的緣故。一九九二年春天，我被提昇至高階1A，到了佛羅里達聯盟的羅德岱堡洋基隊報到。雖然還不到能去洋基體育館打球的程度，但假使你不斷晉升，就算一次只前進一階，這通常代表著你還在他們的規劃之中。我很看的開，假使我把所有的注意力都放在把每顆球投好，又怎麼會走錯路呢？我沒有設定時間表，目標就是投好下一球。

我在羅德岱堡的隊友之一，是一個我久聞其大名的小孩。你怎麼可能會沒聽布萊安・泰勒（Brien Taylor）的大名呢？他是一九九一年大聯盟的選秀狀元，是洋基隊前一年打出他們七十五年來最差戰績，以六十七勝九十五敗作收，在美國聯盟以極大差距敬陪末座的戰利品。布萊安以破記錄的一百五十五萬美元簽約金簽下合約，這份合約是由他母親碧提以及經紀人史考特・波拉斯（Scott Boras）與洋基隊協商後簽訂的，這份合約也讓他立刻成為最佳未來選手的熱門人選，甚至在他尚未穿上球衣前就成為了眾人目光的焦點。

布萊安進行佛羅里達聯盟比賽的賽前熱身時，牛棚周圍人群形成的景象就像是聖誕節兩天前大賣場搶購的模樣，所有人都爭相推擠想看看棒球史上最富盛名的年輕左投手。無論他到何處，都會被數不盡的球迷和收集簽名的狂熱者包圍。有一次被太多人包圍讓他摔倒在地差點被人群踏過。而他那件背號十九號球衣，還真的被人從球員休息室裡給偷走了，這項罪行我相信到最後還是沒能找到兇手。每個人都被布萊安．泰勒狂潮感染了，就連洋基隊小聯盟最高負責人馬克．紐曼也不例外，他在布萊安首次先發，也可能是第二次先發後，將他拿來與莫札特做比較。我甚至沒能被他拿來跟幫梅努多（Menudo）[1]唱和聲的歌手做比較。

我跟布萊安除了在簽約金上有一百五十四萬八千美元的差距外，其他的不同之處在於……全部。他是非裔美籍的左撇子，北卡羅萊納州東部的高中畢業生；我是拉丁裔的右撇子，從南巴拿馬來的二十二歲球員。他是一名神童；我是培訓球員。他生長在大西洋沿岸；我生長在太平洋沿岸。《六十分鐘》節目想要為他做一個專題；《六十分鐘》甚至連我的名字都不知道。他擁有一輛裝有全套音響的全新福特野馬轎車；我甚至連開車都不會。

不過，我們還是一下就熟了起來。他用美國南方小孩那種不被外界各種小題大作的雜音給影

1 波多黎各知名少年偶像團體，瑞奇馬丁也曾是其成員之一。

響的豪放態度把我給征服了。跟他相處很愉快，是一名很棒的隊友，儘管他很明顯跟我們不是同個世界的人，但他是那種你會想跟他混在一起的人。第一次看到他在牛棚投球時，我就知道他跟我們的差別有多大了，他那如絲綢般順暢的投球動作令人嘖嘖稱奇，你無法相信他的球進入捕手手套後居然會產生如同鞭炮般的威力。他可以丟到九十七、九十八英哩，絕對是你看過最不費力就能投出這種球速的人，他還擁有非常強勁的曲球。

我看到他投球後，心想：**這個傢伙擁有的武器真是太神奇了，我從沒見過任何人投起球來像他這麼強悍的，哇！**

布萊安是所有小聯盟球員評價第一名的潛力巨星，而在他從博福特（Beaufort）的東卡特列高中（East Carteret High School）畢業後直升職業棒球的首度登場，便證明了為何大家會給他如此高的評價。他被打出的安打數比投球局數還要少四十以上，並在一六一．一局的投球中三振了一百八十七名打者。防禦率僅僅只有二．五七。他的球威強過他的控球，仍在學習投球的各項技藝，但他的身體素質實在太強了。隔年他就升到2A的奧本尼—科隆尼洋基隊（Albany-Colonie Yankees），此刻，他距離大聯盟只剩下兩步之遙。美好的未來似乎垂手可得。你已經可以想像到他站在洋基體育館的投手丘，盡情揮灑他的青春，將那些打者殺得清潔溜溜的場景。

布萊安會表現給我們看的，我這樣認為。**沒有任何事情能夠阻攔這個明日之星的腳步！**

接著，在一九九三年聖誕節的前幾個星期，我看到了一則新聞，當時我正在巴拿馬的家中陪伴克拉拉。電視播報這則新聞時，一時之間我沒有聽得很清楚。我只聽到新聞在描述布萊安與一場鬥毆。那聽起來沒什麼大不了的。後來更多現場消息開始進來，一些關於他替哥哥出頭以及他涉入了一場在他家鄉活動住屋區的爭執，並傷了他的肩膀的消息。

他左手的肩膀。

告訴我這不是真的，我心想。**告訴我這不會對他的大聯盟生涯造成任何影響！**

布萊安火速進行手術，一九九四年一整年都在進行復健。一九九五年，洋基讓他回到灣岸聯盟，希望他慢慢恢復身手，但那份流暢度、那種火熱的球威、那份宰制力，那份看似游刃有餘的身手，完全消失了。他完全不知道自己會把球丟往何處。一年後，他的狀況變得更糟，一局幾乎得保送三名打者上壘，自責分率可比彈珠台般淒慘。

我再也沒見到布萊安了。

想到他整個人生因為一時的憤怒與糊塗而完全變了樣，這整件事便令人感到極為傷感。你不會知道那天發生在活動住屋處的事情會對布萊安的名字與名氣造成什麼影響——假使那名男子沒有走在他後面，假使那名男子只是個平凡的路人那該有多好。你會驚訝於布萊安在那一瞬間為何不明白與人鬥毆並不是一件好事。這件事會讓你發現美好人生是如何在一瞬間毀於一旦，只在你心中留一下一個等待填補的坑洞。對布萊安而言，那個坑洞只會越來越深，多年後他因為持有、販賣古柯鹼而遭到起訴，讓他身陷囹圄。

很明顯我無法得知他那天晚上的心情，或是其他任何一晚的心情，我怎麼能就這樣判斷這件事的對錯呢？我只能在任何狀況下試著將任何危機降至最小，永遠不斷的學習教訓。人生很苦，是謙卑而微小的。我盡自己所能的讓事情簡單自在，並祈求主賜予我透徹與智慧，這樣一來，祂的意志與完美無暇的美善將會指引我，讓我永保平安。假使我有半點動搖，我很難不記起布萊安．泰勒，他在一夕之間用身上的洋基隊球衣換得了囚犯的制服；從球場上的鑽石，變成了紐澤西州迪克斯堡聯邦監獄的階下囚。

一九九二年洋基隊決定讓我以先發的身分出賽，我在羅德岱堡有一個好的起步。手肘疼痛的狀況已在掌控之中，只要我不拿自己跟布萊安與多明尼哥．讓（Domingo Jean）[2]比較，我會是佛羅里達聯盟一名表現中規中矩的三號投手。在剛開季的某場比賽中，我投出了十二次三振，完全封鎖邁爾斯堡奇蹟隊的攻勢，拿下了勝利，又在五月中旬獲得了聯盟單周最佳投手的榮譽，得到了總教練布萊恩．巴特菲爾（Brian Butterfield）[3]與投手教練馬克．薛佛瑞特（Mark Shifflett）[4]的贊許。控球的精準度也達到了前所未有的境界——一整季只投出了五次保送——自責分率也只稍稍超過二，但這一年，有些麻煩問題也有愈演愈烈的跡象。

一個是當我投了五十到六十球後，球速會急速下降。另一個是我嘗試要投滑球時，那個動作似乎傷到了我的手肘。它惡化到洋基隊決定在七月底將我放入傷兵名單，看看休息能否緩解這個問題。

我樂觀以對，我必須抱持這樣的心態。這是我第三個職業球季，沒什麼好擔憂的。我休息了幾個星期沒投球，八月初歸隊，在面對頓丁尼藍鳥隊（Dunedin Blue Jays）時出場。藍鳥隊擁有這個聯盟最強悍的打擊陣容，來自波多黎各的二十歲重炮手卡洛斯・戴加多（Carlos Delgado）[5]，他這季打出了三十支全壘打、一百分打點，打擊率三成二四的恐怖成績，中心打者群中還包括了尚恩・格林（Shawn Green）[6]、德瑞克・貝爾（Derek Bell）[7]以及加拿大籍的外野手羅布・巴特勒（Rob Butler）[8]，這一季他以聯盟最高的三成五八打擊率作收。

---

2 一九九〇進入白襪隊體系，輾轉換過好幾支球隊，只於一九九三年在紐約洋基隊時短暫登上大聯盟，留下了一勝一負，防禦率四・四六的成績，其餘時間都待在小聯盟，二〇〇三年退休。

3 一九七九至八三年進入洋基隊小聯盟體系，最高只到1A，後轉任教練，先在洋基與響尾蛇隊小聯盟體系執教，現為紅襪隊三壘指導教練，生涯最為人津津樂道的就是曾貼身指導德瑞克・基特（Derek Jeter），使他守備能力大大提升。

4 一九八一年洋基隊在第二十七輪選入，六年球季大多待在2A球隊，後轉任小聯盟投手教練。

5 波多黎各籍，是大聯盟史上四位連續十季擊出三十支全壘打以上的球員之一，另有七季打點超過一百分。

6 一九九一年藍鳥隊第一輪第十六順位選進，十五年職棒生涯待過藍鳥、道奇、響尾蛇與大都會隊，長打功力不俗，曾於一九九九年獲得美聯外野手金手套與銀棒獎，二〇〇八年退休。

7 一九九一年藍鳥隊第二輪選入，是攻守兼備的中、右外野手，是一九九二年藍鳥隊世界大賽冠軍成員之一，但表現平平，轉至太空人隊後成績開始爆發，二〇〇二年退休，但後來多次因持有毒品被逮捕。

8 一九九〇年被藍鳥隊簽下，一九九三年首度於大聯盟登場，至一九九九年間只有四年待在大聯盟，且多為替補。

這是星期五晚上在羅德岱堡舉行的賽事，我也做好了面對眾多好手集結而成的堅強打線的準備。我投的不錯，到了第四局時藍鳥隊有名打者踏上了一壘，他離壘太遠了，於是我快速進行牽制想要抓他，這時我的手肘突然有些不對勁。很難形容，但就是不太正常。

絕對的不正常。

我接下回傳球，先在投手丘上花一小段時間了解狀況。我的手肘發出陣陣抽痛。我將視線轉回本壘繼續投球，這時我感覺手肘發出劈啪聲，就像什麼東西故障，或是斷裂了。

就是斷裂了。

我接下捕手的回傳球後，又叫了一次暫停。我看著球場四周，到處都是一群一群的球迷，加起來大概有幾百人吧。他們都在等待我投出下一球，沒人知道我發生了什麼事——整個球場的人都不知道，就連休息室與牛棚的人都不知道，我已經不是剛剛投球的那個我了。他們怎麼會知道？他們怎麼可能知道我的右手肘裡頭剛剛出了什麼事？

從外表看，我跟剛剛一樣，但其實已全然不同。

我投完這局，走回休息室，手肘發熱且發出了陣陣疼痛。我知道自己不可能再上場了，無法再對上卡洛斯．戴加多或是任何打者，短期內都不會了。

我沒辦法投球了，我這樣告訴馬克．薛佛瑞特。痛楚越來越嚴重了。

訓練員達倫．倫敦（Darren London）用冰塊把我的手肘包起來，剩下的比賽我都只能坐在板凳上。這種感覺很奇怪，原本你還站在場上擁有一切，下一刻，你就只能當一個旁觀者了。在你還沒說出湯米．約翰（Tommy John）手術前，這個想法已經從你的腦袋裡冒了出來，你已經是個壞掉的商品了。你會試著不要將這個想法放出來，但你騙不了自己。

你很清楚——絕對很清楚——大事不妙了。

這意味著要動手術嗎？需要多久才能復原？我需要做些什麼才能康復嗎？這些疑問在我腦中不斷盤旋，但不知為何，我並沒有陷入深深的焦慮或是冒出絕望的感覺。這是主帶給我的平安與恩典；不可能是其他原因。當然，我並不樂見這份傷痛與隨後一連串的復健；我也絕對掛念著自己的未來。但我不會因為這件事而徹底失控。魚網若是磨損或破洞，我們會把它補好。我這一輩子都是用技師的心態在思考。若是遇到問題，就找出問題並細心照料。這絕對是我此刻面對手肘的正確態度。

這段過程不總是令人愉快，但會是單純且坦率的。擔憂或抱持無謂的期望，讓憂鬱如同烏雲蔽日般環繞在你的頭頂對你自己並沒有任何好處。

「我們會對你的手肘做些檢查，並好好處理它。」達倫．倫敦說。

「好的，謝啦達倫。」我說。

我回到公寓後，思考要不要打通電話給克拉拉，但還是決定不打。這對她不公平。她又不在我身旁，跟她說這件事只會平添她的擔憂。在手肘不斷的紅腫疼痛讓我一整夜反覆難眠後，我到了邁阿密接受洋基隊隊醫一連串的檢查。MRI報告顯示尺骨附屬韌帶並沒有受到損傷。接下來是更多的檢查，最後他們帶我去接受法蘭克·喬比（Frank Jobe）醫師的診斷，他也是替布萊安·泰勒操刀的醫師。他是手肘重建的第一把交椅，並發明了湯米·約翰手術——這個手術在棒球術語中就跟滿貫全壘打、增強體能藥物（PEDs）一般，成為大家朗朗上口的名詞。

無論你在任何情況下待在投手附近，我保證你很容易聽到類似以下的對話：

「你做過湯米·約翰手術嗎？」

「做過啊，兩年前動刀的。」

「恢復狀況如何？」

「蠻不錯的。花了一些時間復健，但復原後我投的比以前還要好。」

「你呢？」

「做過，我是大概三年前開的。」

「恢復狀況如何？」

「差不多就那樣。過程很辛苦，但我已經回到最佳狀態了。」

湯米·約翰手術是一種重建手肘尺骨附屬韌帶的手術。手肘不喜歡數以千次計的不斷重複丟出九十英哩以上的球，當手肘韌帶受傷時，就得用你前臂的韌帶來重建手肘韌帶。

在洛杉磯執業的喬比醫師診斷後認為：我手肘的耗損嚴重，且裡面有許多雜質散布組織之中。我需要進行手術，但不需要完整的重建，只要將組織清理乾淨即可。其中包含了將手肘尺骨端去除，但至少我不用加入湯米．約翰俱樂部。當喬比醫師一開始說明手術狀況時，我坐在他的辦公室中不發一語。我正忙於跟自己討論現況：

這傷勢無法定義我這個人。也不能阻撓我。我將接受這個需要進行的手術，並盡一切努力重新找回身手。

一九九二年八月二十七日，喬比醫師操刀進行我的手術。這不是一個你會在棒球史年曆上看到它標示為紀念日的日子（儘管這天確實是瑞奇．韓德森〔Rickey Henderson〕[9]打破單一球季盜壘次數記錄的日子）。就只是我動手術將手肘內部雜質清除的日子——以及（我希望是）一個煥然一新、無病無痛投手生涯的重新展開。

喬比醫師的手肘手術簡直是完美無缺，他也對我的未來提供了極為受用的建議。「這會是一個時好時壞的過程，」他說。「某一天你可能會感覺很好，隔天則否。這很正常，全都是復健的一部分。假使不是每天都有進展，也別喪氣。要讓手肘完全康復得花點時間。只要付出耐心並持續復健，最後一定會康復的。」

[9] 大聯盟生涯盜壘與得分紀錄保持人，一般認為他是史上最好的第一棒，他也創下了單季一百三十次盜壘的大聯盟紀錄。

一九九三年春天前我都在傷兵名單之中，之間短暫的回到灣岸聯盟，接著加入格林斯波羅的輪值，我得找回失去的身手，但這段時間我的控球力大不如前，所以他們自然減少了我的投球數，不過先發十次後，我的防禦率還是超過了二，但這並沒有讓我氣餒。這蹣跚的過程就是喬比醫師之前預告過的必然狀況。

我在格林斯波羅時一切都很順利，還有一些意外的驚喜——因為我認識了新朋友。他是隊上的游擊手，可能是整支球隊中唯一身材比我細瘦的人。他是洋基用第一順位選進布萊安．泰勒後，接著選進來的最高順位球員。他的名字叫做德瑞克．基特（Derek Jeter），來自密西根州的卡拉馬祖（Kalamazoo）。我在小聯盟訓練營時曾跟他有一面之緣，但這是我第一次跟他同場比賽，他身上充滿秀味，這年是這小子高中畢業後的第一個球季，他的四肢非常靈活，你永遠不知道他會做出什麼美技。我曾看過他用推打將球擊至右外野然後跑出一支三壘安打。又看他擊出平飛球後一口氣跑到二壘，後來又敲出關鍵安打，守游擊時像隻小馬般在場內橫衝直撞，全力追著滾地球，在二游之間飛身將球攔下後，使用跳傳將打者封殺出局。

當然，正當他還在習慣自己那六呎三吋的身材時，我也經常一次又一次的看著他將球傳到遙遠的溫斯頓賽勒姆（Winston Salem）去，但我不是很擔心那些失誤。德瑞克那年在格林斯波羅發生了五十六次失誤，那年稍晚，有很多報導在討論洋基是如何研議他們對於將德瑞克調整到中外野手的位置一事。假使任何人詢問我當時的想法，我絕對會很樂意提供我的意見：

「千萬不要想調整德瑞克・基特的守備位置。他會漸入佳境的。他會一天比一天更好。他擁有想要變好的企圖心。你可以從他有多努力練習、對比賽貫注了多少熱情看出這點。他有速度也有棒子，樂意學習且他願意為了勝利做出任何付出。」

對於德瑞克・基特，你只需要做一件事，就是讓他自由發揮。

休賽期過了一個月時，我和克拉拉正歡欣的為我們第一個小孩的出生做著準備。無論如何，這個過程並不輕鬆。這年過了一半時，克拉拉從巴拿馬飛過來探望我。那時她已經懷孕快五個月了。醫生警告她要小心不要染上水痘，因為那可有可能會對胎兒造成影響。結果她搭乘的班機上染了水痘的小孩數量幾乎跟機上配備的暈機嘔吐袋一樣多。

正如預測，克拉拉下機後不久就染上了水痘。她下一次照超音波時，就如同我們當時擔心的一樣，有個壞消息。醫師告訴我們嬰兒的後腦有液體堆積，而堆積很有可能在那個區域不斷的擴大，最終導致致命。他說這是因為克拉拉曾受到病毒影響所致，我們現在也無能為力。

我們兩人非常震驚，不斷的祈禱事情好轉。克拉拉與附近一個拉丁女性組成的天主教團體聯繫，並加入她們以尋求寄託，她們在一起不斷持續的為我們那個未出世的孩子祈禱。

克拉拉開始多休息，並妥善照顧好自己。我們盡可能的保持正面的態度。

「或許醫生說錯了。也或許小寶寶會一切平安，」我告訴她，「妳不能失去希望。」

再下一次她去看醫生時，克拉拉已經差不多有七個月身孕了。超音波顯示那塊液體堆積散去了。小嬰兒看起來相當健康。

「我真是為你們感到喜悅，但我得說，我對這一切全無頭緒，」醫師說，「我執業這麼多年來，從未見過這樣的案例。」

一九九三年十月四日，在巴拿馬市，我們歡喜的迎接小馬里安諾・李維拉來到這個世界。母親與孩子都完好的撐了過去，父親也是，今天他花了幾乎一整天的時間，以及接下來許許多多的日子在她們身上，感謝主。

第六章　命運的電話

從紐約州的羅徹斯特（Rocheste）到羅德島（Rhode Island）的波塔基特（Pawtucket）這段巴士之旅耗時七個小時。當你被連續橫掃四場後，更覺得這段旅程似乎比你原本認為的更漫長了。我們在深夜抵達了波塔基特，哥倫布快艇隊（Columbus Clippers）一整隊已然累垮的成員擠進了馬路旁的康福特旅館（Comfort Inn）。此時是一九九五年五月中旬，經歷了一九九四年在1A、2A與3A後，我在快艇隊一開始表現非常優異，上一次先發，在五又三分之二局的投球中，三振了十一個人。

最終我們取得了面對波塔基特紅襪隊（PawSox）的系列賽第一場賽事的勝利。提姆．盧墨拿到了勝投，德瑞克．基特維持三成六三的打擊率，並敲出一支二壘打讓我們確保領先地位。系列賽的第二場比賽因雨取消。我不想一整天都待在這間一晚要價四十五美元的旅館，因此我做了一般小聯盟球員在客場比賽時通常會做的事：遊覽當地大賣場的風景。但大賣場其實沒什麼當地特色，幾乎大部分的大賣場看起來都差不多，這裡一間蓋樸（Gap），那裡一間富樂客（Footlocker[1]），中間就是美食街。在羅德島，我只注意到**所有人**身上都穿著波士頓紅襪隊（Boston Red Sox）的東西。

傍晚時分，我回到旅館房間時，電話正好響起。快艇隊的總教練比爾・艾佛斯（Bill Evers）來電。

「馬里安諾？」

「我是，比爾你好，怎麼啦？」

「我有一些好消息，跟一些壞消息要跟你說。你想先聽哪個？」

「壞消息吧，我猜。」我回道。

「好的。壞消息就是你不再是哥倫布快艇隊的投手了。」

「那好消息呢？」

「好消息就是你現在是紐約洋基隊的投手了。」

「不好意思，你說什麼？」

「你最好快點打包。你得前往紐約了。」

我一開始聽到他說的話時，還沒辦法完全消化。

「你是認真的嗎？」我說。

「不能更認真啦！」艾佛斯說。「洋基隊希望你盡可能快點過去。你得先聯絡行程規劃員，讓他幫你安排交通。」

「好的，很感謝你。」

「別感謝我，這是你自己掙來的。」他說。

我掛上電話。有好一陣子，我都不斷的想像被徵招到大聯盟是什麼感覺。現在我知道了。

我站在床上開始不斷跳來跳去，一直跳一直跳，活像個巴拿馬跳豆。我為樓下的房客感到抱歉。但他不用忍受這種困擾太久的。

我就要去大聯盟了！

Las GrandesLigas（MLB）我來了！

等我終於停止不斷的跳躍後，我跪在康福特旅館的地板上感謝上帝，接著打電話給克拉拉和我的父母分享這個新聞——我幾乎不記得自己說了什麼——然後告訴他們要讓凱米托的每個人都知道：「批利是紐約洋基隊的一員了！」

我搭乘短程飛機到紐約然後搭計程車前往洋基體育館。此刻正是對上巴爾的摩金鶯隊（Baltimore Orioles）的週末系列賽。當我從球員入口要進入體育館時，警衛把我攔下來。

「需要協助嗎？」

1 美國最大的連鎖體育用品專賣店。

「我是馬里安諾‧李維拉。我剛從哥倫布隊被徵招上來。」

「是的，我們正期待你的到來。」

期待我的到來？真想不到！我心想。

我從沒進去洋基體育館或其他大聯盟球場內部過，甚至無法想像裡面長得什麼樣子。往下走進球員休息室前，我瞥了一眼球場。就算從這麼遠的地方看過去，球場還是這麼大又這麼美麗，難以盡收眼底。我從走廊漫步前進，到達了球員休息室。走進休息室時，我往左邊一看，就看到了上面掛著李維拉名牌的置物櫃，裡面還掛了一件背號四十二號的球衣。春訓時我穿五十八號球衣，我猜這應該是正式背號吧。也算是一種升級的概念。

整個週末我都處於一種做夢般的飄飄然，就跟每個剛上大聯盟的菜鳥一樣，活像個人型立牌。我度過了人生中最愉快的一次打擊練習與飛球練習（shagging fly balls），而我深刻的了解到這是棒球界中最富名氣的外野。我但願自己能夠整晚待在這裡，可惜的是等下還有比賽要進行。第九局時金鶯隊在約翰‧韋特蘭[2]（John Wetteland）手上攻得了四分，拿下了第一場勝利，但我們在邁勒多‧裴瑞茲[3]（Melido Perez）的好表現下拿下了第二場比賽的勝利，接著是史特林‧希區考克[4]（Sterling Hitchcock）完投九局，只被打出四支安打的完美表現，在飛到美國的另一端的安納罕（Anaheim）與天使隊（Angels）比賽前，拿下了這個系列賽。接下來是巡迴三個城市，連續九場客場比賽的第一戰。第一場比賽在星期二晚上舉行。

我是洋基隊這一場的先發投手。

而我是來遞補進入傷兵名單的吉米．凱[5]（Jimmy Key）的空缺。

那天下午我來到球場時，我的興奮遠大於緊張。距離我上一次在羅徹斯特先發，已經休息了九天，這對我季初時略感不適的手臂有很大的助益。沒什麼大不了的，只是稍稍有點不舒服而已。洋基隊的防護員吉尼．莫納罕（Gene Monahan）透過按摩，讓我完全的放鬆。投手教練比爾．康納斯（Bill Connors）幫我複習天使隊的打者習性，簡要的概述最佳的攻擊策略。他給了我大量能夠不用花太多時間便能消化的摘要。

我悠閒的慢慢將制服穿上。先從襪子穿起，接下是灰色的客場球褲以及成套的運動衫。制服穿起來感覺很舒服且心情愉快。著裝完畢後，我甩了甩頭，並確定自己穿得很整齊，就跟過去我穿學校制服時也一定要保持服裝整齊相同。我前往牛棚，進去前先抬頭看了一下擁有三層看臺的球場。球場的尺寸與其中的所有事物都十分驚人。我不是很焦慮或是難以置信自己居然還沒被壓

2 李維拉之前洋基隊的守護神，一九九六年美聯救援王，世界大賽對抗勇士隊時拿下四場救援，獲選世界大賽MVP，隨即與遊騎兵隊簽下四年兩千三百萬美元的合約，生涯共取得三百三十場救援成功，史上第十三名。

3 曾在一九九〇年對上洋基隊時投出一場七局時因雨中止比賽的無安打比賽，也是前時報鷹隊洋將大瑞的弟弟。

4 生涯戰績七十四勝七十六敗，防禦率四．八〇，曾獲得一九九八年國聯冠軍賽MVP。

5 生涯戰績一百八十六勝一百一十七敗，曾四次入選明星賽，獲得兩次世界冠軍，一九九四年美聯勝投王，一九八七年美聯防禦率王。

力給壓垮。所有事物都像是變成了慢動作。所有事物都變得巨大無比——聲音、氣味、顏色。距離投出在大聯盟的第一顆球只剩下幾分鐘了。

我已做好萬全準備。

我的對手是查克·芬利[6]（Chuck Finley），高大、強力的左撇子投手。星期二晚上，到場觀戰的球迷稀稀落落，天使隊首名打者湯尼·菲利普斯（Tony Phillips）[7]進入打擊區做好打擊準備時，我全心全意專注在捕手麥可·史丹利[8]（Mike Stanley）的手套上。這就像是整個球場突然完全平靜下來，整個世界——我就像身處於一個六十尺高、六吋寬的管子之中，我站在一邊，麥可·史丹利的手套在另一端。

我要做的就是把球投到他的手套之中。這就是我焦點聚集的最大峰值。

我深吸一口氣。

投出你能力所及最棒的球，我告訴自己。

讓事情盡量簡單化。

我使用了非揮臂式投法，微微向後搖擺，右腳蹬離投手板前雙手先轉至靠近腰部的位置。我投出了快速球，但位置太低，被判定為壞球，但接下來連投了兩個好球，最後用第三顆好球讓他太慢揮棒，將他三振出局。中外野手金·艾德蒙斯（Jim Edmonds）[9]打第二棒，看著快速球進壘被三振出局。提姆·沙蒙（Tim Salmon）[10]打出一支穿越三遊防線的滾地安打，接著是第四棒強打者奇里・戴維斯[11]（Chili Davis），在一壞球沒有好球的狀況下強力揮擊，是一支打向左外野的二壘安打，很快的，我就陷入我第一個亂流。

下一位打者是天使隊的一壘手史諾（J.T. Snow）[12]，是左撇子打者。我先取得了兩好球的球數領先，接著用一個偏高的快速球挑戰他，被他打到中外野，伯尼・威廉斯（Bernie Williams）[13]輕鬆的將球收下。

---

6 生涯大部分時間都待在天使隊，是天使隊史上勝投王（一百六十五勝）、最多投球局數（兩千六百七十五）、最多先發（三七九）與三振數第二（兩千一百五十一），因其為左撇子投手且擅長三振，常被拿來與蘭迪・強森（Randy Johnson）做比較。

7 十八年大聯盟生涯（一九八二—九九）是個相當知名的工具人，主要守備位置是二壘，但防守游擊與三壘的表現也相當優異，也曾以左外野手、右外野手與指定打擊出賽了超過一百場比賽。

8 打優於守的捕手，曾於一九九三年獲得捕手銀棒獎，一九九五年入選明星賽，十四年職業生涯平均打擊率兩成七，打出一百八十七支全壘打、七百〇二分打點。

9 十七年職棒生涯中得過八次外野手金手套獎，累計敲出三百九十三支全壘打，一千一百九十九分打點，聖路易紅雀隊名人堂一員。

10 整個生涯都待在天使隊，是天使隊的傳奇人物，並被譽為天使隊史上最好的球員之一，隊上全壘打、保送、長打率的紀錄保持者。

11 首位登上大聯盟的牙買加籍球員，三次入選明星賽，獲得三次世界大賽冠軍，十九年球員生涯打出了三百五十支全壘打，名列大聯盟生涯全壘打排行榜第九十一名，現為波士頓紅襪隊打擊教練。

12 以防守聞名，曾連續六年獲得金手套獎，生涯大部分時間都待在巨人隊。

13 十六年大聯盟生涯都待在洋基隊，大聯盟史上第一位同年獲得打擊王、金手套獎與世界大賽冠軍戒的球員。

第二局的投球沒丟掉分數，第三局一開始也接連拿下兩個出局數，沙蒙再度上場，打出了一支中右外野的二壘安打。我小心翼翼的面對奇里．戴維斯，他首次上場的表現我還歷歷在目，後來保送了他，接下來史諾打出了一個軟弱無力的滾地球，最後變成了內野安打。現在變成了滿壘，捕手葛瑞格．邁爾斯（Greg Myers）站上了打擊區。我取得了兩好一壞的球數領先，但他打出了一支左外野安打，並打下了兩分打點。我在沒有更大傷害的情況下結束了這一局，不用說，保送戴維斯是把我整個打亂並讓我們落後兩分的最大因素。

四局下半，麻煩來得更快，這局一開始我就被打了兩支一壘安打，艾德蒙斯又上場了。我之前三振了他兩次，但他連續兩次都打中我的球，似乎完全抓住我的四縫線快速球了。我的球數以一好兩壞落後，後來投出了一顆正中直球，被他大棒一揮敲到了右中外野的圍牆外。現在比數來到了五比〇，且這一晚芬利的表現讓我們隊上的打者手上好像拿著吸管揮棒似的，這可不妙。又投出了一次保送後，我的初次登場也成為了歷史，並留下了糟糕的數據（三又三分之一局的投球中，被打了八支安打，失掉五分，三次保送與五次三振），沮喪的走回球員席。我們持續潰敗，十比〇，芬利投出了十五次三振，但假使要說我從這場比賽中得到了什麼，那就是我知道自己可以讓這些打者通通出局。在被屠殺成這樣後說這些話似乎有些奇怪，但只要有幾球投的位置再好一點的話，這整場比賽就會大不相同。

我希望這場先發能投得更好。我希望最後的結果跟現在不同。但我不會失志，我已經準備好要在下一場比賽拿出更好的表現！

「你在場上有些地方表現的非常好，」比爾說。「繼續加油。你會漸入佳境的。」

五天後，陣亡將士紀念日那一週的星期天在奧克蘭，我再次回到這裡面對由總教練湯尼・拉魯薩（Tony La Russa）帶領的運動家隊（A's）。保羅・歐尼爾（Paul O'Neill）敲出一支深遠的二壘安打，伯尼・威廉斯補上一支全壘打，我們在前兩局就攻得了四分，我也好好的將分數守下，到第六局只掉了一分。鮑伯・威克曼（Bob Wickman）幫我解決了一些小麻煩，約翰・韋特蘭在第九局投出了三次三振，洋基隊拿下了這一季的第十三場勝利，我也取得了生涯第一場大聯盟勝投。補手金・萊瑞茲（Jim Leyritz）在約翰・韋特蘭三振掉史丹・賈維爾（Stan Javier）結束這場比賽後，上前跟他握手，接著總教練巴克・修沃爾特（Buck Showalter）也跟他握手致意，而我也排在隊友之中一樣跟他握手。我太高興能為這場勝利做出貢獻，而忘記索取這場的比賽球。就我所知，所有人都忘了這件事。我們收拾行李後便直奔機場，搭上飛機前往西雅圖。後來我再也沒把心思放在那顆沒拿到的比賽球上。我只想投出下一顆球，幫助洋基隊獲得勝利。

後來我又先發了兩次，面對的是運動家隊與水手隊（Mariners），這兩場都沒什麼值得留念之處。第一場我被吉羅尼莫・貝羅拉（Geronimo Berroa）敲出了一支超大號的滿貫全壘打，第二場又被艾德佳・馬丁尼茲（Edgar Martinez）敲出了一支三分全壘打。對上水手隊那場，我連三局都沒撐滿就被換了下場，洋基隊掉到了最後一名，賽後，巴克・修沃爾特把我叫進他的辦公室。

我只有三個星期的大聯盟資歷，但就算是我這種菜鳥也很清楚被叫進總教練辦公室絕對不是好事，特別是你的自責分率是十點二〇的時候。

「我們要送你回哥倫布隊，」巴克說，「你展現了一些不錯的特質，不要氣餒。只要持續努力，你一定會回來的。」

正當我離開辦公室時，在我之後被升上來兩個星期的德瑞克，也被招喚進辦公室了。他是要替補受傷的湯尼．費南德茲（Tony Fernandez）的位置，在十三場比賽中的打擊率是兩成三四。德瑞克也得到了跟我一樣的消息。回到叢林中打滾。這一天是六月十一日。我們兩個都只知道要不斷往上晉升。相反的下場從沒存在我們的腦海中過。我知道自己的肩膀不太對勁，但還是……

你的球隊跟你說你還不夠好時，你要怎麼樣才能夠不覺得受傷呢？

德瑞克和我不發一語的坐著計程車穿越了喬治華盛頓大橋，接著是在一陣沈默中用餐。我們在紐澤西李堡（Fort Lee），入住旅館對面的巴尼甘餐廳中，試圖要搞清楚我們哪裡做錯了。這並非「最後的晚餐」的情節，但我們也確實笑不出來。

「我覺得你被下放這件事是我的錯，」我告訴德瑞克。「假使我今天投的好些，或許這些事就不會發生了——對我們兩個來說都一樣。」

「這不是你的錯，」德瑞克說。「我的壞表現跟你的投球內容無關。我們就是得繼續更加努力的練習。只要我們不斷努力，並在快艇隊打出好成績的話，我們會回去的。」

「你說的對。這就是我們應該銘記在心的想法。」我說。

我們回到旅館，搭乘隔天早班飛機前往夏洛特（Charlotte），加入正位於此地的快艇隊。我的肩膀還是會感到疼痛，他們決定把我放進傷兵名單兩個星期，看看休息會不會對我有幫助。

休息後重回場上的第一場先發是個潮溼的星期一，在快艇隊所在地哥倫布的庫伯體育館（Cooper Stadium）舉行的比賽。我主投夜間雙重賽的第二場比賽，對上的是羅徹斯特紅翼隊（Rochester Red Wings）。從熱身開始，我便能感覺到肩膀比過去一整年的任何時刻都要好的多。我幾乎能夠無傷無痛的自在投球了！

休息真的有效，太好了！

我讓紅翼隊黯淡的度過了第一局。在球員休息區裡，我的捕手荷黑．波沙達（Jorge Posada）坐在我身旁。

「你今天吃了啥？」

「怎麼說？」

「我從沒看你投得這麼快過。球離手後，像飛的一樣。」

「我不知道，就感覺不錯。」我回道。

最後我投出了一場因雨中止，總共五局的無安打比賽。我投出了一次保送，荷黑馬上就將試圖盜壘的跑者刺殺在二壘，因此我只面對了最少的十五名打者。

「這傢伙馬上就會回到大聯盟，而且再也不會被下放了。」荷黑跟好幾個隊友都這樣說。

後來荷黑告訴我，整場比賽我的球速都維持在九十六英哩，可能快接近九十七或九十八英哩了。這樣的大躍進讓洋基內部人士都驚呆了。多年後，我發現那天晚上洋基隊的總經理吉尼・麥克（Gene Michael），要了一份記載著我那晚的球速有多快的數據資料。

麥克想知道，測速槍是否正常？工作人員能否確定數字是否準確？

他找了一個當天人在現場的球探確認，球探證實了這個數字；他的測速槍也顯示了九十六英哩。麥克似乎正與底特律老虎隊（Detroit Tigers）協商要取得大衛・威爾斯（David Wells）。老虎隊對我相當有興趣。

等到麥克確認測速槍的數據準確無誤後，我就不在這次交易的名單，或是任何交易名單之中了。

我投出縮水無安打比賽那晚，荷黑和我以及其他快艇隊的隊員一起去我們平常的用餐地點，「蘋果蜂餐廳」。我點了一份里肌牛排，上面添滿了烘烤過的馬鈴薯與蔬菜。

「你對於自己的球速是怎麼從八十八到九十再到九十六英哩有任何想法嗎？我從沒見過別人發生過你這種事。」荷黑說。

我的肩膀相當健康，但這只是其中一個答案。而且顯然跟我吃進很多里肌牛排無關。這是主的餽贈。我很久以前就知道祂正在使用我來成就祂的旨意，祂希望我的投球能幫祂傳播上帝的福音。

還有什麼可能呢？其他原因顯然都不可能成立。

我再也沒幫哥倫布快艇隊投過任何一場比賽。

七月三日，比爾．艾佛斯通知我即將歸建。這次我沒在床上跳來跳去了。就只是默默的去搭飛機，事實上，是好幾班飛機。四點三十分起床，搭上前往波士頓的飛機（快艇隊又來到波塔基特進行比賽了）接著轉機至芝加哥。抵達旅館時已是傍晚時分。我拿出身上最珍貴的物品——紅色皮製書衣的聖經，那是克拉拉送我的禮物。內頁邊緣處作了筆記，有些詩文下畫了線，一些句子還用色筆上色強調。我可以肯定的告訴你，這本書我已經不知道反覆翻閱過多少次了。聖經無法傾訴我與主並肩而行的種種故事，但它能告訴你所有關於我如何為了生活努力，以及主的關愛為何是我整個人生的基礎的一切。對我而言，聖經不只是上帝的語言，還是指引人生方向的地圖，裡面充滿了就算你耗費數百年鑽研其他心靈與自我成長書籍也無法與之抗衡的智慧。

它是智慧最佳的呈現：簡單樸素的智慧。從馬太福音第二十三章，第十二節中，可窺見一斑：

凡自高的必降為卑、自卑的必升為高。

我與主並行的旅程始於我表兄弟維達爾．奧瓦列（Vidal Ovalle）在凱米托時的協助。當時我十八歲。維達爾和我每天都同出同進。我們一起追逐美洲蜥蜴，不然就是一起在捕魚船工作。有一天我發現他發生了劇烈的改變，並問他其中的前因後果。

「我開始了解到上帝的存在。」他說。他跟我分享聖經裡的故事。我能夠感受到他的熱情以及他的平靜與喜樂。我認識他一輩子了，但他現在看起來就像是個完全不同的人。我所言不虛。當我們出海時會討論聖經的內容。維達爾是第一個真正教導我聖經的內容以及認識耶穌的真義，與知道祂為我們做了什麼，為了赦免我們的罪行而死在十字架上的人。我傾聽，並閱讀聖經，但我在心靈層面還只是個學走路的嬰兒，還沒真的準備好侍奉祂。幾乎快五年後，主才變成我人生的中心。你會聽到有些人說他們經歷了大覺醒，一種沐浴在白光下的轉變體驗、全身不停的顫動或是聽見了上帝的聲音，或甚至是三者皆有。對我而言，那是更加簡樸單純的體驗。

我位在接近凱米托中心，距離我父親擺放他船隻的碼頭不遠的小水泥教堂中。坐在一張摺疊椅上，深深的祈禱著，感謝主的賜福，尋求祂赦免我的缺陷。此時，教堂已即將關閉。

「有沒有人還沒完成，但想要接受主作為他個人的救助者的？」牧師問。

我事前並沒有想過這件事。我從沒問過自己：今天就是那一天了嗎？我思考著牧師的問題。我等了一兩下。我能感受到自己的心正在敞開，對上帝的話語感到溫暖。我能感受到聖靈降臨，非常溫柔的觸碰我的內心。

「來到我身邊，我的孩子，」聖靈這樣對我說。

我舉起手。

「請往前，」牧師說。

在我內心深處，有一段精神與肉體的敘事在我的靈魂中展開。

肉體：「你會領悟到，假使你這樣做，將永遠不再有歡樂，不是嗎？」

精神：「這是為了更多更棒的喜樂。是為了擁有上帝的恩惠、平靜與寬恕，從此刻到永遠。」

肉體：「你會因此失去所有的朋友，什麼事也沒辦法跟他們一起做。」

精神：「假使我的朋友因此不再跟我往來，或許他們就不是我想擁有的朋友。」

肉體：「你的人生會進入一段長期的，嚴酷的禱告階段，你嘴巴只會不斷訴說自己可怕的罪行。」

精神：「我的人生會洋溢著光明與希望，以及與主共生的喜樂。」

我往前走。全無焦慮與遲疑，感到十分興奮。我能感受到聖靈與我同在，扶持我、推動我、告訴我：「接受耶穌基督成為你的救世主，這樣一來，你將擁有自己也不敢相信的力量與平靜。」

牧師又問了我一次：「是否已經準備好了呢？」

「是的，我準備好了。」我回覆道。

很快的，他帶領我們禱告，我立刻就感覺到心中的負擔減輕了。那份你認為自己得獨自完成事情的負擔；覺得自己很孤單，並被自己設下的限制給壓垮了的負擔。我站在我小小家鄉的小小教堂裡，領悟到主給了我一個變成截然不同的人的機會，將我從自己的罪惡中解放，充滿愉悅、充滿自由。

聖經有云：「帶著汙穢前來吧。別清理或改正。帶著你的憂慮與所有的不完美前來。主將賜予你平靜。祂將關照一切。你要做的就是對祂索求，用你純潔的心探訪祂。祂將關照一切。你無法做的、我無法做的，讓主完成。」

萬事萬物皆離不開主的掌握。我們的生活皆在主的掌握之中。我在今天清醒，你在今天清醒。今天是我們奉獻一切的日子。我感謝上帝為我們做的，我不會視之為理所當然。我們活在今日。我們活在此時此刻。這就是我想要投出的球，也是我想要的生活方式。將我們擁有的全部關注於生活的每個當下，用力所能及的最佳方式來生活。再次強調，這就是簡單純粹。簡單純粹就是最棒的解答。

隔天我要先發對抗白襪隊，它是國聯打擊火力第二強大的隊伍。那天從我踏進美國行動通訊球場（Comiskey Park）那一刻起，我感受到全然的平靜。完全不覺得有壓力，只想著踏上球場，做我自己，進行我熱愛的棒球比賽。我已經學到了，當你告訴自己：**我得這樣和那樣做，此刻我得證明自己。**這些想法只會讓你更難拿出最好的表現。無論發生什麼事，我有主的陪伴。我不覺得緊張，這份想法會改變一切。

我不能說我很清楚自己投得比上次被徵招上來時投得更快了，但我可以藉著投球時打者揮空的樣子，以及他們全未預期的模樣看出這件事。我投完四局後只被敲出一支安打——法蘭克・湯馬斯（Frank Thomas）[14]的一壘安打——並投出了五次三振。保羅・歐尼爾在艾力克斯・費南德茲（Alex Fernandez）投球下敲出了一支全壘打，幫我取得了一比〇領先，接著路易・波羅尼亞（Luis Polonia）在第五局又靠著高分犧牲打讓比數來到了二比〇。

投完第六局，我只被打出兩支安打，都是湯馬斯打的，接著我在第七局連續投出了三次三振，讓朗・卡柯維茲（Ron Karkovice）和華倫・紐森（Warren Newson）三次進攻都無功而返。

到了第八局已是三比〇領先，我還是保持火熱手感。奧吉・古利恩（Ozzie Guillen）內野彈跳球出局、蘭斯・強森（Lance Johnson）內野高飛球接殺出局、戴夫・馬丁尼茲（Dave Martinez）三振出局。這是今晚的第十一個三振。回到牛棚時，巴克・修沃爾特走上前來拍了拍我的肩膀。

「幹的好，馬里安諾。你今天的表現十分驚人。接下來我把球交給韋特蘭，由他來投第九局。」

「感謝你。」我說。

---

14 綽號為：「重傷害」，美國大聯盟第二十一名達成生涯敲出五百支全壘打的球員，二〇一四年進入名人堂。

假使說對上白襪隊這場給了我什麼啟示，就是我得全心全意做自己。而非做任何多餘的事。後來有些人告訴我少數白襪隊球員頗有微詞，因為他們對我做的偵查報告全都是錯誤的。報告上說我的球速在八十多快九十英哩，而不是九十英哩中段。

好吧，他們的資料已經是幾個星期前的過期資料了。

剩下來的球季我都待在大聯盟，我們靠著最後十二場贏了十一場的表現，拿到了美聯外卡的席次，與西雅圖水手隊在美聯季後賽第一輪碰頭。此刻洋基隊上下充滿了歡欣的氣氛，儘管我才剛來不久，一樣能感受到那股氣息。這不只是洋基隊十四年來第一次進入季後賽，還是他們為偉大的唐·馬丁利（Don Mattingly）打下的第一次季後賽，所有人都為他感到興奮。我跟唐只有幾個月的交情，但這段時間已長到足以讓我深深為他的謙遜、職業道德與自我要求感到折服。他是一個凡事皆行以正道，並以正道待人的人。

他就是你想要成為的那種人。

在大衛·孔恩（David Cone）的發揮下，我們在洋基球場拿下了第一場的勝利，賽事緊繃的第二場球賽，在打完九局時呈現平手的局面，以四比四的比賽進入了延長賽。十二局上半開始前，牛棚這邊接到了電話。

讓李維拉上場。

我開始伸展放鬆，狀況不錯。我喜歡今天球離手的感覺。

小葛瑞菲（Ken Griffey Jr.）[15]從約翰．韋特蘭手中敲出了一支全壘打，讓水手隊取得了五比四領先。在韋特蘭保送了下一名打者後，巴克叫我上場。我從牛棚出發，小跑步穿越了外野，來到了我人生中最艱鉅的一場投手測試會。我是來自凱米托的漁夫之子，就這樣潛進了我能想像到最炙熱的大炒鍋中。我等不及了，我熱愛這份風險，熱愛在這種狀況下投出每一顆球，熱愛這個如同有六萬名坐在場邊的觀眾將能量傳遞給我的大體育館。

或許這是在我父親的捕魚船上工作的訓練成果，這我不得而知。在船上，假使我們沒捕到魚，就賺不到錢。我們得克服這個難關，一定得找到捕魚的好方法。

季後賽給了我相同的感受。

我三振了前洋基隊球員傑．布納（Jay Buhner），結束了失分危機。

十二局下，我們在兩人出局後靠著魯本．席拉（Ruben Sierra）的二壘安打又將比數逼成平手，現在是我上場守住分數的時候了。我輕鬆的投完十三局，十四局時則是連續將三名打者三振出局。十五局時，先讓小葛瑞菲打了一支中外野的飛球被接殺，在被下兩棒打者艾德佳．馬丁尼茲與傑．布納接連打出一壘安打前，連續讓八名打者無功而返。接著我三振了道格．史全吉

---

15 生涯敲出六百支全壘打、一次MVP、七次銀棒獎、十次金手套獎、四次全壘打王，曾被認為是最有可能打破漢克．阿倫全壘打紀錄的球員。

（Doug Strange），不過卻在壘上有兩名跑者的情況下在面對提諾·馬丁尼茲（Tino Martinez）時陷入了沒有好球三壞球的球數落後。我投出一顆快速直球，他在開綠燈的狀況下大棒一揮，敲出了一記中外野飛球。

危機解除。

我第一次季後賽登場以中繼三又三分之一局無失分作收。

幾分鐘後，十五局下半的前兩名洋基隊打者，一人出局，一人保送上壘，接下來站上打擊區的，是金·萊瑞茲。他大棒一揮，敲出了一支飛越右外野圍牆的兩分全壘打，而我坐在休息區裡看著球飛上看臺，並聽著全體觀眾歡欣的怒吼，心理只想著一件事：

這是我這輩子聽過最吵鬧的吼叫聲了。

幾乎就像是這個體育館快從瑞佛大道（River Avenue）上被吹走了一般。我們連贏了兩場，而我拿下了一場勝投。我高興得連自己在哪、在做什麼都記不得了。

主對我的賜福每一天都只增不減。

系列賽移師至西雅圖，水手隊拿下了第三與第四場勝利。到了第五戰的第八局，大衛·孔恩在神奇的一百四十七球好投後，投出了一個四壞，將壘包上的打者擠回本壘得分，讓對手追成平手。巴克將球交給我。此時是滿壘的局面，麥可·布洛爾（Mike Blowers）即將站上打擊區。

四個月前，我還是剛從第一次大聯盟試完水溫被下放哥倫布快艇隊的球員。此刻，我的季後賽之旅是否可以延續下去，要仰賴我投出的每一球。這壓力是非常大的，但我對此全無感覺。現在不是思考要怎麼投快一些、我能投多快的時候。我面前有名待解決的打者。我鎖定麥可．史丹利的手套，回到了那個如同身處管子中，毫無雜訊的世界。

我用三球把麥可．布洛爾三振出局。

最終我們在第十一局時落敗，艾德佳．馬丁尼茲將傑克．麥道威爾的球打成了穿越左外野防線的二壘安打，攻下兩分。這是個殘酷的結局，是我絕不願看到的結局。看著水手隊的球員在我們面前歡呼時，我的心都涼了。我原本確信一定會是我們拿下這場系列賽的勝利，原本應該是我們在場上歡欣鼓舞才對。但隨著這股內心的刺痛，也堅定了我對自己近乎挑釁的期許：

「我們將會從這裡得到教訓。我們會要回來。我們終將勝利。」

隨著時間的推移，對我來說，我不可能不被一九九五年發生的種種事情給激勵。我不知道主的恩惠與仁慈會將我帶至何處，但我知道自己的心靈更加富饒，並清楚了解到自己並不孤單。說到底，這年開始時，我還是一個擁有令人存疑的傷病史，只到達3A水準的投手。但最後我在季後賽出賽投了五又三分之一局，沒有任何失分，並投出了八次三振，這是在洋基隊，在lasGrandesLigas（大聯盟）！在世界上最偉大的城市出場，將我在沙灘上所學到的技術在球場上做出貢獻。這全都在主的計畫之中，而我樂於被祂擺佈。

第七章 擔任中繼，抱持信念

一九九六年，我有一個新的投球園地，生涯接下來的一千零九十六次出場都是從這裡出發的，大家稱之為牛棚。假使你把我逼到牆角，要我說出心裡話，我猜自己會說，我稍稍偏好先發出場，但球隊需要我怎麼做，我就會拿出我最好的表現。

這一季洋基有些重大的變動。我們有了新的總教練喬・托瑞（Joe Torre）。新的王牌投手，二十四歲的安迪・派提特（Andy Pettitte）。新任游擊手，二十一歲的德瑞克・基特，還有新的一壘手，前水手隊球員提諾・馬丁尼茲，以及新的捕手——聰明、可靠的球員，名叫喬・吉拉迪（Joe Girardi）。你絕對無從得知這些好手要怎麼去拼湊，我猜喬治・史坦布瑞納自己也不太確定這樣的陣容是否可行，這就是為何洋基隊要跟水手隊不斷商討要用我為籌碼交易他們的游擊手，菲利斯・費明（Felix Fermin）。史坦布瑞納顯然對德瑞克是否以做好先發的準備感到存疑，而想納進費明當做買個保險。我不知這個協商的進度，也不想知道。有些球員很著迷於這種事，隨時掌握交易流言的第一手資料，並加入一些自己的推測。但我絕對是抱持反面的態度。對我而言，這樣的流言只會成為阻力，用我身為投手的觀點來看，阻力是投手的大敵。

既然這些想法無法幫我解決打者，為何要花時間思考這些事情呢？

春訓時，主要目標是要給新的總教練留下強烈穩健的第一印象。我從未聽過喬・托瑞的大名，也不清楚他球員生涯概況、他拿下了哪座MVP、他在布魯克林的兒時生活，或是他過去的執教成績。上一個老大巴克・修沃特爾這麼多年來看著我在洋基體系一路往上爬，我知道他會大力支持我。洋基隊決定讓他走人並引進T先生——直到現在我還是這樣叫他——時，我終於點燃了心中的雄心壯志，決心要拚命在牛棚贏得一席之地。球隊裡有一大票的中繼投手，我只是他們手上的其中一張牌。除了去年季後賽堪稱不俗的表現外，從去年春訓或是一整年的表現來看，都還是提不出什麼我能肩負重任的有力證明。

今年例行賽第一次亮相對上遊騎兵對的打者，我兩局未失分並投出了兩次三振，正是最佳狀態。說來尷尬，但基本上我還是只有一種球路，多年來我不斷試驗，想要發展出值得信賴的滑球以及可在實戰使用的變速球，卻都沒有什麼突破。我的武器一直只有四縫線快速球。

當我想要交替使用不同的球種來混淆打者時，我會投出……四縫線快速球。

我敢打賭，一整季我可能投不到十次滑球。這似乎沒什麼大不了的。我可輕鬆投出有尾勁的快速球，而且通常可以確實投到我想要的位置。

一九九六年過了六星期，我的自責分率是〇・八三。並一度連續十五局沒被敲出安打。在球季中的一波九連戰中取得八場勝利的連勝過程裡，我在對上紅襪隊的三名打者，特洛伊．歐黎萊（Troy O'Leary）、李．丁斯里（Lee Tinsley）以及傑夫．弗萊（Jeff Frye）時，只投了十二球就將他們三人通通三振出局，接著便將守成的任務交給了韋特蘭。很快的，認為我的名字應該被放進麥可．哈格洛夫（Mike Hargrove）[1]的明星賽出場名單之中的聲音出現了。哈格洛夫把這個問題抛回給我，假使洋基隊球迷全力灌票就沒問題，但我沒有去鼓吹球迷。這件事完全不會讓我煩心，如果成，那就是上帝認為授與我這項榮譽是合宜的。我不需要汲汲營營的爭取。

我全心全意只想在明星賽那週回到巴拿馬探望克拉拉，她正懷著我們的第二個兒子亞費特（Jafet）。

我以跟季初差不多的好表現結束這個球季，在一百零七局的投球中，拿到了二．〇九的自責分率以及一百三十次三振；甚至在聯盟最佳投手的賽揚獎票選中得到了第三名。我們贏得美聯東區的分組冠軍，在分區系列賽中對上了遊騎兵隊。遊騎兵隊在洋基體育館以六比二拿下了第一場的勝利，假使我們想要避免一路潰敗，並在德州被橫掃的命運，第二場的勝負就變得至關重要。

安迪一直投到了第七局，接著T先生把球交給我。此時我們以四比二落後。我用三球三振掉「矮胖子」伊凡．羅德里奎茲（Ivan「Pudge」Rodriguez），接著讓盧斯提．格利爾（Rusty Greer）

---

1 當時克里夫蘭印地安人隊的總教練。

擊出滾地球出局。我總共面對八名遊騎兵隊的打者，讓他們全都無功而返，其中還包括了今年的MVP，並在前幾次上場擊出了兩發全壘打，打下了四分打點，這個系列賽已敲出三支全壘打的璜・岡薩雷茲（Juan Gonzalez）。岡薩雷茲是目前聯盟狀況最好的打者之一，棒球在他眼中就跟哈密瓜一樣大，而他不需要**判斷**這顆球會不會進入好球帶，他就是**知道**，只要球進入了好球帶，就逃不過他的棒子。然而，投手也有很多近況絕佳的好手，而我就是其中一名，在這樣的狀況下，你能夠完全掌控投出的每一顆球，也很清楚自己能夠隨心所欲的控制球進壘的位置。一年前，岡薩雷茲曾將我的球敲成了全壘打，我很清楚他是多麼危險的打者。他跟我交手過大部分的強打者不太相同，擁有近乎完美的選球能力；我生涯跟他二十四次交手，僅僅三振過他一次。他非常擅長打偏低的快速直球，我只能盡量嘗試將球投高，並遠離紅中的位置。最後我讓他擊出了二遊方向的滾地球出局，並在沒有失分的情況下將比賽帶入了第八局。

後來我們在第八局靠著西索・費爾德（Cecil Fielder）一支軟弱的一壘安打追平比數，到了十二局，在德瑞克首先上場便敲出了一壘安打，之後又因為對手的暴傳而跑回了致勝分而拿下勝利。

這整季我們都充滿韌性，從不放棄，總是勇敢還擊，在德州舉行的第三場比賽，我們又一次展現了這份精神。我們在進入第九局時還落後一分，靠著伯尼・威廉斯深遠的犧牲飛球拿下一分，他的手感幾乎跟岡薩雷茲一樣火熱，接著馬里安諾・鄧肯（Mariano Duncan）的一壘安打又追加一分，我們在這局拿下兩分。韋特蘭負責關門。下一場，我在沒有失分的狀況下投了兩局，我們帶著五比四的領先進入了第九局。伯尼敲出他在這場比賽的第二支全壘打，九局下半，韋特蘭用了四球，讓迪恩．帕瑪（Dean Palmer）呆呆看著好球進壘而被三振出局，結束了這個系列賽。

我們晉級至美聯冠軍決賽，面對的是巴爾的摩金鶯隊，我們終於突破了去年的成績來到這裡。第一戰，我們直到八局下半德瑞克從阿曼多．貝尼特斯（Armando Benitez）手上敲出了一支反向全壘打後，才終於追成平手，這對洋基體育館來說，是個特別的一刻，對於將手伸進場內將球接走的傑佛瑞．梅爾（Jeffrey Maier）來說，也是個特別的一刻。這並不算是支合法的全壘打，對，這個十一歲大的小孩確實干擾了比賽，金鶯隊完全有理由抗議[2]，但，那又如何呢？你只能繼續比賽，事情就是如此。我讓麥可．德佛羅（Mike Devereaux）打出滾地球封殺出局，結束了第十局的困境，接著以三振羅伯托．阿洛馬（Roberto Alomar）結束第十一局，三分鐘後，伯尼在一好一壞的球數下從蘭迪．邁爾斯（Randy Myers）手中敲出了一支直擊左外野界線標竿的全壘打，以五比四獲勝。

金鶯隊拿下了第二場比賽，將這個系列賽扳平，接著我們來到了金鶯公園球場（Camden

---

[2] 這一球原本沒打出全壘打牆，梅爾硬是伸出手將球撈走。

Yards），吉米‧凱在這場比賽展現了大師級的表現。再來，到了第四戰，我們的牛棚——大衛‧威瑟斯（David Weathers）、格雷姆‧洛伊德（Graeme Lloyd）、我，以及韋特蘭——在肯尼‧羅傑斯（Kenny Rogers）前面先壓制住對手後，接力投了個六局無失分，以三比一達陣。不過我投的並不輕鬆；我被打了三支一壘安打造成滿壘，接著三振掉布雷迪‧安德森（Brady Anderson）以及克里斯‧荷利斯（Chris Hoiles），我孤注一擲，冒著被打長打的危險，讓他們追著我的偏高快速球打，最後讓陶德‧席爾（Todd Zeile）打出了一支內野飛球結束這局。第五戰安迪以八局只被打出三支安打的佳績封鎖了金鶯隊的打者，而金‧萊瑞茲、費爾德與達瑞爾‧史卓貝瑞（Darryl Strawberry）都在史考特‧艾瑞克森（Scott Erickson）的投球下敲出了全壘打，讓他失了六分，使我們得以進入世界大賽，與亞特蘭大勇士隊（Atlanta Braves）一決勝負。

你一定會認為第一次晉級世界大賽會帶給我全新的壓力吧，但其實沒有。這一年來，我們最期待的就是這個系列賽。假使我們中途落馬，絕對會讓我們大崩潰，因此對我們大部分的人來說，壓力最大的反而是前兩輪的美聯季後賽。

然而，你絕對不會發現，當這個系列賽開始時，勇士隊是扮演著推土機的腳色，而洋基隊扮演的則是被反覆糟蹋的爛泥巴。我們輸了前兩場主場的比賽，兩場加起來的比數是十六比一，大部分是來自古拉索（Curaçao，事實上，這是個中美洲的國家）的十九歲小夥子安德魯‧瓊斯

（Andruw Jones）所造成的，他在第一戰轟出了兩支全壘打，而勇士隊的投手陣容，大家都說，這幾乎是史上最堅強的投手群了。約翰・史莫茲（John Smoltz）在第一戰讓我們全隊的打擊熄火，葛瑞格・麥達克斯（Greg Maddux）則是接管了第二戰。我以敬畏的心觀察他們兩位的投球，特別是麥達克斯。他可說是大師級的球匠，這裡切一下好球帶、那裡削一下好球帶，在我們發現前就把我們搞的七零八落。他在八局的投球中只用了八十二球，整場比賽只有兩個打者撐到了三壞球。在第四局，他像是有讀心術般只用六球就結束了這一局。他的一舉一動都像是個偉大的藝術家。

他讓這一切看起來就像是舉手之勞。

系列賽移師至亞特蘭大，我們在大衛・孔恩力挽狂瀾下拿下了第三場（我則丟掉了季後賽的第一分），不過第四戰我們在剩下五個出局數比賽就結束時陷入了大麻煩，以六比三落後。再五個出局數，我們在這個系列賽就會以三比一落後，接下來兩場比賽還要面對史莫茲與湯姆・葛拉文（Tom Glavine）。第八局開始時，我在牛棚開始熱身，首位打者查理・海耶斯（Charlie Hayes）上場面對到馬克・沃勒斯（Mark Wohlers）這位最具宰制力、球速最快的終結者之一。

海耶斯用突襲短打敲出了一顆沿著三壘邊線搖搖擺擺滾在線上的球，不知為何最後沒有滾出邊線。接下來達瑞爾・史卓貝瑞敲出一記穿越三遊的左外野安打，現在我們在壘包上有兩名跑者了。我持續跟牛棚捕手麥可・波扎羅（Mike Borzello）練投，這時馬里安諾・鄧肯（Mariano

Duncan）敲出了一支直擊勇士隊的三壘手拉菲・貝利亞德（Rafael Belliard），幾乎可說是直接雙殺的滾地球。

但貝利亞德漏了一下，只抓到一個跑者。這時候，非常會打快速直球的萊瑞茲上場了，他最喜歡在關鍵時刻站上打擊區。去年十月，他就曾經在對上水手隊時敲出一支大號的全壘打，並在跟金鶯隊的拉鋸戰中用全壘打打開僵局。萊瑞茲過去從未面對過沃勒斯。

「沃勒斯有什麼料？」萊瑞茲這樣問打擊教練克里斯・錢伯里斯（Chris Chambliss）。

「他有顆時速一百英哩的快速球。」錢伯里斯說。

萊瑞茲上場，手拿史卓貝瑞的其中一支球棒。沃勒斯投出第一球，萊瑞茲放過了這顆快速球，接著是投成壞球的滑球。球數來到一好一壞，沃勒斯又投了一個偏高的滑球，萊瑞茲伸長手臂，將球敲到左外野深遠地帶。安德魯・瓊斯攀上了左外野的護牆，但球在他伸手攔不到的高度送入觀眾席。比賽打成平手，萊瑞茲跑壘時激動的握拳慶祝，我知道確保比賽保持平手的責任落在了我身上。

第八局我力保不失分，並在第九局抓下了一個出局數。格雷姆・洛伊德接替我的任務，讓佛列德・麥格里夫（Fred McGriff）打出了雙殺打，我們順利的在第十局取得勝利。

第五場賽事，是安迪與史莫茲的對決，兩個人都拿出了雖敗猶榮的好表現，最後我們以一比〇獲勝，也讓我們在系列賽以三比二的領先優勢回到了洋基體育館。後來，我們在第三局從麥達克斯的手上打下三分，當我上場時，我們還有著三比一的領先。我盡全力投出快速球，並讓球用最棒的角度進壘，我努力撐過兩局，在保送泰瑞．彭德爾頓（Terry Pendleton）後連續讓六名打者無功而返，守下了第八局，後來交由韋特蘭收尾。他被打出了三支一壘安打並失了一分，在勇士隊試圖拿下這局的第二分時，韋特蘭讓馬克．蘭克（Mark Lemke）敲出了三壘界外區的飛球，被查理．海耶斯給牢牢接住了。

我們拿下了這個系列賽。

我立刻從球員休息區飛奔出來，幾乎在查理將球穩穩接住前，我就跑到了投手丘。這是十八年來洋基隊的第一次世界冠軍，也是我人生的第一次冠軍，有三名從哥倫布隊升上來的球員——德瑞克、安迪和我——在這個系列賽中扮演了重要的角色，這讓這份勝利更加甜蜜。在我們打敗了像勇士隊這樣優秀的隊伍後接踵而來的一連串慶祝活動，是一種無法言喻的奇妙感受。

球季結束後，洋基隊認為我已經做好接下終結者的準備了，便讓韋特蘭成為自由球員，跟遊騎兵隊簽約。我公開表示接下這個位置跟我現在的工作幾乎沒什麼不同，堅持自己並沒有感受到附加的壓力，但事實是，我**真的**感受到了壓力。我想證明洋基隊做了正確的決定；我想展現給大家看我真的能做到。我不只是想要跟韋特蘭一樣好。我想要比他更好。

九七年球季一開始並不順利。前十五場比賽我們只贏了五場。前六次救援機會我搞砸了三次。前九局的投球，我被打出了十四支安打，掉了四分。

最近一次砸鍋是在洋基體育館對上天使隊，幾乎所有人都教訓了我一頓，而給我致命一擊的人，就是金．萊瑞茲。將沃勒斯的球敲出全壘打牆後六個星期，他就被交易出去了。萊瑞茲打出了一支左外野平飛二壘安打，攻下兩分。賽後，T先生把我叫到他的辦公室，投手教練梅爾．史陶德麥爾（Mel Stottlemyre）也在場。我非常肯定他們叫我過去絕對不會是要跟我討論股票市場。我知道自己沒把工作做好。我知道假使自己依然保持這樣的表現，他們一定會做些改變。

「我很抱歉，把很多場比賽搞砸了。我不知道哪裡出了錯。我覺得狀況不錯，但總是沒法拿出好表現。」我告訴他們。

T先生說：「莫（Mo），你知道自己得扮演什麼嗎？你得扮演好馬里安諾．李維拉。如此而已。不用再多，不要更少。就我們看來，你像是試圖要拿出完美的表現。」

「你漸漸偏離了之前讓你如此成功的那條康莊大道，」梅爾說，「你做得太多了，你把自己那份侵略性丟掉了，而這對你的控球造成了傷害。」

「你是我們的守護神。你是我們的一份子，也想要你真的變成我們的人，而這個想法不會有變，了解嗎？」T先生說。

瞬時我有一種如釋重負的感覺。我掃視著他們兩人，先是T先生，再來是梅爾。

「謝謝你們，」我說。「知道你們依然對我保持信心，對我來說意義深重。」

在運動競技中，最諷刺的事情之一，就是太過努力的試圖成功，也最可能招致失敗。喬與梅爾完全正確。我的手臂還是同一隻，身手也沒退步，但催促自己變得比過去更好或投的更快只會傷害自己。有時你得擺脫自己的心魔，讓你的身體自然自適的發揮。

走出T先生的辦公室時，我覺得身體比前陣子輕了有一萬噸。我對自己發誓，一定要牢記他與梅爾對我說的話。我也發明了一種幫助我轉換心情的小技巧，告訴自己：我甚至不需要去管上場投球時是第幾局。無論是去年在第七或第八局上場，或是今年在第九局上場。我手上還是有顆球，打者還是拿著球棒，我的工作還是要讓打者出局，一次，一顆，穩穩的投。

從一九九五年末開始，我在讓大聯盟打者出局這件事情上有很大的斬獲。那麼，為何要改變任何事呢？為何要專注在其他地方？這就是我要時時銘記在心的事。

在那次面談後，緊接著就是季後賽了。我不再試圖要成為韋特蘭以及期望有完美的表現，連續拿下十二場救援成功。此刻，我對於新的角色感到全然的自適，六月底，我們前往老虎體育館（Tiger Stadium）進行三連戰，這時，有種不安全感如影隨形的跟隨著我。

有誰知道前方有什麼挑戰在等著我呢？

比賽開始前幾個小時，我跟同樣來自巴拿馬的投手拉米諾．門多薩（Ramiro Mendoza）投球給對方接。我們就在牛棚前面投接球。投接球的過程跟我過去幾百場比賽沒有任何差別。等到我熱身完後，便開始加快球速。我覺得狀況不錯。剛剛我先接拉米諾的球，身體熱起來後，換我投給他接。

我投出的球似乎嚇到他了。他得在最後一刻移動手套才能接住球。

「嘿！別鬧了。」拉米諾說。

「你指的是什麼？我沒胡鬧啊。」

「我指的是你剛剛投的球。差點就砸到我了！」

「我只是正常的投球阿。」我說。

「是喔，可是我這邊看起來可不正常。」

我們繼續投接球。我又投給他一球，同樣的情況又發生了。球到他面前時往右偏了約一呎，他也再度幾乎漏接。

「這就是我剛剛說的，」他說，「別再玩了！」

「我以上帝之名保證，我絕對沒動手腳。」我回道。

我又投了好幾球給拉米諾，每一球到最後都出現了怪異的位移。

最後，他終於忍不住說，「你最好找別人來接你的球，我可不想受傷。」

他是認真的。我們的投接球遊戲也因此告終。

我對剛剛到底發生了什麼事完全沒頭緒，也不知道為何球會有那樣的偏移。我沒察覺到自己的動作有任何不同。我走進舊老虎體育館位於外野的牛棚，投球給麥可．波扎羅接。我投的球——我認為是平常投的四縫線快速球——發生了跟我剛剛投球給拉米諾接時相同的狀況。

「哇喔！這球是打哪來的啊？」波扎羅說。他很確定這顆球有什麼問題——一定是球有磨損才會這樣飄。他把球丟到一旁，拿了一顆新球。

同樣的狀況又發生了，波扎羅攤攤手。

「怎麼回事？你做了什麼？」他說。

「我不知道。我只是跟平常一樣投四縫線快速球啊。」我說，並給他看我握球的手勢。

比賽後我們又討論了一番，兩人同意明早再回到牛棚，看看能不能弄清楚狀況。球還是一直往外切，又快且很晚才產生變化。現在我越來越擔心了。

波扎羅，這可不妙。我們得想辦法讓球直直的進壘，我幾乎沒法好好控球。

梅爾．史陶德麥爾加入討論並近距離觀察我的投球。我們確認我的握球手勢、手臂的角度，所有細節，就是沒辦法讓我的球直直的進壘。

接下來兩個，也可能是三個星期，我們努力想要調整過來。先試著調整握球姿勢與放球點。但球就像有自己的意識般，因為它還是不斷在最後產生位移，它會水平移動，往左打者內側靠，飄離右打者。當我們在對這個狀況進行改進時，我還是正常出賽，且當我投越多次這種球，我就越能駕馭它。我開始用這種球投出三振了。

我也開始明瞭，嘗試把這種球調整為直球是一件荒唐事。

有誰聽過一名投手嘗試要讓球的尾勁小一點的？這整件事都太瘋狂了！

這就是我的卡特快速球，或說卡特球誕生的故事。這就像是天上掉下來的禮物，或可說是父親的捕魚船突然有上百萬噸的魚自己游進魚網，雷達顯示極深、超深的紅色警告。

除了說是主賜予我的絕佳贈禮，我還能怎麼解釋這件事呢？

我並非耗費多年的時間才鑽研出這個球路。更沒要求或祈禱要擁有它。突然間，這個具有毀滅性破壞力的球路就出現了。昨天我還沒擁有這個球路。但今天我擁有了它，並持續到我生涯終結。投這種球時，我的中指用幾乎不施力的方式輕觸縫線，然後我的快速球便擁有了邪惡的尾勁。這是怎麼發生的呢？為何會發生這種事？為何不是發生在其他人身上？除了說主必定有祂的計畫外，我不知道要如何回答這些問題，因為祂永遠有計畫。而這便是計畫之一。

這一切的一切讓我整個職業生涯就此改變。

到了季中，我就拿到了二十七次救援成功以及一．九六的自責分率，T先生也點名我進入明星隊。明星賽在克里夫蘭的進步球場（Jacobs Field）舉行。我在第九局，三比一領先時上場，感謝本地的英雄山迪．阿洛馬（Sandy Alomar）的兩分全壘打，以及艾德佳．馬丁尼茲（Edgar Martinez）的陽春彈。我很高興艾德佳在我的隊上。他打我比地表上任何人打得都好。他把我吃得死死的，以致於當他退休時，我非常想為他舉辦一場派對（他對上其他投手的打擊率是三成一二，但對上我卻是五成七九）。

我以三振查爾斯・強森（Charles Johnson）揭開第九局的序幕，接著讓馬克・葛瑞斯（Mark Grace）打出滾地球出局，莫伊斯・阿魯（Moises Alou）打出二壘平飛球接殺出局，上來又下去，這是我最喜歡的救援成功模式。

隔天我們便搭乘洋基隊為我們包下的飛機回去——乘客有T先生和他的教練團、保羅・歐尼爾、伯尼、我父親、克拉拉和我——一整群人。這是輛螺旋槳飛機，看起來簡直就像是回到了T先生打球的那個時代。喔，別鬧了。噴射引擎已經夠糟了。現在我還看著這些我認為根本是以橡皮皮帶馬力旋轉的葉槳送我們回去？

這可不妙。

我不停期待且祈禱我對飛行的恐懼會慢慢消逝，但這從未實現。無論是這次或是接下來的數百次航程，在洋基隊專機載運我們至美國每個角落那數不盡的航程中，這種恐懼從未消失。我每次都坐在第二十九排的中間座位，手上拿著我那本紅皮聖經，耳機播放著基督教音樂。我的隊友呢？他們真是殘忍極了！我們前幾年的牛棚教練麥可・哈凱（Mike Harkey）就是最典型的討厭鬼，他會坐在我旁邊示意我脫下耳機，就好像有什麼重要的消息要跟我分享。

「嘿！莫，我剛剛跟駕駛聊天，他說這次航行可能會很顛簸，你可能會想要把安全帶繫緊些。」

克拉拉甚至比我更害怕坐飛機。此刻她正跟我一起坐在這輛古董螺旋槳飛機裡，我們兩人的臉幾乎就跟鬼馬小精靈一樣白。才離開克里夫蘭二十分鐘，天空便突然暗了下來，機身也開始搖晃，就像是兒童樂園坐雲霄飛車般，離地三千呎，搖搖晃晃的往上，又突然往下掉，上上下下不停跳來跳去。我整個人慌了起來，我和克拉拉只能不斷念著禱詞，緊緊握住對方的手，請求主讓我們平安的降落。

我們即將降落在紐約北方不遠處的威斯徹斯特郡機場（Westchester County Airport），這段旅程唯一讓我感到寬慰的就是航行時間很短。等到我們終於要落地，狀況才漸漸趨緩，我也開始覺得好些了。我們幾乎要著地了。我閉上眼，一直等著要感受輪子觸地的那一刻，所以從頭到尾我只吸了一口氣。等了一下後我們突然碰的一聲，輪子觸地，飛機略微傾斜，真正停下來之前，飛機在跑道上跳阿跳的。

「還好嗎？」我問克拉拉。

她臉色蒼白，但還是點了點頭。

「感謝主，讓我們平安抵達。」克拉拉說。

我幾乎無法將手從扶手移開。我覺得自己似乎繞了地球一圈，而不只是從克里夫蘭飛過來。我們走進航站時，我發現幾乎所有的商務班機都因為天氣的關係待在地上沒有起飛。我們是唯一啟航的班機。

下半季的狀況比那次航行要好多了。我們是明星賽後成績最好的球隊之一，戰績是四十八勝二十九負，最後九場贏了八場。我們總共贏了九十六場，以兩場勝差的距離落在金鶯隊之後，取得了在季後賽第一輪對上克里夫蘭的門票。系列賽在洋基體育館開打，當球迷還塞在狄根少校高速公路（Major Deegan）上沒全部進場時，印地安人隊已經在找不到好球帶的大衛．孔恩手上豪奪了五分。保送、觸身球、暴投、三支安打，以及小山迪．阿洛馬的三分全壘打，給我們造成了大麻煩。不過，正如同我們去年的冠軍之旅，我們從未放棄任何追上對手的機會。

拉米諾．門多薩接替孔恩中繼投了三又三分之一局的好球，其他人也開始盡自己的本分。提諾．馬丁尼茲全壘打，後來我們又拿下一分，接下來在歐瑞爾．郝西瑟（Orel Hershiser）投到第五局時，提姆．倫恩斯（Tim Raines）、德瑞克和歐尼爾連續敲出三發全壘打，讓我們把比數拉到八比六，第六局，傑夫．尼爾森（Jeff Nelson）上場後鎖住對方打者到第八局，然後我抓下最後四個出局數，以三振麥特．威廉斯（Matt Williams）作為這場比賽的終結。

在例行賽擁有怪獸級表現的提諾（四十四支全壘打、一百四十一分打點，打擊率二成九六），在季後賽第二場持續他火熱的表現，我們攻得的前三分有兩分是靠著他的二壘打得到的。在安迪的投球下，我原本覺得他一定可以將場面控制住，但印地安人在第四局兩人出局的狀況下連得五分，而下一局威廉斯又在安迪的投球下敲出了一支深遠的兩分全壘打，最終印地安人以七比五取得了勝利。

在這種戰況激烈的五戰三勝系列賽，第三場永遠是最關鍵的賽事，感謝保羅．歐尼爾的滿貫全壘打以及有如麥達克斯附身的大衛．威爾斯，克里夫蘭突然的熄火讓情勢對我們再有利也不過。我們以六比一擊潰了他們，此刻，離美聯冠軍賽只有一場勝利的距離而已，我們靠著先發投手德懷特．古登（Dwight Gooden）令人安心的穩定表現，進入第八局時我們以二比一領先。麥可．史坦頓（Mike Stanton）讓大衛．賈斯提斯（David Justice）眼睜睜看著好球進壘吃下三振，接著T先生把球交給我，要我料理掉最後五個出局數。我讓麥特．威廉斯打出了飛球被接殺。下個打者是小阿洛馬。

我的球數以兩壞球沒有好球落後。我不想一開始就讓追平分站上壘包，不可能保送他，但也不會乖乖屈服，便奮力投出中間稍低的好球想三振掉他。阿洛馬站的位置離本壘板稍遠，腰部微微彎曲，也往前站了一些。喬．吉拉迪往外角蹲。我則是努力將球丟到外角邊緣，盡量把球壓低，投出了一顆卡特球。球飄出本壘板，幾乎飄到肩膀高度，我投偏了。球數要變成三壞球了。

阿洛馬揮棒時，我十分驚訝。

他將球打到右外野第一層看臺上時，我整個人驚呆了。

比賽變成平局，場邊歡聲雷動。我低著頭好一陣子，並拾起松脂粉防滑袋。印地安人在九局下半拿下了勝利，接著又拿下了第五場，比我們任何一個人預期的還要快結束我們的世界冠軍連霸之旅。

那支全壘打是我生涯初期最大的挫敗。我知道喬和梅爾都很注意我有沒有辦法走出來。馬克·沃勒斯自從被萊瑞茲打出全壘打後就拿不出相同的表現了。其他中繼投手被打出大號全壘打後往往也有同樣的反應。不過在不到一分鐘後，我就讓打者打出滾地球，穩穩的進了保羅·歐尼爾的手套裡，我知道這個打擊不只無法打垮我，還會讓我變得更棒。

我從那次投球中學到很多。假使你仔細觀看重播，會看到我沒有正確的做完投球動作，放球點太高了。我不確定假使我再投一百次相同的球給山迪打，他是不是還能敲出全壘打，但重點是我得正確的做好投球動作，得要更加專注才行，得要完全保持相同的投球機制，這樣才不會這麼輕易的弄錯放球點。

主賜福我擁有將所有能量貫注於讓我能夠變得更好之處。我擁有堅強的意志，讓我不會輕易心煩意亂、被外物震攝或喪志。我無法重回山迪·阿洛馬敲出全壘打那個場景。但我知道自己痛恨著那晚在進步球場走下投手丘時的感受。而我會盡一切努力確保同樣的事情不再發生。

第八章　永遠無法抹滅的陰影

你絕對無法知悉主帶給你的平和會對你的人生造成多大的差異。我是在休賽期的某個星期日早晨發現這件事的。我和克拉拉去看位於威斯徹斯特郡的一間房子，我們對這間房子很有興趣。那是間位於好地段的漂亮住宅。我們教會的一位朋友認為我們要是馬上就開始協商，會需要一名翻譯來幫忙談個好價錢，特地跟我們一同前往，只是約定的時間是上午八點，因為這時間實在太早了，我們沒有盛裝打扮；我穿著寬鬆的運動褲和一件T恤，克拉拉跟我穿的差不多。

按下門鈴後，有位女士打開門。看上去她好像被我們給嚇到了。

「早安，我們跟妳約好了要看房子。」我們的朋友說。

這位女士上下打量了我們一番，似乎不太開心。

「好，」她唐突地說。「請把鞋子脫下。八點三十分還有人要來，你們要看房子的話就要快一點。」

看她的表情與態度，表明了她認為我們應該是毒販，或者可能是來尋她開心的園丁一類的人。

她只花了九十秒帶我們繞了這個房子一圈。頂樓也只花了兩分鐘，我沒開玩笑。大概就跟洋基體育館的工作人員中場帶著大家跳YMCA的時間一樣長。

「還有其他人會過來，所以，很感謝你們。」她說。

「我們還想看看主臥房和衣櫥。」我們的朋友說。

這時女士似乎開始懷疑我們，並覺得有些困擾。她不想讓我們這種園丁進到她的主臥房，窺視她收藏的鞋子。

她將我的朋友拉到一旁。

「你能夠解釋一下現在是怎麼樣嗎？那些人是誰，他們為何會來這？」

「女士，」我們的朋友說，「跟我一起前來的人，是紐約洋基隊的馬里安諾．李維拉。這位女士是他的妻子，克拉拉。他們是很認真的買家，也對這間房子很有興趣。」

這位女士這時的表情比剛剛看起來更加震驚。

「喔，我的天啊，我很抱歉！我什麼都不知道。我真的真的非常抱歉。」她馬上把她的丈夫叫過來，他是當地的地方官員。突然間，她邀請我們坐下享用咖啡和小點心。她一點都不在意八點三十分的約會了。

「你絕對猜不到誰來了……是洋基隊的馬里安諾．李維拉和他的夫人！」她對他的丈夫說。

我跟這位男士握手。感謝他讓我們參觀這間房子。我們聊的很開心。我非常清楚事情的全貌。我知道房子的擁有者判斷我和克拉拉不只是無意購買他們的房子，更絕對無法匹配它。是主的恩惠允許我用更宏觀的角度看待這個事件，並領悟到對方確實沒有惡意或是冒犯的意思。當然，他們迅速、隨意的下了判斷，但沒有惡意。

主教導我們不要用外表來評判一個人，也不要對任何人關上你的心門。說到底，我們都是神的子民。無論我是從事職業棒球運動或農事，無論我只是個漁夫或紐約洋基隊的球員，都應該被平等看待。那天我大可直接走出那間房子，大可讓這閃現的憤怒控制我。但我不這樣做，我距離完美還很遙遠。因此我寬恕，就像主寬恕我的罪行般一無二致。

一切事情都釐清了。最後我和克拉拉買下了這間房子。

一九九八年我以搞砸一場救援作為開場，而且，感謝腹股溝拉傷，第一次出場後我就被放進了傷兵名單。前五場我們輸了四場，而且這幾場的得失分比是三十五對十五分。

這一年剩下的場次就沒什麼其他問題了。

我們以六十一勝二十敗的戰績結束上半季。下半季戰績則是大幅下滑至五十三勝二十八敗。全隊打擊率二成八八，得分全聯盟最多，並擁有大聯盟最佳的投手自責分率（三．八二）——幾乎所有數據都優於大聯盟平均。我以三十六次救援、一．九一的自責分率以及三十六次三振——我生涯投出最少三振的一季作收。這是刻意為之的。梅爾．史陶德麥爾很在意太多三振造成的球數消耗，而這會讓我在球季後段過於疲憊。舉例來說，一九九七年基本上我一局至少會投出一次三振，總共投了一千兩百一十二球。一年後，在更好的成績下，我的投球數至少少了三百球（九百一十球）。

假使我的手臂更健康些，小山迪阿洛馬是否就不會擊出那支全壘打了呢？我的卡特快速球會不會更有尾勁些呢？主都知道，但你不知，我也不知。冥冥中都有安排。

「為何不要盡量替你的手臂省點氣力呢？」梅爾說。

「聽起來對我有好處。」我說。

由於我的卡特球越投越好，儘管無法跟投直球一樣製造出那麼多三振，卻造成了更多斷棒的機會。一開始登上大聯盟時，特別是一九九六年，我會先投一個大腿位置的快速球，再來是腰部附近的快速球，最後是胸部高度的快速球——照別人的說法，這叫做階梯式投法——打者會揮空並追打高球。不過打者會做出調整。一旦他們發現自己無法碰到通過好球帶上方那九十六或九十七英哩的快速球時，便會果斷放棄。因此你得找到其他方法擊敗他們。對我來說，就是又快又有尾勁的卡特快速球。

例行賽結束，我們準備打包行李準備季後賽時，戰績是一百一十四勝四十八敗，或者說領先第二名的紅襪隊二十二場勝差。

這一年，棒球界冒出了許多奇怪的數據記錄，特別是全壘打排行榜。馬克・麥奎爾（Mark

McGwire）和山米·索沙（Sammy Sosa）展開了他們著名的全壘打記錄追逐戰。最後各自以七十支與六十六支作收，而且有許多名球員的成績也不遑多讓。小葛瑞菲打了五十六支、葛瑞格·范恩（Greg Vaughn）打了五十支，而安德烈斯·葛拉拉加（Andres Galarraga）四十四支全壘打只能勉強擠進國家聯盟全壘打排行榜前五名。當時我並沒想太多，後來施打類固醇的新聞爆發後我才知道自己實在太天真了。儘管我確定有一定比例的人有問題，但我不是說全壘打排行榜上的每名打者都動了手腳。我只能說自己曾經踏過一盒注射器且不知道那是拿來做什麼用的。我從來沒使用過任何類固醇，也從未見過任何人使用。從來也沒人把我拉到一旁說，「莫，你應該試試這個，它能讓我打的更好，一定也能讓你投的更好。」

我知道一定有人對我保持著深深的質疑；我的名字一直在禁藥疑雲的名單上，因為我那令人驚艷的球速提昇就是發生在一九九五年。相信我，我很習慣那些犬儒主義者了，特別是在那麼多明星運動員，從班·強森（Ben Johnson）、藍斯·阿姆斯壯（Lance Armstrong）到馬克·麥奎爾（Mark McGwire），從頭到尾不斷的否認自己使用增強體能的藥物，最後都被查出確有此事。我能告訴你關於我自己的事實便是——我絕對沒騙人，也從不需要作弊，因為我無比熱愛並尊敬這項運動。

看看這些年這種種醜聞帶來的負面宣傳與恥辱。當這個議題在美國國會審判時，你會看到那些球員顧左右而言它、羅織事實或是假裝他們自己不會說英語，嗯，這真是糟透了。

若是我能從近年來的棒球史上抹去一件事，那應該會是增強體能的藥物。我願意做任何力所能及之事確保每個人都用最正確的方式——誠實乾淨的態度比賽。我了解有些球員不顧一切的想要施打藥物，彷彿認為用一些化學藥物幫助自己打好球是他們拿出好表現的唯一方法。我知道他們想要滿足自己的夢想，但是，請用正確的方式達成。假如你有能力成為大聯盟球員，那很好；假使你沒有這樣的能力，那就盡可能的善用自己的能力，不要倒行逆施，做出那些傷害這項運動的事。

說到底，我們一直都有選擇。類固醇滿街都是，隨時隨地都能取得。如果這是你的選擇，讀完這一章前你就可以取得它並注射到你的血管之中。沒人拿槍指著你的頭要你做這件事。你知道它會對你造成什麼影響，你的肌肉會鼓起，得以擁有更快的揮棒速度，把球打的更強、更遠。如果你是投手，你會多出一些肌力讓快速球更快。

就算這件事從未變得眾人皆知，你自己也很清楚，這會是你永遠抹滅不去的陰影，無論你怎麼否認、你的訴訟律師多好或是你的藉口有多完美都一樣。而且你有很大的機率在某天、某種情況下被逮到。可能不是今年，甚至不會是明年，但這件事終究會發生。

假如真的被抓到了，你的名字將會變得如泥濘般不堪。你會登上體育版頭條，在《運動中心》（SportsCenter）節目中亮相的機會比主播還多。記者會對你窮追猛打，逼問你隊上總教練與隊友的意見。人們會唾棄你，你的兒子會遭到揶揄與羞辱，最後會變成一團亂。

有這層了解後，假使你還是一意孤行要使用增強體能的藥物，你知道我會怎麼想嗎？我認為你腦袋有問題，我認為你腦袋有很大的問題！我認為你只是全然的否定自己、沒有深思熟慮，不然就是仗著自己是富有的知名職棒球員，認為自己絕對不會被查到，要知道，你的麻煩可能才剛開始而已。

服用PEDs（體力增強藥物）就是作弊，這是明擺著的事實。它盜取了比賽的正直與合法性。被逮到的話，你一定會付出代價。你應該要接受懲罰並乖乖閉上嘴。你應該負起全部的責任，不要躲在你經紀人以及用一些模擬兩可的抱歉編織而成的華而不實陳述後面，讓人連你在道歉什麼都不知道。

那如果你是我的隊友，而你卻使用了禁藥呢？我向你保證，我不會袒護你或睜隻眼閉隻眼。但我也不會棄你於不顧。在你最需要幫助的時候，我永遠都在。我可能會相信你作弊且犯下大錯，但我不會去保釋你。若是你的兄弟或姊妹搞砸了一件事，你會對他們視而不見嗎？我把隊友都當成是我的家人，就算我真的憎恨這個行為，我也不會譴責他們，擺出一副高風亮節的姿態。在馬太福音7:1-5的登山寶訓中，耶穌說：

「你們不要論斷人，免得你們被論斷。你們怎麼論斷人，也必被怎麼論斷；你們用什麼量器斟酌，也必用什麼量器斟酌予你。為何看見你兄弟眼中有刺，卻不想自己眼中有梁木呢？」

事情很簡單：我們都是凡人，一定會犯錯。有些事情比這更糟，更難以讓人原諒。但我有什麼評斷的權力呢？

當你連續一百五十二天都穩坐第一名時，這通常代表著比賽並不是太激烈。但你還是要每天關注自己比賽的狀況。三十歲生日近在眼前時，我很清楚做好萬全準備比任何事都重要。

我是那種喜歡秩序並在常規中找尋自適的人。沒有比賽季更能說明這件事的例子了。完成接飛球與打擊練習後，我會找點東西吃，通常是雞肉或義大利麵，而且我不騙你……每次我們都是訂卜派餐廳的外送（我知道那個場面很有娛樂性——外送員帶著炸雞出現在洋基體育館的安全門前說，「我送李維拉訂的餐點過來……」）。吃完後，我會在第一局開打前泡個熱水澡，如果是夜間球賽，大概是下午六點五十分左右。我把全身浸在熱水裡，只有脖子以上露出來，讓我的身體舒服些並徹底放鬆。大概十五分鐘左右後，我擦乾身體然後去按摩室，我在那裡做些伸展並讓腿以及任何覺得緊繃的地方做些按摩治療，這個過程會花大概三十分鐘。接著就開始著裝（非常有條不紊），穿好後去訓練室，一般來說是第四局剛開打的時候，吉尼·莫納罕先是幫我再多做些手臂和腿部的伸展。接著就看我身體的狀況，他可能會蒸一下我的肩膀，並用一些熱的東西敷在我的手臂上。自始至終，我都把注意力放在電視上的比賽轉播。我趁這個時間解讀對方打者打擊的樣子，觀察他們今天的狀態或可能有什麼弱點。

跟吉尼一起熱身的時間可能是我一整天最喜歡的部分，站在投手丘上的時候除外。這都是經過計算且有目的的程序。過程不疾不徐，跟自己的身體密切接觸，也跟吉尼配合良好。我們會聊聊彼此的家人、最近的狀況以及世界上發生的大小事。我們彼此真誠以待且心靈相通，直到前置準備程序結束。此時我便離開訓練室，我幾乎能感受到身體裡的腎上腺素開始猛烈增加。第六局比到一半或結束時，我會前往牛棚，整個賽前準備就此完成。

八月初某個星期天在體育場時，我按照一直篤信的例行公事熱身完畢後，對上皇家隊投了兩局，沒失掉任何分數，拿下了第三十次救援，投手自責分率降至一．二五。這將我們的戰績提昇至八十四勝二十九敗，到我們結束九連勝時，戰績則是來到八十九勝二十九負。

我們是靠著關注自己的事業，並做好完全準備而到達這一步的。

挾著我們整年宰制這個聯盟的氣勢，顯然我們有很大的優勢贏到最後，這個狀態會讓我們給自己很大的壓力。游騎兵隊是我們第一輪的對手，他們整個打線在前三場只得到了一分。兩年前幾乎以一人之力打垮我們的璜．岡薩雷茲，打擊率只有〇．〇八四。威爾．克拉克（Will Clark）跟盧斯提．葛利爾（Rusty Greer）兩人的打擊率皆為〇．〇九一，矮胖子羅德里蓋茲打擊率一成。我之前的導師約翰．韋德蘭只上了一場。我三場都上場投球，拿下兩次救援，只被打了一支安打，下一輪就要重演去年跟印地安人的對戰了。

我們先靠著大衛．威爾斯拿下一勝後，印地安人連續贏了兩場，此刻我們正面對到這一季最大的危機。這場輸了我們就要以一勝三負的戰績打包回家，在進步球場被淘汰出局。奧蘭多．賀南德茲（Orlando Hernandez）（外號 El Duque——公爵），在季後賽首次先發亮相，表現優異，在七局的投球中只被擊出三支安打，球隊以四比〇獲勝，讓系列賽戰績變成了二比二平手。

第五戰，威爾斯第二次在這個系列賽上場，表現依舊卓越，在八局的投球中投出了十一次三振。我在五比三領先，一人出局，平手分站在壘包上時登場。這是繼一年前阿洛馬將我擊沉後，再次於第八局在進步球場登板。站在打擊區上的是左右開弓的左外野手馬克．懷頓（Mark Whiten），去年那場系列賽他還在我們隊上。懷頓喜歡大家叫他強力打者（Hard Hittin'）。他確實是一名充滿力量的打者。這是這場比賽最重要的一個打席，也關乎整個系列賽的結果。球數來到了兩好兩壞，我完全專注在將這顆球投好上，給了他一顆非常強勁的卡特快速球。在這個打席，我一直投給他如我預想般的強勁卡特球，將他的雙手震得發麻。懷頓擊出了一顆二壘方向軟弱無力的滾地球，以雙殺打解除了這個威脅。

後一局，我很快就讓吉姆．湯米（Jim Thome）和布萊恩．賈爾斯（Brian Giles）出局了，接著再三振安立奎．威爾森（Enrique Wilson），於是我們距離世界大賽只剩一步之遙。

今年贏了二十場的大投手大衛．孔恩，在第六場一開始的表現非常亮眼，加上史考特．波休斯（Scott Brosius）狠撈一支三分全壘打，讓我們一躍來到六比〇領先。體育場現在瀰漫著一股歡樂的派對氣息，但湯米馬上打了一支滿貫全壘打，然後印地安人又追加了一分，後來是那個不跟我玩投接球的門多薩，他給了我們三局優異的中繼表現，德瑞克也敲出了一支兩分打點的三壘安打，讓我們多了一些喘息的空間。

我在第九局八比五領先的狀況下登場。九球後，我沒收了奧馬爾·維茲奎爾（Omar Vizquel）的投手強襲球，再傳給提諾，讓我們能夠回到主場進行下一輪的系列賽。大夥衝上來圍著我，我深刻的感受到此刻的喜悅。我沒有滿心想著自己得到了救贖，也不是說我一上場就不斷想著要如何為阿諾馬那記全壘打做補救。我所思所想，只有投出好球然後抓下出局數。

我確信全然奉獻在當下，毫不擔憂過去或將期待投注在未來，是一個終結者所能擁有的最佳特質。你總是會質疑為何那麼多短中繼的活躍期都如此的，嗯，短暫？為何某些投手會有一兩年的時間幾乎不會被打安打，隨即又突然消失了？那是因為比賽時要花上成噸的專注力以及自我信念，並在每個當下都保持這樣的意志力，不被高低潮影響了你的心。主賦予我強壯的手臂，還有一個更加強壯的心志。那是一切事情的關鍵，當我失敗時，它讓我不屈從於懷疑或軟弱。距離阿洛馬那發全壘打十二個月後，我在面對印地安人隊的五場系列賽時出賽了四場，在五又三分之二局的投球中沒被打出任何安打，投出五次三振，防禦率是零。在季後賽連續兩個系列賽，經過了九局的投球後，我只被打了一支一壘安打。

我已經做好面對聖地牙哥教士隊（San Diego Padres）與世界大賽的準備，也準備好面對親人捉對廝殺的情節了。我的堂弟與前洋基隊隊友魯本・李維拉（Ruben Rivera）目前是教士隊的球員。魯本比我小四歲，是一名強壯、速度快，打擊能力很強的中外野手。他的體能與技巧讓所有球探都心醉神迷。他會是巴拿馬的米基・曼托嗎？為數不少的業內人士都認為他有這樣的本事。一九九五年時，他不僅僅是洋基隊最火熱的潛力球星；甚至是整個大聯盟最被看好的明日之星之一。他在一九九六年被洋基隊徵招上大聯盟，只比我晚了一年，而他的打擊與守備為洋基隊做出了許多貢獻，但接下來，一切就開始變樣了。

「你可以當很長一段時間的明星球員，你有這個本錢。」我曾這樣告訴魯本。「你只需要更專注並妥善選擇什麼是你真正想做的。」

「現在這樣就是我想做的，」魯本回道。「我不斷在苦練。」

「我知道你認真苦練，但除此之外還有更多事情要處理。你也得好好照顧自己。你得做出正確的抉擇。你得明白很多事情都是稍縱即逝的。」

魯本是那群稍微有些太過沉迷於名聲，以及因擁有才能進入大聯盟成為職棒球員，而受到很多奉承的年輕球員之一。他參加了太多派對、太晚回家，從沒有表現出要一步一步慢慢讓自己的天賦更加茁壯的耐性。他想要一覺起來就變成巨星。不管是不是好球，每一球投過來他都想打。如今，他想要面面俱到，當事情不如他預期，他就會非常喪志。這麼多年來，這份沮喪只是不斷增加。後來魯本在大聯盟斷斷續續待了十年（前前後後跟洋基隊簽約過三次）。一九九九年一整季都為教士隊打球時，他敲了二十三支全壘打，有十八次盜壘，但同時打擊率也只有一成九五，被三振了一百四十三次。我一直很希望他可以找出站穩大聯盟的方法，但直到他去了墨西哥聯盟前，卻一直與穩定二字無緣，他後來在墨西哥聯盟打了七年的球，一直到了四十歲，他還是那個聯盟的頂級重砲手。

這個系列賽開始時，我暗自祈禱魯本能夠一帆風順，不過前提是我們要贏下四場比賽。

大衛．威爾斯在連續三個系列賽都為我們在第一場出賽，但這次他被教士隊的王牌投手凱文．布朗（Kevin Brown）技壓一頭，他們在七局下半時取得了五比二領先。當凱文．布朗在第八局一開始被打出一支安打並送出一個保送後，教士隊的總教練布魯斯．波吉（Bruce Pochy）叫上多恩．沃爾（Donne Wall）中繼，他一上場就被恰克．納布拉克（Chuck Knoblauch）敲出一支三分全壘打。很快的，沃爾就又被換下場，由馬克．蘭斯頓（Mark Langston）替補，這局結束前，提諾又敲了一支滿貫砲，這一局我們便攻下了七分。這就是今年的攻擊模式，無論何時都有產能。我們的第九棒打者史考特．波休斯例行賽打了十九支全壘打並有九十八分打點。今年是第一個完整球季的左右開弓捕手荷黑．波沙達敲出了十七支全壘打，並有六十三分打點，但他也只是後段棒次打者。隊上沒人全壘打超過三十支，不過我們有八名打者全壘打超過十七支以及五名球員打點超過八十分。這樣的平衡打線可說是極為驚人。

我在第八局上場，拿下四個出局數，成功救援。第二戰前三局我們就拿下了七分，讓教士隊的慘況更是雪上加霜。我們的先發投手，來自古巴的菜鳥球員奧蘭多．賀南德茲克服了許多次亂流，但最後我們以九比三拿下了勝利，距離凱旋而歸只剩兩場。

儘管我們的前隊友史特林．希區考克封鎖了我們的打線六局，並在第七局讓我們以三比〇落後，我們依然堅信自己會得勝。我坐在牛棚的板凳上，心想：

我們想讓他們滾去哪，他們就得去！

整個球季我們都在玩絕地大反攻。整個球季我們都有人在關鍵時刻挺身而出。因此當波休斯這整個系列賽都有優異表現，並在這一戰的第七局剛開始就敲出了全壘打，或是接下來宣恩．史賓賽追加的二壘安打，我都不覺得驚訝。希區考克就到這了，我們蠶食至只剩一分之遙，一局後，波休斯再次上場，面對的是聯盟最強守護神之一崔佛．霍夫曼（Trevor Hoffman），他又把球敲出了全壘打牆外，這次壘上有兩名打者。

此刻，我們以五比三領先，在度過了幾個難對付的狀況後，我在追平分站在三壘的時候三振了安迪．席茲（Andy Sheets），以五比四結束比賽，拿下了勝利。距離橫掃這個系列賽只差一勝，安迪技壓布朗，以優異的表現投了七又三分之一局，在三比〇領先，兩人在壘的情況下退場。傑夫．尼爾森中繼上場，三振掉了范恩，接著T先生便叫我上場。我從牛棚出發，小跑步上投手丘，完全沒在想大家簇擁我、互噴香檳或任何慶祝的事，心中想的只是：

拿下一個出局數。

肯・凱米提（Ken Caminiti）打出一支一壘安打，將壘包填滿，輪到金・萊瑞茲上場了。他似乎緊追著我們不放好些年了。假使快速球投出的位置不夠好，無論是誰來投球，萊瑞茲都能一棒將球敲出牆外。球數兩好一壞時，我投出一顆偏外側位置稍高的卡特球。萊瑞茲大棒一揮，但這球不是他期待的進球點，打成了一支不太深遠的中間方向高飛球，中外野手伯尼輕鬆的一伸手，用手套穩穩的將球接住。

我的堂弟是第九局首位上場的打者，打出了他生涯面對我唯一的一支安打，不過他沒能在一壘上待多久。對方捕手卡洛斯・賀南德茲（Carlos Hernandez）敲出了一支六（游擊）——四（二壘）——三（一壘）的雙殺打，再來，我要面對的是左撇子代打馬克・史威尼（Mark Sweeney）。我先連投兩顆快速球，接著是卡特球，被他打成內野彈跳球，滾向鎮守三壘的波休斯，波休斯接下後快傳一壘的提諾，現在，對於那一刻我只記得大家衝過來圍著我的畫面。當我將雙手高舉過頭感謝主時，喬・吉拉迪是第一個過來擁抱我的。沒過多久，我就被世界大賽MVP波休斯和大夥兒團團圍起來。這次季後賽我以六次救援與十三點一局無失分作收。這是我人生第一次拿下整個球季的最後一個出局數，也是一種我知道自己得慢慢習慣的感覺。

第九章　鼓舞與高峰

這並非仲夏夜之夢，而是真實發生的事件。聖靈在跟我說話。不是正常的聲音，就像是克拉拉在廚房跟我說話。但這絕對是聖靈的聲音。

這天是一九九九年七月某個炎熱的星期五晚上，在洋基體育館發生的事，亞特蘭大勇士隊來我們這裡作客，這場比賽從一開始就有些古怪。先發投手是由葛瑞格·麥達克斯對上El Duque（公爵）。有誰會猜的到麥達克斯會送出九支安打並丟掉五分——而且兩個人都在比賽還沒進行到一半便雙雙下場？

正值生涯年球季中的德瑞克，敲出他今年第十五支全壘打，並繳出單場三安打的表現，打擊率竄升至三成七七。拉米諾·門多薩中繼上場繳出了轟動全場的表現，用三局多無失分的表現帶領我們來到了第九局。我在金屬製品樂團（Metallica）〈睡魔降臨〉（Enter Sandman）的吉他伴奏下從牛棚小跑步到投手丘，這是洋基隊幫我選的新出場曲。我並不是很在意這件事，而且說實話，我並沒有放多少心思在這首歌上。自從一九九八年世界大賽時，洋基隊注意到聖地牙哥教士隊的球迷因為崔佛．霍夫曼的出場曲AC／DC樂團所演奏的〈地獄鈴聲〉（Hell's Bell）表現出的狂熱時，他們就一直要幫我挑選有趣的出場曲（我可能會想選〈前進吧！基督精兵〉〔Onward Christian Soldiers〕，但我不認為這首歌會讓球迷覺得很興奮）。這之間他們試過用球迷可能會喜歡的槍與玫瑰合唱團（Guns N' Roses）的〈歡迎來到叢林〉（Welcome to the jungle）。後來是有一天洋基體育館的播音人員麥可．路吉（Mike Luzzi）播了〈睡魔降臨〉，結果全場球迷全都陷入狂暴的狀態。至此探索任務結束。沒人知會我這件事，也不需要。假使球迷喜歡，那就這樣做吧。

我熱身完後，就站在投手丘後方，點頭致意，右手握球，進行我慣常的禱告：

「主，請保佑我一切平安。保佑我隊友一切平安，保佑大家平安。我祈求您的保護，並給予我所需的力量。阿門。」

我完全專注，並能感受自己的心全然敞開。突然間，我感受到聖靈壓倒性的力量。我的英文還沒有好到能夠確切的描述那份感受，用西班牙文也無法貼切的敘述出來。只能說是一種超過自身所能擁有的神聖力量在心中不斷增強，從靈魂中不斷溢出。

「我是引領你到這裡的『那個人』。」聖靈說。

我停下動作，轉過身查看圍繞我的五萬名球迷。我知道自己剛剛真的聽到了，也知道我是唯一聽見的人。這個聲音的音調充滿喜樂，但同時也在敦促我。我在這個賽季，在我職業生涯的這一刻，真正深刻感受到了我在投手丘的職責。我並沒表現出來，但我現在充滿信心並充滿活力，活像是面對每個打者都可以做出預告三振般。這個當下，很明顯的，主確信我有些名大於實了，我得時時提醒自己祂才是全知全能的，而非我。

當我站在洋基體育館的投手丘上面對所有打者時，心中總是充滿各種情緒。被這個突然降臨的聖靈警鐘給深深嚇到後，讓我知道要不斷磨砥自己並保持謙遜。

對於自己被自以為重要的想法牽著鼻子走，我感到很抱歉。對於自己一直一意孤行的想要念個學位，而不是探尋主的想法，我感到更加抱歉。確實是主把我引導到這裡來的。沒有祂我什麼也不是。我能站在這裡，隨心所欲投出精采好球唯一的理由，就是因為祂賜予我力量。

投球的時間到了。

「嘿，」我心想，「**我真的不知道自己為何能投到這個程度。**」

我會拿出最佳表現，但在這個瞬間，我可能會對自己是否有能力專注在當下的任務中產生懷疑，就如同我懷疑自己為何能夠擁有這段職業生涯一般。或許這是主想要教導我的課程的一部分吧，我不知道。

我讓布雷特．布恩（Bret Boone）打出了右外野飛球接殺出局，有一小段時間，我認為或許最後我還是有辦法讓自己穩下來吧。

這個想法並沒有持續太久。

對上奇伯・瓊斯時，我先投了一個挖地瓜的壞球，然後又連投了幾個明顯偏離好球帶的球將他保送上壘。對布萊恩・喬丹（Brian Jordan）投出的第一顆球，就被他打出了一支帶著打帶跑戰術的右外野一壘安打。在我對上萊恩・克雷斯科（Ryan Klesko）投到球數落後時，梅爾走上投手丘詢問我的狀況，並要我放鬆些，像過去大部分一樣投出好球即可。我點點頭，表現得就像是一切安好的樣子。

才不好呢。

克雷斯科打出一支車布邊的一壘安打。這支安打也讓救援飛走了。又經過了兩個打者後，安德魯・瓊斯把我的球打到了左中外野的全壘打牆外，這一球使我搞砸了這場比賽。

這大概是我擔任守護神以來輸得最慘的一場球吧。

我完全沒跟任何隊友說明今天究竟發生了什麼事，但我知道自己學到了重要的一課。我是人類，是人就會志得意滿。我們有時會偏離正道。主判定這個仲夏夜晚就是幫助我再次找回自己人生道路的時刻。

這一季接下來的比賽表現是巧合嗎？接下來這一整年我只掉了一分，這是巧合嗎？我以連續三十又三分之二局無失分，以及連續二十二場救援成功的表現結束這一季，這是巧合嗎？我沒有頭緒。我能告訴你的就是接下來的三個月我都處於極為謙遜的狀態，並在我此生從所未有的專注與自信下投球。

我們比去年少贏了十六場球，但九十八勝六十四敗的戰績依然是聯盟最佳，讓我們成功挺進季後賽，對上的是過去四年碰頭過三次的老冤家遊騎兵隊。遊騎兵隊是非常棒的隊伍，但說實話，他們一見到我們，就如同曝曬在德州烈日下的花一般枯萎了。我們再次連贏三場橫掃他們，而我們也跟上次對戰時一樣，讓他們整個打線在三場比賽中只拿下了一分。我三振了拉斐爾・帕梅洛（Rafael Palmeiro）與湯姆・古德溫（Tom Goodwin），又讓陶德・席爾打出飛球出局拿下了第二戰的救援，並以兩局無失分的表現結束了這場系列賽，我們挺進美聯冠軍賽，對上紅襪隊，這是大家翹首盼望的對戰組合。

自從公爵從古巴搭船到美國後，他再再證明了自己是個可以撐起大場面的投手，在這裡，他再次證明了這一點，在第一場投出了八局強勢的好投，我在第九局站上投手丘時，比賽以三比三平手。我在兩局的投球中抓下六個出局數，只被打出一支安打，第十局下半，伯尼・威廉斯將羅德・貝克（Rod Beck）的球掃出全壘打牆時，已經剛剛過了午夜。

令人振奮的時刻就此展開，我們也沒讓這份感動白費。第二場比賽後半恰克・納布拉克打出了帶有打點的二壘安打，保羅・歐尼爾也打出了帶有打點的一壘打，接著拉米諾第八局時在滿壘的狀況下上場，漂亮的讓兩名打者出局，解除了危機，我在情勢尚未穩定的第九局上場，三振了戴蒙・比福德（Damon Buford），同時將試圖盜壘的諾瑪・賈西亞帕拉（Nomar Garciaparra）封殺在三壘。

我們帶著二比〇領先前往波士頓，儘管紅襪隊將士用命，在佩卓·馬丁尼茲（Pedro Martinez）優異的表現，以及羅傑·克萊門斯（Roger Clemens）這個從原本紅襪隊頭號投手轉隊後成為他們頭號公敵的大投手貢獻了他人生中最糟糕的一場季後賽先發下，讓他們以十三比一大比分勝利奪回一城，但回檔也只到這了。安迪主導了第三場比賽，第九局瑞奇·李迪在貝克的投球下打出了一支滿貫全壘打，我們以九比二獲勝，接下來又以迅雷不及掩耳的速度，在公爵又一次撐起場面的狀況下以六比一拿下第五場比賽的勝利，全隊高興的在芬威球場（Fenway）內野蹦蹦跳跳，高興的擁抱在一起。

這場勝利也讓我們得以邁向又一場世界大賽，對上了勇士隊，而且你絕對想不到，第一場的投手對戰組合是公爵和葛瑞格·麥達克斯，跟三個月前聖靈去布朗克斯（Bronx）的投手丘拜訪我時同樣的組合。這次我沒聽到任何聲音，只是驚訝於兩名大投手之間的差別，以及他們如何善用自己的技藝。你可以看到球場上的公爵，他那如同彈簧般的踢腿與迴旋，以及揮臂的角度，這一切似乎都是渾然天成，就是這副身體投出了各式各樣令打者難以招架的火球。再看到麥達克斯，像個節拍器般穩定，完美無暇的控制球進壘的位置，就像台極為有效率的機器。這次他們的表現跟之前那場例行賽大不相同，兩人正處在絕佳的狀態中，到了第八局，雙方以一比一打成平手。平手的態勢直到保羅·歐尼爾在這局上場後才打破。

這次的世界大賽沒什麼戲劇性——就是個橫掃四場便結束的系列賽——也沒有史詩級的戰役

或是值得一再重播的經典鏡頭。大家只記得這個系列賽的最後，我是怎麼讓萊恩．克雷斯科在同一個打席連續打斷了三根球棒，以及球員休息區裡的奇伯．瓊斯是怎麼笑到人仰馬翻的。然而，對我來說，這個世界賽是屬於保羅．歐尼爾的。

一九九三年保羅來到洋基隊後，這支球隊馬上就開始贏球。事實上，他入隊後，洋基隊就沒有一個球季戰績不好的。不會有人傻到說這都是因為他，但也不會有人更傻到說這全都是巧合。

我第一次遇見保羅是在春訓的時候。一開始你不會只注意到他的力量與身材（肩膀很寬，渾身肌肉的六呎四高個兒），而是他強烈且認真的企圖心。他不太多說話，也不會搶著表現。他就是把事情做好，期望能獲得勝利。他是一個打擊率曾經高達三成五九，但心中所想的只是在先發名單中佔有一席之地的人。

從一開始我就非常欽佩他。在大聯盟，你很早就會知道有些人就是想成為照相機的焦點，有些人則但願能夠遠離照相機的關注。保羅便是後者。他痛恨談論自己，甚至是他單場四支四或是用美技救了那場比賽也一樣。就算是被判定三振出局後亂扔頭盔或是把飲水機打壞，他也不是為了要吸引注意力。保羅總是令人無法置信的嚴以律己，是徹頭徹尾的完美主義者。一九九九年初，我們在主場對上天使隊時，保羅五個打數只打了一支安打，還吃下三次三振。最後一次打擊，他眼睜睜的看著自己被特洛伊．帕西佛（Troy Percival）三振，這還是九局下半一人在壘，自己是追平分的狀況。裁判葛瑞格．寇斯克（Greg Kosc）判他出局後，保羅徑直走向球員休息區，而你知道路上有台汽冷式飲水機。他的情緒絕對阻擾了他的判斷；還有一次，他揮了一球，對於自己的揮棒時機非常不滿意，盛怒之下就把棒子甩了出去，結果那顆球就這樣飄出了右外野的全壘打牆外。這球讓我們好好的虧了他一陣子。

不過，你可以一直仰賴這個傢伙。保羅長期以來一直跟水手隊的總教練羅・派尼拉（Lou Piniella）不合，這個樑子早在他們同在辛辛那提紅人隊時就結下了。羅總是喜歡找他的麻煩，還因為保羅抱怨每次都有人投內角球給他，而在公開場合說他是個小寶寶。也許這些都只是擾亂戰術的一環，我不清楚其中的道理，畢竟我從沒玩過這類花招。綜觀我整個投手生涯，我從不曾在裁判身上下功夫、抱怨某次判定，想說我可能會因為這個抗議而在下個判定上得利，或是試圖對打者叫囂說他馬上就會下場來威脅他。

我不僅僅認為這樣做沒有運動員精神，這也不是我想要表現出來的工作態度。球在我手，而我相信自己不用任何多餘的小動作就能讓打者出局。

在任何情況下，無論對保羅搞什麼小動作都只會讓他更加堅定。一九九五年分區季後賽對上水手隊時，他在五場比賽中敲出了三支全壘打；二〇〇一年美聯冠軍賽打擊率四成一七外帶兩發全壘打，那一年派尼拉率領的水手隊在例行賽贏得了破紀錄的一百一十六勝。

這就是我為何喜歡這個傢伙的原因；球隊最需要他的時候，他永遠都在。一九九九年六月，我們對上印地安人隊時演變成一場小小的故意觸身球大戰。威爾・科德羅（Wil Cordero）將克萊門斯的球打成全壘打後，下個打席我們的中繼投手傑森．葛林斯利（Jason Grimsley）賞了他一記觸身球。沒過多久，德瑞克也被印地安人隊的中繼投手史提夫．里德（Steve Reed）賞了一記。德瑞克還沒來得及好好瞪一下里德，保羅就把里德的球敲到全壘打牆外，讓我們拉開比數。

「用自己的雙手維持正義，幹的好！」賽後我對保羅說。

他只是笑了笑。

「這是跟投手討個公道最棒的方法。」他說。

保羅的守備也是滴水不漏，最為人津津樂道的是一九九六年世界冠軍系列賽第五戰，九局下半時韋德蘭正使出渾身解數要守住安迪掙來的一比〇領先。一、三壘站著勇士隊的跑者，打擊區站著他們的代打路易．波羅尼亞（Luis Polonia），他連續打了六個界外球後，敲出一記中右外野的深遠高飛球。

我確信這顆球會落在三不管地帶，這場比賽的勝負就此底定，勇士隊會以三比二獲勝作收。但保羅不斷狂奔，一直追到警戒區飛身一撲，完全不在意腿筋不適的問題。他的接殺保住了這場比賽，甚至可說是保住了整個世界冠軍系列賽。一九九八年，對上教士隊第二戰第一局兩人在壘時，他的攀牆跳接截下了華利．喬伊納（Wally Joyner）的飛球，讓我們從此一帆風順。

三年後，我們又回到了世界冠軍系列賽，這次洋基隊可說是一點都不輕鬆。這一季剛開打，T先生就因為治療癌症而留職停薪，接著是史考特．波休斯的父親過世，再來是路易．索喬

（Luis Sojo）的父親。因為父親的死，路易缺席了系列賽的前兩場比賽。

保羅的父親，查爾斯．歐尼爾正在俄亥俄州的家中與嚴重的心臟病對抗。我知道這一年來保羅背負著多大的壓力，甚至是進入季後賽之後，他父親的狀況變得更糟了。只要看到他鎮守右外野，你很清楚這個人會盡他所能協助你，這讓我安心不少，但願我也可以用某種方式讓他安心。

一九九九年我們與勇士隊系列賽的第四場比賽開打前那個早上，幾個小時前保羅才收到他父親的死訊。當T先生公布先發名單時，我看到歐尼爾的名字跟往常一樣排在第三棒，在德瑞克和伯尼之間，我沒有很驚訝。比賽開始前，我注視著坐在球員休息室，他自己的衣櫃前的保羅，思索著對他來說，那份失落讓他做何感受。我想要跟他一起禱告，安慰他，但時間不對。要等到五個小時後，等我讓克雷斯克打斷很多球棒，並讓凱斯．洛克哈特（Keith Lockhart）打出左外野飛球出局，將他們橫掃後。

當大夥全都圍繞著站在體育館內野中間的我時，保羅是最後一個過來的，等到他擁抱T先生並開始放聲大哭時，喜樂、悲傷，這一切的一切似乎同時敲打著他的心。他邊流淚邊步出球場，走進球員休息區。正如T先生所說的，保羅正經歷著最高的高潮與最低的低潮，大喜大悲在同一天發生。無論做再多準備都無法平心靜氣的承受這一切。在大家互灑香檳的混亂休息室中，我走向坐在衣櫃前的保羅。

「你父親的事，請節哀。」我說。「我不知道主為何選擇讓他在今天回到主的懷抱，但我確信他必定以你為榮。」

「莫，謝謝你。」他說。「他一定在看我們比賽，我跟你保證，而且我們做到了，他一定比任何人都要開心。」

這一年，我在季後賽的三個系列賽中面對了四十三名打者，沒失掉任何分數。我上次失分是三個月前，大概四十局以前的事了，坦帕灣光芒隊的捕手約翰．佛拉赫提（John Flaherty）打了一支帶有打點的二壘安打。這一季結束時，我的救援成功數（四十五）比被安打的次數（四十三）還多，也獲得了世界大賽的MVP，回到凱米托後，朋友和家人告訴我，我是巴拿馬運河區與整個巴拿馬的話題人物，但這不是我所期望的事。我期望的是主賜予的愛與光芒，以及祂在七月炎熱的夜晚在布朗克斯的投手丘上給我的提點。祂便是讓我走到這一步的最大關鍵。

沒有任何慶祝活動比得上紐約市的彩帶遊行了。我們坐在車上穿過摩天大樓，有上百萬條五彩繽紛的彩帶飄揚，還有幾乎同樣多的球迷夾道慶賀，而這樣熱烈的歡迎讓我們更加謙遜。所有的關愛，所有的奉承——此刻我們便沐浴在這個值得銘記在心的時刻，並歡欣的分享大家此刻的幸福。我印象最深的一次，可能是一九九九年在市政廳的慶祝典禮。T先生手持麥克風，招喚荷黑．波沙達上台。

「荷黑，跟他們說說，會面結束時我們說了些什麼。」T先生說。

「苦盡甘來啊！」荷黑拳頭緊握，大聲喊著，笑的嘴不合攏。

我得跟你說，沒有任何冠軍隊擁有比荷黑．波沙達還要好的承軸了。也沒人比他更認真練習了。當他在選秀會被選上時，他是一名二壘手，荷黑日復一日、年復一年，不斷改善他的足下功夫，他的阻殺、他的傳球機制——這一切都在二〇〇〇年得到回報，那時喬．吉拉迪離隊，荷黑的工作量比過去不知重了幾倍。這一季他也繳出了全明星級的身手，敲出了二十八支全壘打，附帶八十六分打點，打擊率二成八七；還有一百零七次保送，還是全隊上壘率最高（四成一七）的球員。他也吃下了全隊最多的三振（一百五十一次），但我得幫他緩緩頰，因為他是那種全心全意投入比賽的人。

荷黑偶而會有些情緒化與堅持，他的意志就跟他那副捕手的強壯身材一樣厚重。你絕對會希望他是站在你這邊的隊友。二〇〇〇年七月初，我們來到了佛州的聖彼得堡和光芒隊比賽，當時我們正處於一團亂的狀態，先是五戰四負，再來是九戰七負，戰績只稍稍高過五成（三十八勝三十六敗）。公爵投的不錯，但他在投完藍迪．溫（Randy Winn）的打席後，就跟光芒隊的球員互相叫囂了起來。荷黑連忙安撫公爵的情緒——這個場景有些諷刺，因為荷黑通常會試圖激起公爵的情緒（那就像是把銅板投進點唱機一般）——後來提諾就用一支三分打點的二壘安打把壘包清空了。七局下半，光芒隊的巴比．史密斯（Bobby Smith）被傑夫．尼爾森三振後，荷黑正要將球傳給波休斯時，史密斯用他的棒頭輕輕的敲了他一下。

荷黑馬上把球往史密斯身上招呼，接著兩個人就打在一起了，史密斯的頭盔被扔到一旁，金髮的阿福柔正對著藍迪．雷文（Randy Levine）[1]。荷黑和史密斯雙雙被驅逐出場（隨後也遭到了禁賽），儘管我沒問荷黑跟史密斯打這一架是不是別有用心，但我知道荷黑很清楚要怎麼樣才能激發球隊的士氣。這場比賽的意義深遠，雖然我們握有五分領先，T先生還是硬是把我派上場。接下來的八場比賽我們贏了七場，並爬回第一名的位置，一直到季末都沒再掉下來過。

當你跟大夥一起經歷了這麼多球季後，起起伏伏是無法避免的，在這個隊伍之中，我對恰克．納布拉克的感觸比其他人都要深刻。我認為大家都遺忘了他對於我們在一九九八與一九九九年的冠軍之路上是多麼重要的因素。有幾乎十年的時間他都一直是棒球界中最頂尖的第一棒。他在雙城隊時，有連續兩年打擊率分別是三成四一與三成三三，我們把他交易交易過來的前一年，他的打擊率是二成九一附帶十支三壘打與六十二次盜壘——這種球員的速度與能量能夠改變整場比賽的結果。他也曾經贏得金手套獎聯盟防守最佳二壘手的殊榮，這也是為何看到他遭到投球問題所苦時，會讓我如此難過。簡單來說，恰克得到了投球失憶症（yips）——即棒球選手在突然間不知什麼原因突然失去了做出他們職業生涯早已精通的一些簡單動作的能力。可能是投手失去

1 紐約洋基隊的總裁。

了將球投進好球帶或根本無法控制球的位置、捕手無法將球回傳給投手，以恰克的例子來說，就是一名二壘手沒辦法把球傳到只距離他二十五英呎的一壘手手上。當他撲接球後，在一片混亂中快速將球傳出時，一切都很正常。投球失憶症是發生在他有餘裕思考傳球時。直到遇見恰克為止，我從沒遇過隊上有人得到投球失憶症，而這真是讓人不忍卒睹。看到這種非凡的運動員與競爭者被惡魔附身，並起了逃離這一切的心思，被這樣的病痛折磨，往往只想自己躲起來，真的讓人非常難過。最慘的部份可能在於——甚至比難堪與恥辱還嚴重的——就是它會將你在進行比賽時的所有樂趣通通啃食殆盡。

拿到金手套獎那年，恰克只有一次失誤，隔年是十三次，再過一年則是二十六次。球季剛開始時，他的問題似乎只是緩慢加劇，不過接下來在洋基體育館對上紅襪隊的比賽中，問題突然爆發，我們以十二比三輸球。恰克先是有兩次傳給提諾的正常傳球都發生了明顯的失誤，後來在一個完美的雙殺守備機會中，他接到德瑞克傳給他的彈跳球後，要傳給伸直了手臂等他傳球的提諾，卻偏了有二十英呎。球迷殘酷無情的噓他。這一局結束後，他直奔休息區不知跟T先生說了什麼，說完後他不只是離開球員休息區；他離開了體育館。

當你的隊友經歷了這種情況，不僅僅是低潮或艱難的困境，而是身體失調時，你也不知道該說或做什麼，只覺得很無助。只能試著保持正面的態度，並讓他知道你在旁邊支持著他。

恰克決定繼續撐下去，而且看起來確實就像是會漸入佳境的樣子，但接著球隊的問題顯然比投球失憶症還要嚴重。九月十三號羅傑打敗藍鳥隊，我也拿下這季第三十四次救援成功時，我們比勝率五成還多贏了二十五場球（八十四勝五十九敗）。從這時起，我們向下沈淪的速度比我父親船上生鏽的舊錨還快。

接下來的九場比賽我們輸了八場，最後十八場比賽輸了十五場。在一次三連戰中，我們被得了三十五分。我們最後七場比賽——七戰盡墨——得失分是六十八對十五。連剛加入聯盟的球隊都很難打成這樣，更別說是連續兩年拿下世界冠軍的球隊了。

因此我們辛苦掙扎，好不容易進入分區季後賽對上奧克蘭運動家隊，並得回答自己一個問題：我們還是那個過去二十五場季後賽贏了二十二場，並在過去四年的世界大賽三度奪冠的球隊嗎？

會不會我們這支球隊兩個星期後就無法繼續在場上投球、守備或是在關鍵時刻上場打擊了呢？

當羅傑第一戰在奧克蘭主場主投六局，掉了四分，我們也因此輸掉了比賽時，我無法否認眼前這個顯而易見的問題：我們面臨到自從一九九七年以來從未遇過的狀況。第二場我們如果沒有將士用命，每一局都全力拚搏的話，是絕對沒辦法找回我們曾經擁有的冠軍特質的。會不會是挺進國聯冠軍賽的大都會隊，才是能在今年秋天舉辦慶祝遊行的紐約球隊呢？

沒有幾個總教練的直覺比T先生還要強了，因此當他在第二戰調整先發陣容時，我不覺得他亂了陣腳；我認為這是一名聰明的總教練基於他強烈的預感所執行的動作。一九九八年面對教士隊時，T先生對瑞奇．李迪這個例行賽很少上場的球員突然很有感覺，李迪在這三場比賽的表現以六支安打作收。他也覺得那次季後賽應該把拉米諾．門多薩拿來當長中繼，後來也繳出了令人驚豔的表現。因為傳球問題尚未解決而擔任指定打擊的納布拉克在場邊待命；葛藍艾倫．希爾（Glenallen Hill）取代了他的位置。一直為臀部傷勢所苦的保羅，棒次也往後調整，荷黑移至第二棒，在德瑞克之後上場。希爾和我們現在的二壘手路易．索喬打擊上都有斬獲，荷黑上壘三次。安迪的投球內容極佳，七又三分之二局的投球完全將對方的打線封鎖住，接著T先生叫我上場，我讓四名打者打出滾地球出局，以四比〇拿下了這場勝利，這個系列賽追成平手，也讓我們想起了贏球的感覺。

回到洋基體育館，上演的是公爵對上提姆．哈德森（Tim Hudson）的戲碼，而我拿下了最後六個出局數，沒被打出任何安打，以四比二在第三戰獲勝，讓我們離美聯冠軍戰只剩一步之遙。我願意在第四戰押下重注，羅傑在輸掉第一戰的情況下，第四戰一定會將運動家隊完全封鎖——但如果我真的下了注，我就把錢輸光了。羅傑被打的七葷八素，第一局就被巴拿馬籍的指定打擊奧梅爾多．薩恩茲（Olmedo Saenz）敲出一支三分打點全壘打，整場的猛攻讓我們以十一比一大敗，得回到奧克蘭進行下一場比賽，我們第一局先攻下六分又立刻將優勢葬送掉，後來才慢慢穩下來，當我讓艾瑞克．夏維茲（Eric Chavez）打出飛球被接殺後，才確定我們接下來能夠跟派尼拉率領的水手隊在美聯冠軍賽碰頭。

水手隊是我在五年前作為新進投手時第一次知道自己有能力在球場上稱霸時面對的球隊。一旦你突破了那道關卡，不但會改變其他球隊對你的看法，也會改變你對自己的看法。我一直都知道自己在場上能發揮效用，不過當我如同這一季的其他比賽一般，三振掉麥可·布洛爾，走下投手丘時，我不得不肯定自己的能力。

美聯冠軍賽對上水手隊時，在我們前進至第六場拿下系列賽的勝利途中，產生了一場我人生僅見真正偉大投手的絕佳表現，那是羅傑·克萊門斯在系列賽第四場貢獻的，那場他只被打出一支安打，送出了十五次三振。那支安打——是由艾爾·馬丁（Al Martin）敲出的二壘安打——還是到了第七局才打出來的。接著羅傑就用連續三振艾利克斯·羅德里奎茲（Alex Rodriguez）、艾德佳·馬丁尼茲與麥可·卡麥隆（Mike Cameron）來回應。他不只是完全壓制了水手隊；他讓對手完全摸不透球究竟會怎麼跑，並在我們最需要他的艱難時刻挺身而出。克萊門斯英勇的表現讓我們得以在這個系列賽以三比一領先，第六戰時，這個系列賽的MVP大衛·賈斯提斯在第七局敲出了一支大號全壘打，串起了一次連得六分的攻勢，讓我們以九比四領先。當我在第八局上場時，我們還以九比五領先，不過這局我丟掉兩分，讓比數變成了九比七。到了第九局，羅德里奎茲上場前，我先用五球解決掉兩名打者，但他一上場就敲出了一支內野安打。這可不妙。

因為下名打者是艾德佳·馬丁尼茲，人稱「莫（Mo）殺手」。

我先搶下一顆好球，接著再往他內角投，盡量試著往內投，這樣他就沒法使出他拿手反方向拉打。最後對他投出一顆又快尾勁又強的卡特球。艾德佳揮棒，但只是輕輕打到球，變成了往游擊手跑的滾地球。德瑞克穩穩攔下然後傳給提諾。

你想的到會有這種結果嗎？

我真的讓艾德佳．馬丁尼茲出局了。

很快，荷黑就衝上來抱住我，德瑞克也跑過來用那種孩子氣的身體互撞方式慶祝。

「艾德佳．馬丁尼茲沒法在你手上打出安打了！」德瑞克說。

所有觀眾一起喊著：「我們要跟大都會打！」他們將會如願以償的對上大都會隊，我們也是，一九五六年後首次地鐵大戰即將展開。

第十章　地鐵大戰

洋基隊與大都會隊球迷在這場城市內戰投入的深度與激烈度，對我來說仍然非常新鮮。畢竟，這跟我生長地的狀況有很大的不同。我那邊不會有一半的漁夫戴著大都會隊的帽子，另一半人也不會戴著洋基隊的帽子，我們也不會成天爭論凱斯・賀南德茲（Keith Hernandez）跟唐・馬丁利[1]誰比較厲害。

不過我沒花多少時間就了解到這次世界大戰會跟過去三次經驗大不相同。但結局不會改變——拿下四場勝利——我何時上場，何時下場的步調也沒變。我不是那種會被這種不正常的興奮與超級杯式的瘋狂嚇倒的人。

不過：

這個系列賽不用搭飛機（這是好事），也可讓我每天回家睡覺，跟家人一起醒來（這更

1 九〇年初期大都會與洋基隊的當家一壘手。

好），不過我們成天都被滿坑滿谷的記者包圍，而且電視上每分每秒都不斷的在重播過去洋基隊跟道奇對戰的影像片段，好吧，確實不太一樣。我感同身受。

儘管我們今年在最後關頭的表現十分低落，在季後賽前兩輪賽事還是成功證明了我們還是有贏球的本事。你可能有辦法打擊我們、有辦法把我們打得暈頭轉向。你可能認為我們快打包回家了。但你最好明白一件事，我們絕對會反擊，絕對會戰鬥到底。

除此之外，你最好明白，我們從沒因為自己是紐約洋基隊就趾高氣昂，認為我們毫無疑問會贏得勝利。所有榮耀都應該歸於T先生與他的班底。是他們創造了這樣讓我們深信自己能力，而非驕傲自大的文化。這兩者之間有條看不見的線，但我們跨過了這個無形的障礙。你知道有多少次我走下投手丘時，心中會想說：**這個傢伙不可能打安打，因為我是馬里安諾・李維拉嗎？**

從來沒有。

這個手持球棒的人是職業好手。無論他的名字是麥可・皮耶薩（Mike Piazza）、布巴・崔梅爾（Bubba Trammell）或是班尼・阿格拜亞尼（Benny Agbayani），都是一名大聯盟打者。他會盡一切可能打出安打，就如同我會盡一切可能讓他出局一般。我尊敬這樣的態度。我尊敬每個競爭對手，從艾德佳・馬丁尼茲到從沒在我投球下擊出安打的球員皆然。

這個系列賽在洋基體育館揭開序幕，大都會隊派出了一個我非常尊敬的投手——艾爾・萊特（Al Leiter）。他是一個天生贏家以及堅強的戰士，他在一九九七年為馬林魚隊贏得世界冠軍時，於第七戰勇敢堅定的投了六局好球。萊特與安迪激戰了五局，雙方都沒失分，接下來敏捷的外野手提莫・裴瑞茲（Timo Perez），他的能量與大爆發的成績是大都會隊季末連勝最主要的原因，他打出了一支中間方向的一壘安打。

我還在球員休息室觀看電視轉播，一邊接受吉尼的熱敷服務。差不多準備要出發前往牛棚時，正好兩人出局，陶德・席爾（Todd Zeile）打出一支沿著左邊邊線的深遠飛球。看起來似乎會飛出全壘打牆，但球擊中了牆的最頂端，沒飛上看臺是因為正好打到了廣告看板的掛勾。

球落到了警戒區。我們的左外野手大衛・賈斯提斯立刻將球撿起，傳給轉傳的球員德瑞克，接到球時德瑞克站在左外野的邊線上，轉身踏到界外區，雖然踏錯腳步，還是火速將球傳出，一個彈跳就送到荷黑的手上，荷黑護住本壘板，將裴瑞茲觸殺出局。

「吉尼，你有看到嗎？」我說。「這樣的接力傳球！這樣的美技！」我興奮的大吼大叫。好極了！德瑞克的傳球可說是完美，就算他失去平衡還是完成了這次傳球。裴瑞茲則是表現的很糟糕，他太過確信球一定會飛出全壘打牆了，所以當他繞過二壘時，只用了一半的速度跑壘。假使他用平常四分之三的速度跑壘，就能夠穩穩得分了。

這局下半，賈斯提斯敲出一支兩分打點的二壘安打，我們只要再拿下九個出局數就好了，不過大都會隊並沒有坐以待斃，他們的代打崔梅爾，在面對接替安迪中繼上場的傑夫・尼爾森時，打了一支兩分打點的一壘安打，接著艾德加多・阿方佐（Edgardo Alfonzo）敲出一支沿著三壘邊線飛去的安打，讓他們反以三比二領先。

該是走出牛棚的時候了，我等待電話響起。電話內容每次都大同小異：

「叫莫出來吧。」

沒過多久電話就響了。牛棚教練湯尼．克羅寧格（Tony Cloninger）接起電話。

「莫。」湯尼說。

他這樣講我就懂了。我開始用我手上那顆三磅重的球熱身，做腰部伸展時順便轉了轉手臂。接著我按照平常的流程跟牛棚捕手麥可．波扎羅熱身，一開始麥可先站在本壘板後，我先輕輕鬆鬆的投三球給他接，再示意他蹲下，先往他手套擺放的位置丟差不多六球，再朝跟手套相對的另一側投六球，最後再投幾顆瞄準手套的球。總共投十五到十八球，身體比較鬆了，接著便繼續觀察比賽狀況。

我在第九局上半上場。首名打者傑．裴頓（Jay Payton），打出深遠的右外野高飛球被接殺，接著砸中了陶德．普拉特（Todd Pratt），又被庫特．阿伯特（Kurt Abbott）打了支二壘安打，讓自己陷入亂流。裴瑞茲站上打擊區，我要不得三振他，要不就是要讓他打成右邊方向，直接滾向某個守備者的滾地球。投到兩好一壞時，我瞄準內角投出卡特球，裴瑞茲將球打向二壘，成為第二個出局數。再下來遇到了阿方佐這名強悍的打者，讓他揮棒落空三振出局。

此刻是我們打平或反敗為勝的最後機會，面對到的是大都會對的終結者阿曼多．貝尼特斯

（Armando Benitez），他正處心積慮要拿下最後三個出局數。荷黑跟他纏鬥了七球後，打出了一支中間方向的深遠飛球被接殺。輪到保羅上場，試圖扭轉歷史。他已是三十七歲老將，擁有揮之不去的臀部宿疾，近來成績也越來越差，不過一旦遇到關鍵時刻，保羅必定不負使命。貝尼特斯先取得了兩好一壞的球數領先。這名強悍的投手不斷投出犀利的速球，九十多英哩的火球連發，保羅則是不斷將球破壞掉，用握短棒、防禦性揮棒來因應。連續兩個界外球後，貝尼特斯失投一球，球數來到兩好兩壞，後來又投了一球壞球，兩好三壞。現在雙方算是扯平了。保羅又將一個好球破壞掉，再一個，球迷開始怒吼，貝尼特斯也漸漸惱怒。

到了這個打席的第十球，貝尼特斯用力過猛，球往外角偏去，保羅把球棒一甩，收下了這個他辛苦得來的保送。這是我此生見過少數的優異打席。整個體育館開始沸騰起來。替換波休斯上場代打的路易．波羅尼亞打了一支右外野的德州安打，荷西．維茲坎諾（Jose Vizcaino）又補上一支左外野德州安打，但距離太短不足以讓保羅回來得分。納布拉克接著打出一支左外野方向的犧牲飛球，讓歐尼爾回來得分，並將比數追平。

我先是三振了皮耶薩與席爾，再讓羅賓．溫圖拉（Robin Ventura）打成中間方向高飛球接殺出局，終結了對方在十局上半的攻勢，接手的史坦頓又投了兩局好球，第一戰來到了第十二局。此時已接近凌晨一點，比賽進行了超過四小時三十分鐘。

「**這就是那種我們必定得歷盡千辛萬苦才能贏下來的比賽吧。**」我想。

我決定得替球員休息區的人打打氣，講話激勵他們一下。通常我只會在重要比賽的關鍵時刻這樣做。像是這場比賽。

「現在，是時候了，」我邊說邊在休息區前後走動。「大夥兒，我們一起拿下這場比賽吧！」

一人出局後，提諾在大都會隊中繼投手圖克．溫戴爾（Turk Wendell）手上敲出一壘安打，荷黑再補上一支二壘打。大都會隊故意保送保羅，將壘包填滿，要製造強迫進壘。路易．索喬打成界外飛球接殺出局，現在輪到維茲坎諾上場打擊。他在這場比賽已經敲出兩支安打了，這也是T先生另一個神來一筆（儘管索喬是隊上出賽最多場的二壘手，但T先生對於維茲坎諾生涯面對萊特的對戰成績很滿意，便讓他先發上場）。

溫戴爾投出第一球，維茲坎諾大棒一揮，打成了一支沿著左外野邊線的平飛球。先是提諾，再來是維茲坎諾，兩人不約而同都在第一球展開攻勢。此刻已是星期天凌晨一點零四分。全部的人都衝進球場圍著維茲坎諾。這場比賽我們靠著漂亮的接力傳球、拚搏十球後的保送以及待過七支球隊的多明尼加藉棒球浪人打出的三支安打獲得了勝利。

大家將士用命，清楚知道要怎麼樣才能贏球。

現在是一局下半，距離維茲坎諾的致勝安打的十九個小時後，我正在洋基隊的訓練室中泡著熱水澡。這裡沒有電視，但我知道麥可．皮耶薩是這一局第三名上場面對羅傑的打者，假使你有收看電視報導的話，他們稱這次交手為阿里與佛雷澤之後，最令人引頸期盼的重量級對決。我自己是不覺得有這麼嚴重，但我**確實**很好奇這場對決的結果。六月中跟大都會隊交手時，皮耶薩從克萊門斯手中敲出了一支滿貫全壘打。七月初又對上了大都會隊，這次克萊門斯用快速球給皮耶薩來了一記頭部觸身球。我不能武斷的說克萊門斯的意圖為何。我從沒跟他聊過這件事，然而，我知道皮耶薩確實很會打他的球。只有克萊門茲和主知道那天他把球往皮耶薩投上砸的時候，心裡究竟在想什麼。縱觀我整個職業生涯，從沒砸過任何人的頭，我也絕對不會這樣做。更不會刻意為之。你可以說任何你想說的垃圾話來讓打者乖乖的，並讓他心中慢慢滋生對你的恐懼來幫助你贏球，但你絕不能危害別人的身體安全、生活甚至是人生。常言道：「勇敢砸下去，才是真男人。」可是對我來說，用九十八英哩的速球往別人頭上招呼，比較像是懦夫的行徑。站在你對面手持球棒的人，是某個人的兒子。他可能是某個人的丈夫或父親。你絕對無法否定或無視這件事。我比任何人都熱愛競爭，但這一切都要在公平競爭的情形下才成立，獵人頭可不是什麼公平競爭。

正當我走出浴缸，我發現自己錯過了所有令人激動的場景，馬上就叫出重播鏡頭：克萊門斯很快送給皮耶薩兩個好球。再投一顆壞球後，接著對皮耶薩投出一顆內角快速球，當皮耶薩揮棒時，他的棒子裂開了，棒頭彈到了投手丘附近。皮耶薩完全沒注意到球出界了，一股腦的往一壘跑，克萊門斯撿起棒頭，用力往側邊，朝皮耶薩行進路線的一壘方向丟了過去。棒頭滑過地面彈了起來，斷面只差兩三呎就會擦過皮耶薩。

「你是怎樣？」皮耶薩邊說邊往投手丘走。我不知道怎麼會這樣，或者說不知道羅傑幹嘛要這樣？不過我也只能在心裡琢磨，不管怎麼樣我們都不是當事人，只能在旁邊窮嚷嚷罷了。羅傑總是瘋狂的熱愛競爭，我從沒問過他心裡到底在想什麼，大概是因為大家幫我問過不知道幾遍了。

大都會隊先發投手麥可・漢普頓（Mike Hampton）一開始便投得荒腔走板，先是在第一局被我們攻下兩分，面對第二局首名打者波休斯，才投第二球就被敲到了左外野看臺上。後來我們又攻下了三分，在這一連串攻勢展開前，我走去找待在球員休息區的喬治・史坦布瑞納。雖然我已經超過三十歲了，但他總是叫我小子，到現在還是一樣。

我都叫他喬治先生。

「小子，想來根熱狗嗎？我叫人送根熱狗來。」

「喬治先生，不用了，謝謝。我不用沒關係。」

「你確定？」

「我確定，謝謝。」

「嘿，小子！這個系列賽我們會贏嗎？你怎麼看？」

「喬治先生，我們一定會贏，我很確定，不然我跟你打個賭。如果我們贏了，你要用你的私人飛機送我和我老婆小孩回巴拿馬。如果我賭輸了，我會請你吃一頓晚餐，餐廳隨便你選。」

「我跟你賭了，小子。」喬治先生說。

喬治先生隨後便從休息室消失了，我也前往牛棚。羅傑鎖住他們八局之久，以六比〇領先下場。這場比賽看起來似乎已經穩贏了，誰知道事情竟然沒這麼簡單。尼爾森被皮耶薩敲了一發兩分全壘打，再來是一支一壘安打。到我接替上場時，替補上陣的左外野手克雷・貝林傑（Clay Bellinger）跑到左外野全壘打牆邊，展現出跳躍接殺的美技，攔下了陶德・席爾的全壘打球。接下來阿格拜亞尼敲出了一壘安打，但我讓藍尼・哈里斯（Lenny Harris）打出了一個野手選擇，大都會隊中外野手裴頓上場，兩人在壘，我先投了一顆好球，只要再兩個好球比賽就結束了，但他抓準一顆往外角跑的卡特球，將球敲到了右外野看臺上。

突然間，比數變成了六比五，整個體育館的觀眾臉都嚇白了，陷入一陣恐慌。庫特・阿伯特上場。第一戰他曾在我手上敲出二壘安打。此刻，我心想：

「這場比賽一定得在這裡做個了結。」

我痛恨被打出大局，而且現在變成了超大局。我先搶到兩好球，再投一顆紅中偏高的卡特球，正是我想要的位置。阿伯特忍住不揮棒，主審查理・瑞利佛（Charlie Reliford）高舉手臂判了好球。阿伯特跟裁判抱怨的同時，荷黑已經上前過來跟我握手。五萬六千名觀眾終於喘過氣來。我整個生涯在季後賽一共面對過超過三百零九名打者，但在裴頓之後，我再也沒被打過全壘打。

經過一天移動日後，我們越過三區大橋來到了皇后區，連續輸掉兩場一分差比賽的大都會隊，回到主場謝亞球場（Shea Stadium）迎戰我們，他們的球場倚著海灣，對面就是拉瓜地亞機場，球場上可看見頻繁起降的飛機。我對於有這麼多洋基隊的球迷居然找的到前來謝亞球場的路感到吃驚，不過這並沒阻止大都會隊在第三戰把公爵打的七葷八素的猛烈攻勢，儘管公爵在前兩局三振六名大都會隊打者，全場投出十二次三振，但大都會隊還是在瑞克．里德（Rick Reed）主投下，以四比二獲勝。

我們的第一棒打者沒有多少貢獻（前三場比賽十二打數零安打），因此T先生決定第四戰要將德瑞克移至第一棒。大都會隊的先發投手是巴比．瓊斯（Bobby Jones），當他投出這場比賽的第一顆球時，德瑞克便把它掃出謝亞球場左中外野的全壘打牆。這分打點有十分的價值，它讓我們熱血沸騰，也讓大都會的心寒了一陣。全都是因為德瑞克．基特用盡全力，在我們需要時給予隊上最大的挹注。後來又經過失掉兩分的亂流後，瓊斯將局面穩了下來，再加上皮耶薩敲了丹尼．尼吉爾（Denny Neagle）一發兩分全壘打，大都會將比數拉成了三比二。第五局兩人出局無人在壘時，皮耶薩再度上場。尼吉爾只差一人出局就可投滿五局，取得勝投候選人的資格。T先生在這時走上投手丘要他下場，換上了大衛．孔恩，尼吉爾非常激動，甚至連看都不看T先生一眼。孔恩已經三十七歲了，也從球隊王牌變成了被大家所遺忘的人。他正面臨驚人的職業生涯中最糟糕的一季，掙扎了一整個漫長的球季後，戰績是四勝十四敗，自責分率六點九一。世界大賽他還沒上場投過一顆球。

這是T先生的另一個神機妙算，大衛確實找到對付皮耶薩的辦法了。他先搶到兩好一壞球數領先，再對皮耶薩投出了一顆犀利的滑球。皮耶薩揮棒，打成一個二壘方向的小飛球出局。

在球員休息室接受吉尼按摩的我，只能再次對總教練的直覺驚嘆不已。

雙方的牛棚表現都近乎完美無缺，第八和第九局就是我的責任了。保羅用一個優美的撲接美技沒收了第八局首名打者阿方佐的右外野平飛球，接著我讓皮耶薩打出滾地球出局，再來是席爾打了支一壘安打，最後讓溫圖拉打出游擊方向的小飛球結束了這一局。第九局也用很快的速度讓前兩名打者下場。

下個上場的是麥特．法蘭科（Matt Franco），一年前他曾從我手上打出致勝安打。第一球投出，好球。荷黑跟我都看得出來法蘭科在等我投卡特球，他站在離本壘板很遠的位置，好讓他有空間咬住卡特球。

荷黑用眼神對我示意，就像是在說：

「**你看到他站的位置了吧？**」

我看到了，點點頭。我往外角塞了一顆快速直球，法蘭科動也沒動。兩好球。我知道他正坐等卡特球去找他，荷黑也很清楚。我又往外角塞了一顆快速直球。法蘭科再次不動如山。

比賽結束。

四場比賽，我們總共得了十五分，大都會則是得了十四分。每場比賽都是由一兩個關鍵攻防或一兩顆球上決定了贏家。我喜歡這幾次關鍵的走勢，第五戰該是了結一切的時候了，萊特對決安迪，第一戰的戲碼再度上演。

在這個系列戰繳出十六打數零安打的伯尼，第二局一開始就敲出了一記全壘打，下半局大都會馬上就用兩分全壘打作為回應，德瑞克在面對萊特連續投出兩個好球後，送出了這兩場比賽的第二發全壘打。現在比數是二比二，安迪與萊特用他們自豪的左臂，以零缺點與充滿勇氣的表現互相較勁。麥可·史坦頓在第八局上場，投了一個三上三下，萊特第九局續投，很快就投出了兩次三振。

此時萊特的投球數已接近一百四十大關，隊上選球最好的荷黑不斷與投手糾纏，就跟保羅在第一戰第九局的出色表現相同。經過了九球的劇場後，荷黑獲得保送。波休斯敲出了一支穿越三游的安打。整個系列賽的勝利功臣之一路易·索喬，敲出了一支穿越二游防線的滾地安打。荷黑幾乎就要被裴頓的回傳球攔下來了，但當他滑向本壘時，回傳本壘的球居然整個偏掉，捕手漏接，波休斯也回來得分。

現在我們以四比二領先，只差三個出局數了。當我投球熱身時，心中只想著上場的第一球一定要盡可能投好才行。

上場代打的是達瑞爾·漢彌爾頓（Darryl Hamilton）。他先等了一球好球，第二球打出界外算好球，再來追打一顆偏高的卡特球揮空，三好球出局。

下名上場的打者是左外野手阿格拜亞尼。我嘗試要投得閃躲些，但失了準頭，連續四顆壞球將他保送上一壘。把追平分就這樣送上打擊區，這不是好事，但事已至此，只能放手不去想它。我把所有心思都放在阿方佐身上，先搶到兩好一壞，再投一顆偏外角的卡特球。他打成了右外野方向的衝天炮，保羅輕鬆的將球收下。

現在輪到了棒球界最危險的打者麥可．皮耶薩。德瑞克和索喬走上投手丘看看我的狀況。索喬離我遠一步，由德瑞克開口。

「你想小心投球對吧？你知道他有什麼本事。盡量投刁鑽些，投靠他近些，用力投。」德瑞克說。

他用手套拍了下我的腿便回到游擊手的位置。我甩甩右手，看著荷黑的手套，隔絕所有雜訊。我沒有想太多，只要把自己最好的球投出來便是。

盡量讓事情簡單。

皮耶薩擁有非常強悍的反向打法技巧。我想要盯緊他的內角。我投出的第一球是卡特球，內角，一好球。荷黑手套又把手套擺在內角，要我把球稍微投高些。我擺好姿勢將球投出，跟我想要投出的卡特球位置不太一樣，稍微偏高了幾吋。皮耶薩瞄準後揮棒，打得很好，中間方向的飛球。我轉過身觀察伯尼，看他的樣子似乎要慢慢停下不再倒退，已經完全掌握球的落點了，在離護欄還有幾步的距離站定位置，完成了接殺，這時剛好是二〇〇〇年十月二十七日午夜，伯尼雙膝跪地，低頭禱告。我則是高舉雙手，開心的不斷又跳又叫，直到提諾衝過來抱住我，全隊衝上球場才停下來，那份緊繃與大比賽的壓力比巴拿馬烈日下的小水坑還要快速的瞬間蒸發了，大家都滿是喜悅，這份快樂在還沒互噴香檳前就已經蔓延開來了。

世界大賽結束隔天，我接到喬治先生的助理打來的電話。

「早安，」她說。「史坦布瑞納先生請我問您，你已經準備好要安排您巴拿馬之旅的時間了嗎？」

第十一章 這一天，世界就此改變

現在是對陣巴爾的摩隊的八局下半，追平分站上打席，有個鐵人正經歷著他傳奇職業生涯的第二十個球季。這是二〇〇一年球季的開始，一個炎熱的夜晚，是我投球時最喜歡的天氣。小卡爾・瑞普肯（Cal Ripken Jr.）帶領的金鶯隊正以七比五落後。我在球數上取得了兩好一壞領先，才剛上場投了幾球，但我覺得今天狀況絕佳。我先觀察一下二壘上的跑者迪里諾・迪薛斯（Delino DeShields），投出九十三英哩的快速卡特球，往卡爾內角竄。看上去就好像會擊中他，或至少會擦過他的八號球衣。他往後退想閃球，同時球往左轉，銳利的往好球帶彎。

主審裁判查理・瑞利佛高舉右手判定好球。卡爾搖搖頭，放下球棒回到休息區。我也步下金鶯公園球場的投手丘，儘管心裡知道今晚投起卡特球就像在投威浮球（Wiffle ball）[1]，很清楚今

---

[1] 一種經過改良的棒球。休賽期大聯盟球員都會玩威浮球。其球上有八個「風孔」，藉由氣體力學使其變化幅度極大（往往超過一公尺），且非常容易上手，只要握法對，不用特別轉手臂或是特殊投法就可以投出變化球。

天手上握起球來的感覺簡直就是完美無缺，但心中還是沒有任何漣漪。

「球如果能這樣跑，誰來打都打不出去。」賽後德瑞克這樣告訴記者。

我們幾乎整個球季都在美國聯盟東區稱霸，九月初在洋基體育館跟紅襪隊進行三連戰時，我們領先的勝場數已經來到了十三場。這次三連戰表定在星期一晚上結束，羅傑會嘗試著將他對面老東家的對戰成績拉大為二十勝一負。大批的球迷正興奮的等待我們上場，球場之中瀰漫著一股季後賽的氣氛，不過突然一場傾盆大雨使得球場無法比賽，只能因雨順延了。

這天是九月十日。

早上雨就停了，只留下秋寒即將到來的氣息與壯麗的藍天。今天是上學日，我很早就跟孩子一齊起床了。刷牙時，來探望我們的岳母突然大喊我們，聲音聽起來非常緊急。

「克拉拉！披利！快過來！快看看電視在播什麼！」

我衝到樓下走到廚房，聽電視奇怪的播報著有輛飛機撞進世界貿易中心的消息。這時剛過八點四十五分沒多久。新聞極為驚悚。其中一棟大樓已經燒起來了，煙霧一直往頂端竄。我對為何會發生這樣的事情感到不解，也擔心大樓裡的人是否有辦法逃脫。接著第二輛飛機也撞上另一棟大樓，到這裡，事故的原因已經很清楚了。

這是一次恐怖攻擊。

隨之而來的是更悲慘的報導，飛機撞上了五角大廈，以及聯航九三班機在賓夕法尼亞郊區墜毀的消息。這些影像太過恐怖，令人不忍卒睹，隱藏在這次攻擊後面的邪惡意圖更是令人髮指。我為這些罹難者與其家屬祈禱。我為大家，為這個國家祈禱。這個城市陷入一片悲傷，我們也深感悲傷。接下來一整個星期的比賽通通取消了。

我一直待在家裡看著這些駭人的後續救助過程公諸於世。我不斷持續祈禱，只想跟克拉拉與孩子待在一起。比賽恢復正常舉行後，我們飛往芝加哥，但因為我們搭乘洋基隊專機，我並沒有比平常更害怕搭飛機。我們搭著這台平常載我們往來各個城市的飛機，前往下一場比賽。（這季結束後搭乘商用客機回巴拿馬時，我幾乎在飛機上崩潰了。）

九月十八日我們以十一比三的成績在美國行動通訊球場拿下了勝利，接著回到紐約，面對恐怖攻擊後的第一場主場比賽。那天下午羅傑去慰問紐約消防局，並在晚上的比賽主投。這是個向那些罹難者，與第一時間進行現場救助的人員致意並追思，充滿力量的一夜。整個體育館幾乎讓人以為是個教堂了；整個晚上似乎都像在進行彌撒，而非我們本季第一百五十場比賽。坦帕隊以四比〇擊敗我們，不過靠著紅襪隊也在同一天落敗，我們也確定拿下六年來第五次美聯東區冠軍。軟木塞默默的留在香檳的瓶口。我們是紐約洋基隊，我們的城市遭受了重大攻擊，大家的心裡都無比傷痛。現在不是慶祝的時候。

儘管我們在二〇〇一年贏了九十五場比賽，但距離名列美國聯盟頂級球隊還有一段距離。西雅圖水手隊的戰績甚至比我們在一九九八年締造的紀錄還好，以一百一十六勝四十六負作收，令人覺得荒謬的是奧克蘭運動家隊贏了一百零二場——這樣的成績最後居然還落後第一名十四場。

我們或許可說是近年來拿下三次世界冠軍的勁旅，不過我們只是美國聯盟戰績第三好的球隊。假使有人對這個狀況感到吃驚，我只能說他並不是很注意職棒比賽的新聞。我們在分區系列賽對上奧克蘭運動家隊。在洋基體育館舉行的第一戰，馬克・穆德（Mark Mulder）對上羅傑，運動家隊以泰倫斯・隆（Terrence Long）與傑森・吉昂比（Jason Giambi）各敲出一發全壘打的狀況下，以五比三獲勝。第二戰提姆・哈德森（Tim Hudson）將我們完全封鎖住了，運動家隊也以二比〇贏得勝利，戰績來到了二負零勝。現在我們得往西飛去對方主場，離二〇〇二年球季結束只剩一負，我們這一季是否就得這樣結束，全都指望麥可・穆西納（Mike Mussina）的右手臂了。運動家隊這季到目前為止已經在主場締造了十七連勝的佳績，二十二歲的年輕左投貝瑞・齊托（Barry Zito），已經蓄勢待發，將目標鎖定在十八連勝。前四局雙方都沒有攻勢。五局下半一人出局時，荷黑在一壞球時敲出了一記越過左外野全壘打牆的全壘打，讓我們取得一比〇領先。我看著好友繞行壘包時，竟有些出神了。

我完全搞不懂他為何可以發揮到這個程度——或者說他怎麼能夠這樣專注在比賽上。

荷黑兩歲大的兒子荷黑四世（Jorge IV）得到一種嚴重的疾病，稱之為顱縫線過早癒合症（craniosynostosis），這是因為多個顱骨的縫隙過早密合，導致大腦以及頭骨蓋發育不完全的先天性疾病。今天是正式確認疾病的日子。小荷黑九月十號才進行了八個小時的手術，幾星期後又要進行兩個多小時的手術。看起來小孩得持續進行手術，然而荷黑的表現跟他過去在場的表現一樣優異，在這一季繳出了極為驚人的成績，甚至被選為明星球員，打擊率二成七七，二十二支全壘打附帶九十五分打點，在捕手的位置上指揮若定，將投手的能力完全引導出來。

「你的精神強度比任何我認識的人都要強。」我這樣告訴他。「我會為小荷黑祈禱，祈禱有一天他能夠健康的看著你，知道有你這個父親是多麼幸運的事。」

同時，穆西納仍然保持零失分，在第六局接連讓強尼．戴蒙（Johnny Damon）、米格爾．特哈達（Miguel Tejada）與傑森．吉昂比（Jason Giambi）無功而返。七局下半他很快就讓傑邁．戴（Jermaine Dye）與艾瑞克．夏維茲出局。傑瑞米．吉昂比（Jeremy Giambi）打了支右外野一壘安打，接下來上場的是泰倫斯．隆，他在兩好兩壞時打了一支沿著一壘邊線行進的球，越過了飛身撲接的提諾。球一直滾到了右外野的角落。宣恩．史賓賽跑上前救到球後馬上往內野傳，但阿方索．索利安諾（Alfonso Soriano）和提諾都沒攔到這個轉傳球。因為牛棚就是一個在一壘邊線旁的楔形區域，這整個過程都發生在我眼前，我們全都呆坐在板凳上，旁人看我們就像在巴士站等車一般。吉昂比繞過三壘，眼看就要輕易回壘追平比數了。史賓賽的回傳球正沿著一壘邊線往本壘滾，中間都沒有我們的人接應。

這時我看到德瑞克穿過內野，往我的方向衝過來。

朝著一壘邊線狂奔。

「**他要跑去哪？**」我心想。「**這球跟他沒關係啊！**」

德瑞克持續朝邊線衝刺。逐漸接近不斷滾動的球。

現在我知道他要幹嘛了。

他快趕到邊線了，大概只離本壘十五到二十呎遠。他繼續狂奔，他彎腰撿起球，反手往荷黑傳。

吉昂比用站姿跑向本壘，我不知道他為何不滑壘。

荷黑接到這個小拋球後，就在吉昂比踩到本壘板前一刻用手套滑過吉昂比的身體將他觸殺出局。

傑瑞米・吉昂比出局。我們保住了一比〇的領先優勢。德瑞克・基特振臂歡呼。穆西納也振臂歡呼。我好想跑出牛棚跟他擊掌。球員休息區有一半的球員都差點跑到球場上了，對一名球員沒有放棄思考或停下動作的積極舉動，讓大家不由自主的發出喝采！

這是我這輩子見過最了不起的本能演出！

我在第八局下半，離比賽結束還有六個出局數的狀況下上場，沒遇到什麼難題便投完了第八局，接下來在第九局要面對到對手的中心棒次，先是美國聯盟MVP傑森・吉昂比，他還是傑瑞米的大哥——我的意思是像山一樣大的那種大哥。吉昂比在沒有好球一壞球的情況下敲出了一支二壘方向的滾地球被封殺出局，下個上場的傑邁．戴敲出了一支二壘打。我先將艾瑞克．夏維茲三振出局，下一個上場的是傑瑞米，就是那個硬是不滑壘的男人。一好一壞時，另一個吉昂比也打了另一個二壘方向的滾地球，我們總算是一息尚存。

第四戰，我們的投打英雄分別是公爵和伯尼，伯尼單場敲出三支安打，貢獻五分打點，以九比二贏得這場比賽後，我們得飛行三千英哩回到洋基球場，在隔天進行第五戰，這天是星期一。還沒上場投球前，我就被這個城市在九月十一日後居然帶給我如此不同的感受給窒住了。很難形容這份感受。就像是所有人事物都昇華了——不知為何，更加生動有活力、更加急迫了，灌輸了這樣的氣氛後，大家似乎在說：

這一天會留在我們的心裡，我們也會為了它繼續前進。
這座體育場永遠都會充斥著這樣的情緒與能量脈動。
但此刻這一切似乎包含了更多層面的意義，就好像我們的任務不只是要再贏得一座世界冠軍，而是要為這個城市贏得更多冠軍。

羅傑和馬克．穆德都沒拿出最好的表現，在德瑞克的高飛犧牲打與大衛．賈斯提斯的全壘打表現下，打完第六局我們已五比三領先。拉米諾第七局貢獻了三上三下的好投後，輪到我料理最後六個出局數了。傑森．吉昂比第八局一開始就從我手上打出了一壘安打，接著我讓艾瑞克．夏維茲打了個野手選擇，接著上場的泰倫斯・隆一好一壞時打了一個快要飛進三壘觀眾區的界外飛球，這時德瑞克又露了一手，從二壘附近起跑，神奇的接到球後頭下腳上摔進了觀眾席。不過他仍然牢牢的將球接住，隨後我讓朗・甘特（Ron Gant）敲出一支三壘方向滾地球，結束對手第八局的攻勢。

到了第九局，奧梅爾多・薩恩茲打出二壘方向彈跳球出局，接著我將奧克蘭隊的捕手葛瑞格・邁爾斯三球三振。代打艾瑞克・伯恩斯（Eric Byrnes）上場打擊，當他雙腿微微張開，跨起馬步時，全場觀眾的焦點都放在他的打擊姿勢上。球數來到兩好兩壞。荷黑要我往內角投。我投出快速球，伯恩斯揮棒，我想都沒想便跳起來轉了一圈將球接住，不知道球是打哪來的。我不記得從前有沒有做過類似的事，但之後再也沒做過了。荷黑振臂歡呼並開心的跳著上前跟我握手，雙臂緊緊抱住我，拍拍我的頭。T先生陪著對紐約在遭受恐怖攻擊後的復原工作付出非常大心力的紐約市長魯迪・朱利安尼（Rudolph Giuliani）來到場上。這是一個充滿許多複雜情緒的夜晚：我們回到主場，在面對一個優秀隊伍的情況下連續拿下三場勝利，充分體現了這個城市面對困境往往能夠快速適應的精神。現在我們得面對天神般的水手隊，他們也剛從焦慮的情勢解脫，前三場以一勝二敗落後印地安人隊，後來才將士用命，反敗為勝。

前兩場比賽在西雅圖舉行，我們已經準備好了。我們很清楚水手隊有多強，也很尊崇他們這一季的表現，但我們比過去任何時刻都還要有信心能夠通過這個考驗。

安迪是我們第一場的先發投手，他用大投手的態度來回應這場大比賽，只送出三支安打、失掉一分，送出七次三振。整個晚上他都隨心所欲的將曲球投到自己想要的位置。納布拉克的一壘安打讓我們在第二局先下一城，四局上半，荷黑又將水手隊先發投手亞倫．希利（Aaron Sele）的球打成直擊右外野全壘打牆的深遠安打，他用盡全力狂奔，要跟一朗（Ichiro）如同火箭發射器般的手臂奮力一搏。一朗這個傳球十分到位，但荷黑不知為何居然逃過了被觸殺的命運。接下來保羅在希利手上敲出了一支兩分全壘打，安迪成功的將三比一的領先優勢保持到第八局結束。

第九局阿方索．索利安諾從對方的中繼投手荷西．潘尼亞瓜（Jose Paniagua）[2]打出一支他認為一定會穿過全壘打牆的深遠長打。他站本壘旁高舉球棒欣賞他優秀的揮擊。但球只是打在全壘打牆上，最後索利只站上一壘，T先生簡直要氣炸了。索利是名天才洋溢的打者，但他可能還沒領悟到要讚賞的是打出全壘打後得到的分數，而不是打出去的球或跑壘的過程，這不是棒球選手的比賽態度。或許是為了彌補剛剛的舉動，他盜上二壘，又靠著大衛．賈斯提斯的安打跑回本壘得分，將領先差距推升到四比一。

我在第九局上場，一人出局後，把球棒當做魔杖使的一朗敲出了一支沿著左外野邊線滾去的

2 八年大聯盟經驗，待過蒙特婁博覽會隊、西雅圖水手隊、底特律老虎隊與芝加哥白襪隊，中繼表現稱職，後因經歷喪妻之痛一蹶不振而被釋出，二〇〇六年曾來台加入誠泰Cobras隊擔任守護神，登錄名為塔尼J.P.。

二壘安打。他不僅僅是聯盟打擊率王（三成五〇），這一季還敲出了兩百四十二支安打，並獲得了美國聯盟的MVP，是優秀的全方位球員。在解決掉史丹．賈維爾後，離比賽結束只剩下一個出局數，不過我在傳球給野手時扭到了腳踝，接下來這個傷會困擾我一個多月之久。投給布雷特．布恩的第一球就投了個暴投，讓一朗趁勢盜到三壘。第三球，又一個暴投，一朗回來得分。接下來的職業生涯我再也沒在季後賽投過暴投，但這對現狀毫無幫助。我將布恩保送上壘，很明顯我的投球機制出了問題。明星賽假期後，我只投過四次保送，現在，我得面對代表追平分的艾德佳。

我先投了顆好球，接著投了顆朝外角竄的卡特球，艾德佳很捧場的揮棒了，打成一壘方向的滾地球。提諾好整以暇的接住球，我跑去一壘補位，我們拿下第一場了。

穆西納在德瑞克展現美技的那場面對奧克蘭的比賽中投出了轟動一時的表現，在第二戰的表現雖然沒像上次那樣犀利，但從頭到尾都展現出強烈的奮戰精神。感謝波休斯的兩分打點二壘安打，讓他很早就取得了三比〇領先，但水手隊的打者跟我們的打者一樣強悍：不斷跟穆西納纏鬥。第二局下半，丹．威爾森（Dan Wilson）在連續打出七次界外球後，磨出了一支一壘安打，前一棒的賈維爾則是磨了九球後賺到了保送，最後這一局還是讓穆西納撐了過去。不過第四局時賈韋爾則是結結實實敲出了一記兩分打點全壘打，現在變成了一分差的比賽。第六局穆西納三振了艾德佳與卡麥隆，又讓約翰．歐勒魯（John Olerud）敲出內野飛球出局，總算熬過了這一局。

作為一名投手，我不認為有什麼事情會比看到一名投手就算狀況不好，無法隨心所欲的投球，卻還擁有這樣的奮戰精神，並取得了這樣的好成績更令人激賞。

第七局由拉米諾接手投球，兩人出局一人在壘時，T先生下了個勇敢的戰術，命令拉米諾保送一朗。正常情況下絕對不會有人主動讓致勝分站上壘包，但一朗實在太危險了，讓我們不惜拋下戰術教科書奮力一搏。馬克・麥勒摩（Mark McLemore）擊出二壘方向軟弱無力的滾地球，情勢就如同T先生所希望的樣子進行。

我在第八局一人出局，艾德佳站上一壘時上場。我讓歐勒魯打出滾地球被封殺在一壘，並三振掉了卡麥隆，接著又用快速球三振了大衛・貝爾（David Bell）結束對手在第九局的攻勢，我們就要飛回東部，離世界大賽越來越近了。

第三戰公爵沒投好，牛棚也整個炸開了，水手隊以十四比三輕鬆取勝。連續三場比賽都是客隊獲勝。假使我們能夠停止這樣的趨勢，就能避免又要開拔到薩菲科球場比賽的奔波。我們陣上還有羅傑，上次在季後賽面對水手隊時，他投出了十五次三振，但對方有保羅・阿伯特（Paul Abbott），他在例行賽奪下了十七勝，不過季後賽分區系列賽時先發面對印地安人隊時的表現只能用災難二字來形容，完全不能控制球往哪跑。

阿伯特四肢瘦長，控球不穩也是眾所皆知的事情。他在五局的投球中送出了八次保送。投了四十九個好球，四十八個壞球，但不知為何總是能精算出局數，這五局我們竟然連一支安打都打不出來。

羅傑受制於腿筋問題只投了五局，但只被打出一支安打，接替上去的牛棚投手也完美的掌控情勢，進入第八局雙方還是處於〇比〇平手的狀態。在布雷特・布恩在一好球沒有壞球時咬住變速球打出全壘打牆之前，拉米諾先抓下了第八局前兩個出局數，投滿三局沒被打出任何安打。不過現在水手隊取得了一比〇領先——只需要六個出局數就能夠以二勝二負將這個系列賽板成平手。

左撇子投手亞瑟・羅德斯（Arthur Rhodes）在八局下半步出水手隊的牛棚。他是一個無論在什麼條件下都能對聯盟其他球隊投的很好，卻偏偏拿紐約洋基隊沒輒的人。面對伯尼，在一人出局滿球數時，羅德斯投出了一顆他拿手的快速球，投的稍微偏高了些。伯尼站的比較後面，大棒一揮，球飛到了右外野的看臺上，只比一朗奮力往上伸的手套高些。比賽打成平手。我是接下來上場的投手，不是要守住勝利，而是守住目前平手的態勢。

歐勒魯將我投出的第一個球打成了滾地球出局。投出的第二球被賈維爾用突襲觸擊打向二壘出局。第三球一投出，卡麥隆就把球打成一壘邊線的界外飛球接殺出局。我站在投手丘上發呆了大概九十秒，可能沒那麼久。我很驚訝卡麥隆居然沒有等個一兩球，棒球比賽有個不成文的規定，你絕不該讓一名投手在一局中只投三顆球就結束這局。

我沒抱怨這件事。

水手隊的守護神佐佐木主浩（Kazuhiro Sasaki）在九局下半登場。宣恩・史賓賽在這局一開始便打出了一個三壘方向的滾地球出局，波休斯大棒一揮，敲出了一支游擊方向的強勁滾地球，麥李摩將球攔了下來，但他在第一時間沒能將球傳至一壘。輪到索利安諾上場了。佐佐木投出一顆快速指叉球（splitter）。索利安諾是一個自由揮擊式的盲劍客，但他沒有買帳。佐佐木不希望球數落後，更不希望讓致勝分站上得分位置。他投了一顆稍稍高過腰部，正好落在紅中位置的快速直球。索利安諾旋轉身體，往前跨出順勢揮擊，將球敲到了右外野。麥可・卡麥隆爬上牆想要救這顆球但沒撈到，我們隊上這名第一個大聯盟完整球季就敲出十八發全壘打、七十三分打點的明星級菜鳥球員，讓我們離世界大賽只有一勝之遙了。整個體育館的觀眾都狂野的吼叫。比賽後半段敲出全壘打的英雄總是能讓觀眾製造出很大的噪音。

隔天就是第五戰，我們的哲學是：等什麼？你絕對不會想讓任何一支在某一季季賽能拿下一百一十六勝的隊伍有一點點喘息空間的。亞倫・希利，又是一個總是對上我們就倒大霉的投手，無論他是穿遊騎兵隊還是水手隊的制服下場似乎都差不多，他先是投了兩局沒掉分，接著我們就來了個大爆發，在伯尼的兩分全壘打帶領下，我們在第三局強攻四分。下一局保羅又來了一發，此外，在安迪的巡弋下，拿下這場比賽似乎沒有任何的問題，特別是我們後來又在水手隊的牛棚投手手上打下了超過四分的分數。觀眾席開始對水手隊總教練路易・波羅尼亞叫囂說他們「被高估了」以及「你們沒有第六場了」，他原本跟媒體保證一定會把戰線拉回西雅圖。

我不喜歡這種嘲諷，也從沒這樣做過。我知道球迷喜歡這樣，但嘲笑對方有什麼好處呢？這樣會讓你好過些嗎？將對手逼到崩潰邊緣對我們絕對沒有幫助……因此，就我的邏輯來看，為何要這樣做呢？但我不會就這個主題向球迷說教；我只想要細細品嚐這一刻——並前往世界大賽，這樣我們就可以試著連續第四年搶下冠軍寶座。

我不確定原因為何，但T先生在我們有九分領先（十二比三）的情況下派我上場。在我投出第十二球時，麥可·卡麥隆將球擊成軟弱無力的右外野平飛球，在後半段比賽接替保羅上場的史賓賽往前跑了幾步後，穩穩的將球接下。很快的整支球隊都跑進場內，到處都是彩帶，我們全都興奮的互相擁抱慶賀。我們在這兩個系列賽中接連擊敗了聯盟戰績次佳與最佳的球隊。

只剩四場要贏了！

這個系列賽在鳳凰城（Phoenix）開打，這個球場中外野有個水池。但這不會影響我們打球時的態度。伯尼手感依然火熱，第一局一開始就從柯特·席林（Curt Schilling）手中敲出一分打點二壘安打，這是一個好的開始，但自從這一球後，我們一致認為假使席林和蘭迪·強森（Randy Johnson）若是能投的像現代版的山迪·科法斯（Sandy Koufax）[3]與唐·德萊斯戴爾（Don Drysdale）[4]的話，我們就有很大的麻煩了。

伯尼敲出安打後，全隊的打線完全熄火。波休斯在第二局敲出了二壘安打，荷黑在第四局敲出了一壘安打，這就是洋基隊今晚全部的攻擊表現了。席林在七局的投球中祭出了八次三振，即將贏得他在這次季後賽的四連勝（響尾蛇隊先是擊敗了紅雀隊，接著是勇士隊，拿下了國際聯盟的王座）。我們上個月的最佳投手穆西納，被克雷格．康賽爾（Craig Counsell）與路易．岡薩雷茲（Luis Gonzalez）給打垮了，我們以一比九大比數被擊垮作收。

第二戰強森對上了安迪，而我們收到了一個壞消息：強森比席林更具宰制力。他沒丟掉任何分數，只被擊出三支安打，還送出了讓我望塵莫及的十一次三振。麥特．威廉斯在面對安迪時猛力敲出了一支三分打點全壘打，最終比數是四比〇，在強森的強力壓制下，我們就像是以四十比〇輸掉這場比賽般沮喪。

我們飛回紐約，將我們連續四年拿下世界冠軍的希望通通寄望在羅傑的手上。荷黑第二局就從響尾蛇對的左撇子先發投手布萊恩．安德森（Brian Anderson）手上敲出一支全壘打，讓我們先馳得點。羅傑一開始就陷入了滿壘危機，但成功解套，不過第六局又遇上一次，這次靠著宣恩．史賓賽的滑行撲接攔下了麥特．威廉斯的平飛球，才讓羅傑少丟了兩分。波休斯在第六局敲出的一壘安打讓我們以二比一再度取得領先，羅傑以兩次三振的表現在第七局成功讓對手三上三

---

3 洛杉磯道奇隊投手，曾三度獲得賽揚獎與國聯MVP，被譽為史上最具主宰力的左投手之一。

4 曾效力於美國洛杉磯道奇。一九六二年球季獲得賽揚獎，一九八四年獲選進入名人堂。

下，以強勢的表現結束他今晚的投球，接下來，就由我主投了。

我有八天沒上場了，但我有充分熱身，感覺非常有力與犀利。我讓嘗試偷點的康賽爾出局，接著三振了史提夫・芬利（Steve Finley）與岡薩雷茲，第九局一開始又連續三振兩名打者，最後讓威廉斯打出內野彈跳球結束了這場比賽。當我們知道第四戰他們會推出席林主投後，這場勝利對我們來說極為重要。

席林的表現跟第一戰一樣好，但公爵的表現跟他不遑多讓。比數是一比一平手，比賽進入到第八局，麥可・史坦頓站上了投手丘。岡薩雷茲敲出一壘安打，指定打擊盧畢爾・杜拉佐（Erubiel Durazo）擊出二壘安打，響尾蛇隊以三比一領先，叫上了他們的終結者，有南韓潛水艇之稱的投手金炳賢（Byung-Hyun Kim）。整個季後賽還沒有人能在他如鉛球般沈重的伸卡球與詭異的進球點上討到便宜。他在第八局面對史賓賽、波休斯與索利安諾時都投到了滿球數，也將他們三人通通三振出局。

第九局拉米諾很快就清掉了三名打者，我們現在只剩三個出局數了。德瑞克神來一筆，使用突襲短打；三壘手威廉斯接到球後將他封殺在一壘前。保羅敲出左外野一壘安打後，伯尼被三球三振，現在輪到提諾上場。我們距離一勝三負的極端劣勢只剩一個出局數，而且下一場會是蘭迪・強森主投，席林可能也會出場中繼。我們只剩一息尚存，幾乎可說是陷入彌留狀態了。金炳賢先牽制保羅，而後將球投出，是一顆腰帶位置的外角球。假使提諾嘗試拉打，那可能會是一顆二壘方向滾地球，也可能是右外野的軟弱飛球。

提諾沒有嘗試拉打。他轉了轉球棒後，猛力朝著金炳賢的頭部方向揮擊，球的飛行位移呈現一個弧形，只稍稍飛過中右外野的全壘打牆。芬利拚命往全壘打牆狂奔，像蜘蛛人般攀上牆，但球已經掉進了觀眾席，比賽也打成了平手。

第十局上半我很快就製造了三個滾地球出局，如果有必要的話，第十一局我會繼續上場。首位上場的波休斯先是敲了一支只超過界外線可能只有十呎的平飛球，接著看準時機敲出一顆深遠的右外野飛球被接殺。索利安諾前一兩球揮棒氣勢不錯，但也打出了左外野飛球被接殺。下個上場的是德瑞克，他在這四場比賽只敲出了一支安打，這個系列賽的打擊率是慘不忍睹的〇．〇六七。午夜的鐘聲響起，體育場的計分板上寫著「歡迎進入十一月」，九月十一日的事件後，整季的比賽都延後了一個星期，這是大聯盟史上第一次打到十一月。德瑞克的球數以兩好球沒有壞球落後，但他一次、一次又一次的將好球破壞掉，很清楚自己在尋找能讓他使出註冊商標的推打將球大力擊出。

磨至滿球數後，金再次將球投出，德瑞克也再次施展他的推打，將球打成飛往右外野的完美弧線，那個球一直飛、一直飛……剛剛好掉進了右外野全壘打牆外。基特大力的用右手振臂歡呼——這也是他另一個註冊商標——整個體育館都因為我們全部衝出休息區圍在本壘板歡呼而震動。

今天是十一月一日，世界大賽戰成了平手。我開車回家，在自己的床上睡覺。很難有比這樣更開心的事情了。

穆西納在亞歷桑納舉行的第五戰再度登板，而且他恢復了以往的身手。儘管我們也沒能碰到亞歷桑納隊的老經驗右撇子投手米格爾·巴提斯塔（Miguel Batista）的球，但他投了四局只被打一支安打並送出了六次三振。第五局時，首名打者芬利在兩好一壞時將球敲出了全壘打牆，攻下了這場比賽的第一分，輪過三名打者後羅德·巴拉賈斯（Rod Barajas）又做了一次相同的事。

到了比賽後段巴提斯塔表現的似乎更加強悍。我在六局下半時來到牛棚。

我們在這次世界大賽中總是喜歡挑戰困難的任務，我心想。

穆西納依然充滿侵略性，而當他在二出局兩人在壘時讓威廉斯打出小飛球出局後，也為他今晚傑出的表現畫下了一個完美的句點。我們在第八局時兩名打者站上了壘包，但沒能拿下分數，拉米諾在第九局接替他上場。我開始在牛棚熱身時，我聽到坐在右外野露天看臺[5]的球迷正在嘲諷著大喊：「保羅·歐尼爾！保羅·歐尼爾！」他們知道假使我們今天沒拿下勝利的話，既然他今年有退休的打算，這場比賽可能就是他的告別賽了，便整晚拿這件事來嘲笑他。在牛棚的我們一直聽到球迷的嘲諷，我聽到全身起雞皮疙瘩。保羅不知道該怎麼做才好，他不斷往手套吐口水，試著假裝一切平靜。我為他可能會以這樣的方式離開感到非常激動，他值得更風光的退休才對。

拉米諾在九局上半成功抓下了響尾蛇隊三個出局數，我們提早一晚面臨到了最後關頭：落後兩分的情況下，對方的投手丘上站著金炳賢。荷黑一上場就敲出了一支二壘安打，但史賓賽敲出滾地球出局且納布拉克三振出局，現在輪到了史考特．波休斯。他放過了一顆壞球。金看了一下荷黑，接著做出投球動作。沒有好球一壞球，他以潛水艇投法將球投出，波休斯打擊出去，擊球的聲音很不錯，球高高飛起，飛進了左外野觀眾席。現在輪到史考特．波休斯高舉右手歡呼了！

這些人是無法抵擋的！

我們連續第二晚在落後兩分，只剩最後一個打席的情況下敲出了追平分數的兩分全壘打。波休斯繞壘時，金像個捕手般蹲在投手丘。在電視的特寫鏡頭中，他看起來好像快要哭出來了。響尾蛇隊總教練（Bob Brenly）上去要他下場，換上了麥可．摩根（Mike Morgan）。

我輕鬆的拿下了第十局，但摩根也跟我一樣輕鬆，連續拿下了七個出局數。到了第十一局，我被打出兩隻一壘安打，對方使用犧牲短打強迫進壘後，我保送了芬利好填滿壘包。在強森即將於第六戰主投的幻影中，我完全了解自己此刻的責任有多重大。面對瑞基．桑德斯（Reggie Sanders）時我使盡全力，搶到兩好球的優勢，讓他打出二壘方向平飛球接殺出局。

5 露天看臺的票價通常是最低廉的。

現在打擊者輪到了馬克・葛雷斯（Mark Grace）。我再一次搶到兩好球，跟上個打席不同的是，我可以試著讓他打到我的球，我也這樣做了，讓他敲出了一個三壘方向的彈跳球，三壘手接到球後踩三壘，結束了這一局。

比賽繼續進行，史特林・希區考克（季中時他又被洋基隊從教士隊交易回來）接替我中繼上場，在第十二局投了個無失分，亞歷桑納隊則派出了艾爾比・羅培茲（Albie Lopez）。納布拉克先用中間方向的一壘安打跟他打了聲招呼，波休斯再用觸擊將納布拉克送上二壘。索利安諾上場，在一好兩壞下擊出一支右外野一壘安打，致勝分納布拉克安全得分。我們連續三場以一分之差贏得比賽，守住了主場的勝利。只需要再贏一場，連續四年拿下世界冠軍的榮耀就屬於我們了！

第十二章　獎杯

我們回到沙漠城市迎接第六戰的到來，結果卻如同坐上了仙人掌般難受。回首望向一九九六年，安迪就是在這樣的情況下證明自己是個能夠在大比賽得勝的投手，但今晚卻不是這麼一回事，其他人的表現也一樣恐怖。響尾蛇隊第一局攻下一分，第二局攻下三分，第三局攻下八分，第四局又拿三分。蘭迪．強森就站在投手丘上。很明顯我們不可能在第九局時靠著另一支全壘打追平或贏得這場比賽了。

最終比數是十五比二，響尾蛇隊打出了二十二支安打，比我們在這個系列賽前四場加起來打出的安打還要多兩支。他們其中十支安打是在又三分之一局內從我們的長中繼傑．威塔席克（Jay Witasick）手上中打出來的。我很同情傑。這是他季後賽第一次登場，他的任務就是被對手糟蹋，盡量保存牛棚的戰力。這個晚上要多醜陋就多醜陋，但還是只算一敗，因此我是這樣看的：

接下來是一戰定勝負的世界大賽。

第七戰的對戰組合就像是電影劇本般——兩隊最棒的投手捉對廝殺——兩名右撇子大投手，柯特・席林與羅傑・克萊門斯。他們今年的戰績加起來是四十二勝九敗。

我不認為這會是場一面倒的比賽。

比賽開打前在球員更衣室時，T先生不太確定自己該跟我們說什麼。他已經跟我們說的夠多了，不斷告訴我們他有多麼以我們為榮，以及他絕對不會忘記這支球隊跟我們的豐功偉業。

「我認為應該讓你說點話，」T先生對吉尼・莫納罕說。「房間裡所有人最尊敬的就是你了。」

T先生跟他說話時，吉尼笑的很開心，他不認為T先生是認真的。

「他告訴我他是**認真的**那一刻，我差點就拉在褲子上了。」吉尼說。

T先生的點子相當有啟發性。吉尼對我們來說，早就不單單只是訓練員——某個幫助我們復原並照顧我們度過一整季身體上的磨難的人。他也是你這輩子遇過最仁慈慷慨的人。他想做的就是給予與服務，好讓你更舒服、更健康。他就是這樣特殊的存在。

打擊練習結束後，大家離開球場回到更衣室。T先生走到房間中央。

「吉尼，現在換你說話了。」他說。

吉尼驚呆了大概一分鐘。表現像是在說：「**我的天啊，現在我該怎麼辦才好？**」

他待在洋基隊有四十年了。成為注目焦點從來都不是他所希望的。但他現在是了，輪到他說些話了：

「大夥兒，無論今晚發生什麼事，你們都擁有了難忘的一年，」吉尼說。「從春訓的第一天，經歷了九一一，經歷了兩個艱辛的系列賽……你們在球場上是這麼的用心。表現的如此出色，你們都是贏家——是真正的洋基人。我從來沒有比身為這支球隊的一員更能引以為傲的事情了，這全都是因為你們從未休止的精采表現帶來的光榮。無論今晚結果如何，你們都能夠抬頭挺胸的走回休息室，你們這一年的表現早就讓你們成為冠軍了。任何事情都不能改變這個事實。」

吉尼說完後，整個房間是完全的寂靜，只剩下板凳教練唐・齊默（Don Zimmer）的哭聲。我們之中有很多人也差點哭了出來。

這時，我想補充幾句話。

「這是我們能夠贏下來的比賽，」我說。「我們只需要信任。信任自己的心，信任彼此。我的心，是主所賜予的。我們在這裡，再次為彼此祈禱。無論發生什麼事，都要信任主。」

「我並不是說主希望我在這場比賽拿下救援，或是主站在洋基隊這邊而非響尾蛇隊那邊。是要說主永遠與我們同在。祂的恩惠與仁慈是永無止境的。我們陽壽耗盡後，祂就在前方。因此真的不需要恐懼，所有結果都是祂計畫中的一部分，我們都在祂臂彎裡受祂呵護。這就是讓我能夠自在生活、投球，活在當下的信念。」

羅傑與席林兩人都是最佳狀態。前四局羅傑就投出了八次三振，席林更犀利，投完第六局後只被打出一支安打，祭出了八次三振。

響尾蛇隊第六局下半首位上場的芬利擊出了中間方向的滾地安打，接著右外野手丹尼．包提斯塔（Danny Bautista）對準一顆快速球，打成了直擊左中外野全壘打牆的二壘安打。芬利跑回了今晚比賽的第一分，同時德瑞克一個精采的轉傳球，在包提斯塔試圖往三壘闖時將他觸殺出局。羅傑順利解決後兩名打者，比賽進入到第七局，首先上場的德瑞克敲出了右外野一壘安打，保羅接著也敲出中外野一壘安打。一人出局後，提諾敲出一支漂亮的右外野一壘安打，護送德瑞克回本壘得分，將比賽追成平手。史賓賽差點就幫我們打下了第二分，但芬利奮力跑到右外野防區救到了這一球，拿下了最後一個出局數。

比賽進入第八局，第一個上場打擊的索利安諾馬上就以兩好球落後。連敲兩個界外球後，席林送出了一顆偏低的快速指叉球，索利安諾就是在等這顆球，用高爾夫揮杆的姿勢將球掃出了左中外野的全壘打牆。這是我們從這個系列賽第一場的第一局後，首度在大通球場（Bank One Ballpark）取得領先。索利安諾的球掉進看臺沒多久，牛棚的電話便響了起來。

「莫，第八局給你處理。」牛棚教練李奇．蒙特里昂（Rich Monteleone）說。

米格爾．巴提斯塔先上場，再來是蘭迪．強森，兩人接替席林聯手抓下最後兩個出局數，我在八局下登場。路易．岡薩雷茲是第一名上場的打者。我走到投手丘後方，右手持球，閉上眼祈禱：

「親愛的主，請讓我和隊友永保安康，並允許我將您的祝福與力量運用在我的職責上。感謝

您降福於我，阿門。」

我用一顆竄進岡薩雷茲手臂下方的卡特球將他三振，接著讓威廉斯追打一顆偏高的快速球再拿下一次三振。芬利打出了一支右外野一壘安打，再來我讓包提斯塔追打一顆偏高並跑出好球帶的卡特球又拿一個三振。

強森接連料理掉了伯尼、提諾與荷黑。時候到了，這一季只剩下三個出局數了，這三個出局數區隔出了我們跟其他冠軍隊伍的差別，不只是連續四年世界大賽冠軍，而是要為紐約市拿下冠軍。我所思所想只有將球投進荷黑的手套，將比賽打好，一次一次將卡特快速球投好。

快點拿下三個出局數，帶大夥離開這裡。

我有一種很強的預感，認為我們就要贏得這場比賽了。這是我在季後賽第五十二次亮相。我已經在連續二十三個救援機會都成功拿下救援了，還擁有世界大賽史上最低的投手自責分率。我不是要過度膨脹，只是心裡很清楚我們球隊即將要結束這場比賽了，因為我們比我所見過的任何一支球隊都要清楚怎麼拿下冠軍。

我在投熱身球時感覺相當棒。心裡想的都是要怎麼投出我最棒的球路……全神貫注在荷黑與他的手套上。

第一位打者是老經驗的一壘手馬克．葛雷斯（Mark Grace），一壞球後他打斷了球棒，球飛到中外野變成了一壘安打。大衛．德魯奇（David Dellucci）上場接替他跑壘，腳程快的跑者在壘上對下名打者捕手戴米安・米勒（Damian Miller）來說非常重要，他一定會採取觸擊。米勒蹲下觸擊，球幾乎直直滾向我，是可以輕鬆封殺往二壘跑者的球。我撈到球後快傳人在二壘的德瑞克，但我投的太過偏右了，球滾到中外野。這是我整個職業生涯在洋基隊的第二次失誤。

這只是一個簡單的傳球，但我就是搞砸了。

我回到投手板。一分鐘前大通球場還像在舉行葬禮般安靜，現在卻突然爆出了鼓譟與興奮。T先生走出球員休息區。內野手通通上前圍著投手丘。

「我們先抓一個出局數——要確保先拿下一出局。」他說。我聽著他說話，但心神卻飄到了別處。

我得壓制這個觸擊。我得掌控全場才行。那次觸擊我居然處理得這麼糟，我得做出調整。代打傑・貝爾（Jay Bell）走進打擊區時，我幾乎在投球前就做好了往前衝的準備。貝爾是一名以高超的觸擊技巧而聞名的球員，但假使我預先做好準備，壘上的跑者絕對無法進到下個壘包。

貝爾採觸擊姿勢，第一個球便進攻，快速的沿著三壘邊線往前滾，並不是一次成功的觸擊，我追上前，抓起球，快傳給三壘的史考特・波休斯封殺跑者。史考特踩壘後便抓著球不動。貝爾甚至還沒跑到一半。我等著看史考特傳給一壘的提諾。我保證一定會是雙殺守備，留下兩人出局一人在壘的局面。

但他沒將球傳出去。史考特一直是個非常積極、反應快的球員，極為優秀的三壘手以及比賽型球員。是不是他手拿球時，心裡一直想著T先生的話：「確保我們拿下一個出局數。」？我不知道。現在不是思考這件事的時候。這局目前的發展跟我期待的不同。現在也不該想這件事。不能讓負面思考滲進我的心。我從沒在投球時先想說可能會發生壞事。主降福於我，讓我擁有這項能力。

一二壘有跑者，一人出局。要讓打擊區上的打者出局。我現在要全神貫注在響尾蛇隊游擊手，安打型球員湯尼．沃麥克（Tony Womack）上。沃麥克走進左打者的打擊區。若是我投出自己最拿手的卡特球，我知道自己能讓他吃驚，不是三振就是讓他打成斷棒。我投出一個偏高的卡特球，壞球，接著又投一顆，球數以沒有好球兩壞球落後。我的控球無法隨心所欲了。我沒投進想投的位置。我先搶回兩好兩壞後，又對沃麥克猛力投出卡特球，但投的不夠內角，他把球打到右外野，一支追平比數的二壘安打，並讓跑者攻佔二三壘。

觀眾全數進入狂暴狀態，嗅到了勝利的味道，而且對手是強大的洋基隊以及他們認為幾乎不可能戰勝的守護神，讓這份勝利更加甜美。

我從未這樣想過。我不會屈服或放棄。

絕對不會。

下名打者是克雷格．康賽爾，又一個左打者。球數一好球時，我投了一顆往他內角竄的卡特球。他揮棒到一半停了下來，球打中他的右手。現在變成了滿壘。

我深深吸了一口氣。

又輪到了響尾蛇隊最強的打者路易．岡薩雷茲。這個系列賽我對上他的上兩個打席，我先是三振他，又讓他打出一支軟弱無力的滾地球。他打擊時雙腳站的很開，姿勢非常誇張。T先生下指令趨前防守，防止跑者回本壘，不希望冒著被軟弱滾地球結束世界大賽的風險。岡薩雷茲沒辦法好好跟到我的球，於是握了短棒，往上握了一兩吋。後來我發現這是他今年唯一一次握短棒。

好好投球，抓下一個出局數——這是我心中的想法。我很冷靜、專注，非常確定自己能讓他出局。

第一球岡薩雷茲將卡特球打成界外，接著我使用固定式投法，投出下一球，投得好，球犀利的竄向他的手，岡薩雷茲揮棒。球棒斷了，球緩緩飛起，朝游擊方向飄。我看著球飛行的軌跡，知道他會落在德瑞克身後的草皮邊緣。

我知道大事不妙了。

若是德瑞克站在平常的守備位置，只要後退幾步就可以接下這球。但他不在正常守備位置上。

球噗通一聲，落在內野泥土區後一兩呎的地方。傑．貝爾跑回本壘。

沒有下一球了。

本屆世界冠軍是亞歷桑納響尾蛇隊。

響尾蛇隊衝進場時，我步出球場。心中有股近似震撼的感受。從沒設想過會有這樣的結局。

我走進球員休息區，步下臺階，走進休息室。荷黑走向我拍拍我的背。我被很多人拍了背。不記得是不是有人跟我說話。

我坐在自己的更衣櫃前很長一段時間。「我不知道出了什麼事，」我對T先生說，「我很清楚我們應該要贏的，我很清楚！我不懂，我輸了這場比賽，我們輸了這場比賽。可是，看看剛剛發生了什麼事。看看是什麼原因讓我們變了一個樣，太奇怪了。」

「這一切一定有個解答。我只是不知道答案是什麼。」

「我也不知道答案。」T先生說。

我接受媒體訪問，有問必答，接受責難。是的，我投了自己想投的球。對，我不記得上次我在處理觸擊時暴傳是什麼時候了。是，岡薩雷茲打中我的球，但那是他拚了老命打中的。我說話的語調很輕柔，沒有丟或踹東西。但我比比賽結束那一刻更感到受傷。確實，我拿出最好的表現了。但我最好的表現還不夠好。我讓球隊失望了。這就是我覺得受傷的地方。我的隊友全都仰仗我，但我沒能撐過去。

我不知道為何會這樣。一定有個原因在，但我不知道是什麼。

沖澡更衣後，我發現克拉拉站在休息室外頭。我親了她，又抱抱她。她摩挲著我的背。克拉拉一直以來都是用這個方式來安慰我。她輕柔、小心地摩挲我的背。這比任何語言都還要能讓我得到安慰。我牽著她的手，一起走上巴士。我的眼睛閃著淚光。所有隊員都想上前安慰我，我知道，但他們讓出一個空間給我。我們前往機場要搭專機回家，我和克拉拉坐在我的專屬位置，二十九排。我有聖經，我有克拉拉。我什麼也沒說，她也是。她只是不斷摩挲我的背。眼淚一直流個不停。飛機一刻不停，橫越美國。

打從我還是個小男孩起，克拉拉就一直坐在我身旁。甚至在我悲傷與受創時依然如此。我非常感謝她的體貼、愛心，非常感謝圍繞在我四周那上帝的關愛。抵達紐約後，我們開車回到位於威斯撤斯特的家，還是幾乎沒有說話。此時已接近清晨五點了。

我走上樓到主臥房。靠近房間時，我看到門廊右前方有個東西。我彎下腰將它撿起。是一個小獎杯，大概八呎高，底座是木頭做的，上面是個金色，類似棒球選手的人像。是少年棒球聯盟的獎杯，那是我最年長的兒子，小馬里安諾的，他快滿八歲了。

我抱著獎杯，沒有笑容，但有股更深刻的感覺在心中發酵。

第十三章　計畫

我的人生活到現在，最艱難的時刻就是二〇〇一年世界大賽的結尾。我不斷尋找為何結局會是這樣的解答。我不相信這是無理由的隨機事件。儘管在當下我們無法理解，但我**堅決**相信上帝主宰一切，並擁有無窮無盡的智慧。

八天後，星期二上午，我得到了解答。

我把車停在體育館旁，要接幾個隊職員，T先生也在。自從世界大賽結束後我就再也沒見過他了。

「那個，莫，我猜大家已經知道當時為何會這樣收場了吧？」T先生說。

「什麼意思？怎麼知道的？」

「你沒聽說嗎？我指的是那個墜機事件。」接著他告訴我從紐約的約翰·甘迺迪國際機場飛至聖多明哥的美國航空五八七班機那天上午墜機了，機上兩百六十名乘客全數罹難。

「喔，不。我的天啊。這太恐怖了。」我說。

「對，這是場……生命的慘痛損失。」他說。

我沒花很多時間就將這個事件跟我連結起來了。我的隊友與好朋友安立奎．威爾森以及他的太太與兩個孩子預定了這趟班機的機票。因為我們沒能拿下世界冠軍，所以遊行、賽後的許多慶祝活動全都沒了。安立奎一家人就搭了早幾天的班機。我們的失利拯救了他和他家人的性命。請各位諒解，我並不是在暗示主只在意安立奎和他的家人，不管那天罹難乘客的死活。也絕對不是說安立奎的生命比其他罹難者還重要。我只是要說明主在那天這樣安排一定有祂的理由，事實上祂是在告訴安立奎，現在還不是去陪伴祂的時候。

這樣說吧。輸掉一場比賽還是失去一個朋友？無論問我千百萬次，我都會接受這筆交易。儘管輸掉比賽是如此痛苦，這都只是要提醒我，並非事事皆由我們主宰——我們祈禱某事成功，不代表會事情會自動開花結果。

祈禱不像自動販賣機，只要投入零錢（或說幾句話），接下來等待東西送上就好。不會像是我對主說：「我祈求能夠拿下這次世界大賽的勝利。」或是「我祈求下次檢查結果是一切健康。」然後就坐等祂送上我期望的結果。我幾乎沒有祈求過特定的結果。我的經紀人替我協商合約時，我從沒跪求上帝讓我富有。我不會為了要擁有新車、樂觀的ＭＲＩ報告或是在大比賽投出三振而祈禱。對我來說，最有意義的祈禱便是請求上帝賜與我智慧。

因此，我認為第七場一定會贏球的信念並沒有實現。不過換個方式想，有件更重要的事情實現了。我們都是凡人，能力有限，有時候我們要求了錯誤的事，或是沒有把眼光放遠。但上帝知道前方等待我們的會是什麼。祂總是對我們有所安排，在二〇〇一年十一月，祂的計畫中並沒包含為紐約洋基隊舉行的彩帶遊行，也沒有包含讓我成為英雄的時刻。

此刻是二〇〇二年球季開始第一週，四月某個濕冷的星期六，我們在洋基體育館對上了坦帕魔鬼魟隊（Tampa Bay Devil Rays）（當時他們還是叫這個名字）。我站在球員休息室的置物櫃前開始著裝，想著我的球衣是多麼美麗以及我多麼珍愛穿著它的感覺。

就我而言，每一天穿上洋基隊球衣的時刻，都是種全然的狂喜。你會聽到交易過來或剛簽約到洋基隊的球員滔滔不絕說著穿上條紋球衣的感覺有多棒。對我來說，這樣的悸動從來不曾消散。這牽涉到這套球衣的歷史、尊嚴與冠軍的榮耀，這是一種歷久不衰的卓越感。可能也是因為我是從一個小漁村一步登天來到紐約穿上這身球衣，對我來說意義深重的關係。我只知道自己一刻也沒有將這件事視為理所當然。我們很容易就會在生命中面臨到許多問題、糾紛與傷悲，但藉由敞開心胸擁抱主，我心中充滿了光明，並懂得感激主餽贈予我的禮物，讓我有能力將注意力放在分辨什麼是好，什麼是不好上。

當我換上洋基隊的球衣時，一切都會很順利。

我極端注重穿上球衣的步驟。我先套上一隻襪子，接著是另一隻。再來輪到穿在裡面的T

恤。我小心的從衣架上取下球褲然後穿上，最後才是夾克。我會悠閒的著裝，細細品嚐所有的步驟，日復一日，年復一年，始終如一。波沙達總是嘲笑說我對制服的熱愛簡直到了走火入魔的程度了，說不定我會要對齊褲子和夾克的條紋。我沒真的到那種程度，但他說的也沒偏離事實太多。

只要我穿著洋基隊的球衣一天，我就希望自己以它為榮。

這身制服或許是永恆不變的，但這一季洋基隊陣容的變動比我加入後的任何一年都還要大。保羅．歐尼爾打完世界大賽後就退休了，史考特．波休斯也是。提諾．馬丁尼茲加入了紅雀隊，恰克．納布拉克先是加入皇家隊，隨即在打完二〇〇二年球季後便迅速且神祕的過早結束了他的職業生涯。我們簽下了大物自由球員傑森．吉昂比，他現在是我們的一壘手，大衛．威爾斯回鍋，另外還簽下了羅賓．溫圖拉（Robin Ventura）、史提夫．柯賽（Steve Karsay）以及朗戴爾．懷特（Rondell White）。今年又是一個戰績亮眼的球季，拿下了一百零三勝，不過也是我職業生涯最感到沮喪的球季，我有三次進入傷兵名單，還是自從一九九五年我從哥倫布隊被徵召上大聯盟後出場次數最少（四十五場）的一季。腹股溝拉傷讓我在整個六月坐壁上觀，過沒多久是肩膀過度緊繃。呆坐在場邊是件很不容易的事。我不能做接飛球練習，不能跟平常一樣上場投球。我對於自己能成為隊友所仰賴的人感到驕傲。我持續休養並接受治療，但我不是一個好病人，也一直無法耐著性子。

不信你可以問克拉拉。

大部分時候我外表看起來似乎很平靜且沉著，不過一旦被戳到某個點我就會失去控制，最容易讓我失控的點就是開車禮貌不好跟無禮的人。有一次，我和克拉拉停在一個小社區的餐館前。這裡是位在洋基體育館東北方大約十四英哩的小城市新羅謝爾（New Rochelle），從許多年前開始我們就常來這裡用餐。夾在乾洗店與賣酒的商店中間的店面看起來蠻得體的，還能吃到好吃且沒有多餘裝飾的派。這裡是個我能自在的跟大夥閒聊，不會突然變成大家衝上來要我簽名和合照的場面。當你無論到哪裡都會受到眾人矚目時，會非常喜歡這類地方。我樂於與人互動，並用尊敬的態度面對所有人，但有時候你就是不想讓自己太過顯眼，這就是那天在餐館裡發生的事。

這天剛過中午，我跟克拉拉走進去，裡面還坐著另一位客人，是個矮胖的拉丁佬，大概三十五六歲吧我猜。一開始他似乎不認識我，一直到店員跟我寒暄了幾句他才發現。

接著他便大聲對我說話。

「嘿，給我幾張球賽的門票。」

他看起來要不是喝了些酒，不然就是被什麼東西給影響了。講話模糊不清。

我什麼都沒說，只是笑了笑並將視線往旁邊偏去。

「老兄，別這樣，給我幾張票啦。你們這些人賺這麼多錢，這點錢算什麼。拿幾張門票來啦。」

我的火氣快冒上來了。臉上的笑容散去，對我來說，耐心與控制自己的脾氣是多年信仰聖靈才修來的。現在，什麼修養都被他趕走了。

「離他遠點。他是我們的朋友。不能對他這麼不敬！」其中一名櫃檯人員說。

那個人還不罷休，朝我走來。我看看克拉拉，她什麼也沒說，也不必說。她依然保持平靜。她的眼神說：「**放輕鬆，小事化無，轉過頭去便是。**」

我停了一分鐘後，告訴那個傢伙：「我不喜歡你對我說話的態度。」

他靠得更近了，且放大音量。

「太可惜了，你這個卑鄙的無名小卒。」他說。用這樣惡毒的方式說我，我受夠了！我整個大爆炸，幾乎就要衝上前揍他，痛打他一頓。克拉拉拉住我，說：「披利，不要。」櫃檯人員命令那個傢伙離開這間店，並押著他出去。

出去的路上他也沒停止咒罵。當我試著要冷靜下來時，心中只想著：感謝上帝讓我太太陪在我身旁，如果此刻只有我一人，我一定會把那個人打趴在地上。

「很抱歉，發生了這種事，」其中一名櫃檯人員說，「他沒權力對你這樣做，他一定是喝掛了。」

「沒事，這不是你的錯。」

我看著克拉拉，她臉上還是同樣的表情：「**你不用理他。那個人就是來找麻煩的。別跟著他**

起舞。」

當然，她說的完全正確，這也是我一直在努力的，每天都不斷在努力達到這個境界。假使有人在你開車時切你車道或逼車，你會怎麼做？逼回去？咒罵他或追上去？比起那些大場面，這些每天都會遇到的小事對我來說更是個挑戰，沒人在關注你時，那些小事更能讓人認清一些事情。

我無時無刻不在祈求上帝讓我更有耐心——不要過度反應了。有時候這種過度反應是很危險的。有一次，我和克拉拉開車上九十五號州際公路，前往巴爾的摩，跟平常一樣奔馳在公路上，突然間有個傢伙超我的車，從旁邊切進我這一線——瘋狂的行為。我按了幾聲喇叭，那個人便踩了下煞車，就像在說有種就撞上來一樣。他加速前進後，我也加速跟上他。

「披利，不要。」克拉拉說，「讓他去吧。」

我什麼都聽不進去，進入了報復模式，變成了一個魯莽的笨蛋，再度背離聖靈的教誨。我開到他旁邊，開始朝他的車道擠，讓他知道他惹到誰了，給他點顏色瞧瞧。同一個人，站在芬威球場內，在三萬七千名觀眾的咆嘯下依然冷靜，開車時卻整個失去控制，將自己與他的妻子置於在公路上飆車逼車的危險之中。

怎麼會這麼傻？

「停下來，你給我停下來！」克拉拉說。這太瘋狂了，她說得對，無庸置疑。她終於讓我恢復神智，平靜下來了。比正常情況還要多花了些時間。

我是個正在經歷不完美旅程的不完美之人，但我一直試圖要變得更好。下次遭遇這種狀況時，我希望自己能乾脆的讓那個人超過去。

到目前為止，我坐壁上觀的次數比我想的還多，但我們這一季還是以美聯東區第一名作收，得以在分區系列賽對上天使隊。他們是聯盟打擊率最佳（二成八二）的球隊，在前一年只贏得七十五勝的情況下，今年搶到了九十九勝。我們今年全壘打砲火猛烈（全隊共敲出兩百二十三支），在洋基體育館舉行的第一戰，火力依舊強大。德瑞克、吉昂比、朗戴爾・懷特與伯尼都敲出了全壘打，儘管羅傑和拉米諾也被打的亂七八糟，我還是用十三球拿下了提姆・賽門（Tim Salmon）與蓋瑞・安德森（Garret Anderson）成功拿下救援結束比賽，以八比五獲勝。

第二場，我們很早就陷入了四比〇落後，苦苦追趕才將比數超前變成五比四，但接著天使隊在最後關頭靠著特洛伊・格勞斯（Troy Glaus）與蓋瑞・安德森的全壘打拿下了這場比賽，最終比數是八比六。這個系列賽移師至安那罕，我們打了二又二分之一局就取得了六比一的大比數超前，但天使隊又來了，敲出超過三支的安打，包括了亞當・甘迺迪（Adam Kennedy）的陽春砲與提姆・賽門一發全壘打，全場打下四分打點的表現，以六比九逆轉拿下勝利。

我們距離被踢出季後賽只剩一場之遙，比我們整個冠軍世代的任何一年都還要早放假。

這一場，天使隊打出了值得讓他們在迪士尼樂園舉辦慶功遊行[1]的好表現，在第五局面對大衛．威爾斯時打了七支安打，攻下八分，基本上我們已經沒戲唱了。最後比數是九比五。這個系列賽天使隊的打擊率是三成七六，三場勝利都是從落後的局面逆轉得勝。他們無所畏懼且永不放棄，他們的牛棚也完全封鎖住我們的打線。雖然我無法徹底理解這個結果，但這個情境有些似曾相識。他們的韌性讓我回想起我們之前贏得冠軍時的表現。不過就算你贏下了例行賽每一場比賽，當你在季後賽只打了四場就打包回家的情況下，是不可能覺得這一年打的還不錯的。

我們第三個孩子叫做亞西爾（Jaziel），意思是「上帝的力量」，他是這一季結束後七週出生的，由克拉拉的醫師馬麗薩．克魯茲（Maritza Cruz）執行剖腹手術成功生下的。亞西爾出生時體重接近九磅，身體健康，但克拉拉有嚴重的出血現象，需要進行另一次手術。當克魯茲醫師意識到有剖腹產衍生的大量出血現象時，我正在產房裡陪伴克拉拉。看到她從一個強壯的女性突然間變得如此脆弱，真讓我不忍卒睹。

我曾說過，我不常祈禱特定的結果，但我當時還是為她們祈禱：

「敬愛的主，請關照我的妻子與我們的孩子。請幫助她們度過這一切。請賜予克魯茲醫師專

1 當時迪士尼是天使隊的大股東，也因此在當地蓋了迪士尼樂園。

業的技術並安然的解決這個問題，並讓克拉拉的身體擁有渡過這場磨難的力量。阿門。」

出血現象不到六個小時便控制住了。擁有虔誠信仰的克魯茲醫師後來告訴我們，他在手術房中能感受到主的存在。他表示克拉拉能這麼快從大量失血中復原，簡直就是奇蹟。

第一次全家五人團聚的休賽期一轉眼就過去了，轉瞬間，又到了春季訓練。開季那天，是個冷冽的星期天，我表現得比第一次參加春訓的菜鳥還要彆扭。但不是因為球技。我要在布魯克林會幕教會（The Brooklyn Tabernacle），站在超過一千名信眾前發表演說。金・賽恩巴拉（Jim Cymbala）牧師在報章雜誌上看過我宣揚自己的信仰，便邀請我在會眾前分享我的見證。

我根本不知道該說些什麼。有個朋友提出聖經的詩篇中有云：「**義人的腳步被耶和華立定**。」你何不傳授這部分的福音呢？

我照做了。我講述了有些時候我們是如何踏上了一條並非主所立定的道路，這便是我們失敗之時。當我們與主失散，問題與壓力便接踵而來。我訴說了自己的生命旅程，以及主的恩惠如何幫助我克服逆境，並在我人生中時時刻刻指引我前進的道路。

「今天我會走到這一步，便是主立定了我的腳步。」我說。

是這樣的，我們從來不明白踏下的步伐事實上前往何處，這一點沒有其他例子能比二〇〇三年球季更能證明這件事了，當時，所有沒預期到的事情都發生了。開幕賽，德瑞克在撲向三壘時撞上了藍鳥隊捕手的脛骨護腿，得停賽六星期。投出春訓的最後一球時，腹股溝拉傷的老毛病再次出現，使我錯過了這一季前二十五場比賽。一開始我們還是拿出了二十三勝六負的亮眼成績，不過進入五月，就變成了十一勝十七負。例行賽結束時，我們追平了勇士隊所創下的大聯盟例行賽最佳戰績（一百零一勝六十一負），然而有一陣子我們居然在主場拿下了十二戰十一負的成績，且不知為何也在對上休斯頓太空人隊時被他們六名投手接力拿下了一場無安打比賽——這是洋基隊自從一九五八年後首次無安打比賽。

有誰聽過被六名投手接力拿下一場無安打比賽這檔事？

但十月來臨後，我感覺自己漸入佳境。我們在分區系列賽中用四場比賽拿下了雙城隊，我面對了十二名打者沒讓他們打出任何安打。現在到了洋基隊與紅襪隊在美國聯盟冠軍賽七戰四勝的對決了。一直以來，紅襪隊面對我們時總是打得特別認真，他們堅信今年他們一定能夠拉下強大的洋基隊登上王座，第一場比賽他們在投手提姆．威克菲爾（Tim Wakefield）主投與大衛．歐提茲（David Ortiz）、曼尼．拉米瑞茲（Manny Ramirez）與陶德．渥克（Todd Walker）的全壘打火力下拿下了勝利。安迪帶領我們拿下第二場，在交棒給荷西．康崔拉斯（Jose Contreras）（他是洋基與紅襪隊休季期火熱的競標大戰主角）和我之前，他投到了第七局，最終以六比二取勝，第三戰移師至芬威球場，是羅傑．克萊門斯與佩卓．馬丁尼茲（Pedro Martinez）的對決。這應該是羅傑最後一次在芬威球場出賽了，當他開始熱身時，球場上的氣氛會讓你感覺接下來似乎是要進行一場重量級拳擊賽。

曼尼·拉米瑞茲打出了一支帶有兩分打點的一壘安打，讓佩卓一局下半一上場便取得了領先的地位，但第三局德瑞克將一顆偏高的曲球敲到了球場外頭的藍斯頓街（Lansdowne Street），乾淨俐落的越過了綠色怪物（Green Monster）[2]，到了第四局，我們又展開攻勢，第一次體驗洋基——紅襪季後系列賽的松井秀喜（Hideki Matsui），猛力敲出一支右外野二壘安打。

我們的右外野手卡里姆·賈西亞（Karim Garcia）此刻站上打擊區。他已經在佩卓手上敲過一支帶有一分打點的一壘安打了。佩卓的第一球就是一顆靠近賈西亞頭部的快速球，打中了他的上背。賈西亞非常激動，他怒視佩卓，大聲咒罵他。佩卓也罵了回去。我們的板凳席全部清空，紅襪隊也是。下一個攻防，在一次六——四——三的雙殺守備[3]中，賈西亞刻意跑超過二壘壘包，將紅襪隊二壘手渥克撞倒。這是卑鄙的戰術，渥克完全有理由生氣。佩卓上前協助時，賈西亞又繼續對佩卓唸個不停，兩邊板凳席又一次全部衝到場上，沒有人比荷黑罵佩卓罵得還兇了。

他們本來就彼此看不對眼，到了季後賽，這種情緒又更加升溫。佩卓狠瞪荷黑，並用手指著他的頭，指了兩次。我在球員休息室看著電視轉播，對佩卓的小丑行徑覺得非常憤怒與不齒。像他這麼好的投手不應該做出這樣低劣的行為才對。先是砸賈西亞的頭，現在他又威脅說要砸荷黑的頭，讓事情越演越烈。

「要是誰再稍微火上加油一下，兩隊一定會整個炸開。」我心想。

沒過幾分鐘，果然有人要加油了，事情就發生在第四局下半。羅傑對上曼尼・拉米瑞茲時，投了一顆偏高的快速球，稍微偏內角。這球其實不太可能砸到他，但曼尼馬上丟掉球棒，開始叫囂並走向羅傑，雙方板凳席再次清空。就在每個人都往投手丘上衝時，我們隊上那個七十二歲的圓胖板凳教練唐・齊默（Don Zimmer），往紅襪隊的休息區走去——佩卓・馬丁尼茲就站在休息區前。佩卓看著齊默像圓滾滾的發狂小牛般衝過來。齊默舉起他的左手，佩卓像個鬥牛士般往後退了一步，把齊默摔到地上。齊默的頭敲到地上且被劃傷了，所有人都聚集在他身旁確保他一切安好。

我很想知道，佩卓到底還能再多下流？

齊默衝向佩卓絕對是大錯特錯，但你也不能把一個老伯伯摔到地上。你可以用更好的方式應對，說穿了就是這樣。劇場持續上演，牛棚這邊又爆出一次鬥毆，讓大家的情緒更加沸騰。傑夫・尼爾森和賈西亞跳上護欄，跟芬威球場的管理員打了起來。

我不會輕易被這種行為弄的我腦充血。儘管今年我對上紅襪隊時投得並不好，對上他們稍稍

---

2 芬威球場左外野全壘打牆的別稱，是美國大聯盟所有球場中最高的全壘打牆，高達十一點三公尺。

3 游擊——二壘——一壘，是最常見的雙殺守備。

超過十局的投球中，被打了十六支安打，並搞砸了兩次救援機會，但我依然保持冷靜與樂觀。我沒辦法告訴你原因，但我能跟你說，芬威球場的投手丘，是整個大聯盟我最討厭的一個。可能是因為它的泥土是軟坡，每當我站上投手丘，前面上場的投手加起來大概已經投了兩百五十多顆球了，等我要投球時，已經找不到我偏愛的那種平整堅硬的地面可下腳了。但這不是理由，該上場時就是得上場。土太軟？

把事情處理好就對了，莫。

我走出牛棚，開始跟荷黑投熱身球。我們一起打球到現在已經九年了，他不只是跟我走得最近的朋友，還是我的心靈伴侶，跟我完全合拍。他知道我喜歡什麼，心裡想什麼，知道我喜歡盡量簡簡單單的。他知道若是我想改投別的球種或位置，也絕對不會對他搖頭。我只會一直盯著他，盯久了，他就知道我想投別種球。

不過，我在騙誰啊？百分之九十的時間我都會丟卡特球。對大部分的投手來說，捕手往下伸一根手指是快速球、兩根是曲球、三根是滑球，以此類推。我的話，一根是卡特球，兩根是二縫線快速球。若是壘上有人，四根是卡特球，兩根是二縫線快速球。要是他伸出手指時搖了幾下，代表他要我投偏高的球。

以上就是我們的暗號。

第三場上場時，荷黑幾乎從頭到尾都只伸出一根手指。我面對了六名紅襪隊打者，只用了十三球，就讓他們通通無功而返。我們以四比三獲勝，以二勝一負在系列賽取得領先，但這是洋基——紅襪之戰，我有種會是長期抗戰的預感，後來的局勢確實也是這樣。我們贏下了第二、第三與第五戰。紅襪隊贏得了第一、第四與第六戰。

第七戰在洋基體育館舉行，佩卓對上羅傑的戲碼再次上演。

佩卓比第三戰的表現更犀利，交出的成績單也更好。羅傑則是三局就被轟得亂七八糟，丟了三分，接著在第四局又被首名打者凱文．米拉（Kevin Millar）敲出全壘打。又投了一次保送與一支安打後，T先生看不下去了，叫穆西納上場，他的球員生涯從來沒有以中繼身分上場過。他用三球將傑森．瓦瑞泰（Jason Varitek）三振出局，接著又讓強尼．戴蒙打了一個六——六——三的雙殺打。穆西納在這個系列賽已經輸了兩場，被敲出五支全壘打；但剛剛抓下的出局數可說是他在這個系列賽為洋基隊做出最重要的貢獻，但他並未因此而滿足。下一局他在兩人在壘的情況下三振掉了大衛．歐提茲，這時我正在訓練室的桌子上趴著，接受吉尼的熱敷，十分欽佩他今天的表現。

「他會拿下每個他得拿下的出局數。」我這樣認為。

總結穆西納的表現，他投了三局無失分，我們的棒子也從沈睡中甦醒。吉昂比將佩卓在第五局投出的第一球，一個變速球，敲到了中外野全壘打牆外，比數是一比四。這只是我們今天晚上的第三支安打。兩局後，松井秀喜打出強勁的二壘滾地球出局，荷黑打了一支平飛球，戴蒙站在中外野穩穩的將球接住，但我看得出來大家開始打得到佩卓的球了。吉昂比再次上場，這一次他對準一顆偏外角的快速球，完全抓住球心，將球直直敲到中外野看臺上，只比戴蒙跳起來後伸出的手套高了一顆球的距離。現在比數是二比四，接下來上場的安立奎．威爾森（他會被排在先發，是因為他很會打佩卓的球）敲出了內野安打，賈西亞也打了支右外野平飛安打，此刻，洋基體育館比今晚其他時刻都瀰漫著更多的正面能量。

後來佩卓第四次三振了索利安諾，剛剛積聚的能量又散去了。佩卓做出他的招牌動作，手指天空，回到休息區時，諾瑪．賈西亞帕拉走上前抱了抱他，我們以為他今天就投到這了，他自己也這樣認為，不過他們的總教練葛拉第．利托（Grady Little）問他了一個問題：

「你有辦法幫我多投一局嗎？」

佩卓說：「好。」儘管他認為自己今天投到這就可以了，但他覺得自己似乎沒得選擇。歐提茲從另一個臨危上陣中繼的投手威爾斯手中敲出了一記全壘打，讓比數來到了二比五，我們只剩下六個出局數。

我們現在非常確定佩卓會上來投第八局。一人出局時，德瑞克在兩好球時打擊出去，卓特．尼克森（Trot Nixon）沒判讀好球的位移，球彈起越過了他的手套，成了一記二壘安打。伯尼敲了一記中間方向平飛一壘安打，德瑞克回來得分，接著松井秀喜打出了一個右外野場地二壘安打。利托仍舊讓他的王牌留在場上，不過佩卓被荷黑敲了一記中外野飛球，球落地，比賽也打成了平手。洋基體育館爆出一陣歡呼。佩卓退場。站在牛棚投手丘上時，狂暴的歡呼怒吼都快把我給震聾了，不過我心裡跟他們同樣興奮。

放下手套，離開牛棚投手丘，我走上小小的階梯，上面有張板凳與一間廁所。我走進廁所，關上門，便開始哭泣。這一刻有太多情緒湧進我的身體了。我們在面對佩卓時，落後三分，只剩五個出局數，現在，比數追平了。我不知道現在能做什麼，於是我感謝主回應了我的祈禱。

我哭了一兩分鐘後，擦乾眼淚，回去將熱身做完。

紅襪隊的牛棚也充分善盡了他們的責任，我也在九局上半上場，以讓陶德·渥克打出軟弱無力的二壘小飛球，以及二壘留下了一個殘壘結束這局。他將球棒放下時，我臥倒在地，有一瞬間害怕這個軟弱的飛球又會跟上次一樣造成一個恐怖的巧合。但索利安諾一躍而起將球接住，我在投手丘上也跳了起來。麥可·提姆林（Mike Timlin）在第九局讓我們三上三下，我在第十局抓下兩出局後，歐提茲將我的球打成了反向直擊全壘打牆的二壘安打。他上壘後，我在投手丘上咬著手指，對自己剛剛沒有用卡特球攻他內角，而是特地投開一點感到沮喪，不過我成功的讓下名打者凱文·米拉打出小飛球出局。

十局下半提姆·威克菲爾使出蝴蝶球讓我們又吃下了三上三下後，我也投了個三上三下，附帶兩次三振。這是我七年來第一次連投三局。走回休息區時，梅爾跑過來找我。

「幹的好，莫。」他說。

「我可以再多給你幾局。」我說。

我很確定，梅爾不想讓我繼續上場了。但我不可能現在就收手。若是我得上去投第四局，我當仁不讓；若有第五局呢？我還是要上去投。這一季就快結束了，我有很長的時間可以休息。我不想只是在旁邊坐等比賽結果出爐。我得做點事，我認為這是我的義務。我會盡我所能強烈要求T先生和梅爾。我不會讓任何人將我手上的球奪走！

十一局下半首位打者是亞倫．布恩（Aaron Boone）。這個系列賽他的打擊率只有一成二五。威克菲爾投出的第一球是蝴蝶球，落在了腰部高度，紅中稍偏內角的位置。布恩扭腰揮棒，打到球的那一刻我們就知道結果了。洋基體育館裡的每個人也都知道了——你可以從觀眾的狂吼知道這件事。球掉在看臺深處。我們重回世界大賽了！隊上所有人都跑出休息區，到本壘邊恭喜跑回來的布恩，但我前往的地方跟其他人不同。

我跑上投手丘，我得到這裡來。走到投手丘時，布恩正繞過二壘往三壘前進。我雙手雙膝著地，親吻投手板，向主祈禱，在泥土上哭泣。

「感謝主，您賜予了我度過這一切的力量與勇氣。感謝您賜給我這一刻的喜樂。」我說，「**感謝您的恩惠與仁慈。」**

一壘指導教練李．馬基里（Lee Mazzilli）跟著我走上了投手丘，雙手環抱著正哭著的我。我身旁的隊員不是互相擁抱就是高興的跳上跳下。我則是繼續祈禱與啜泣。我不確定自己的情緒有多深刻。因為至此我終於走去了去年第七戰的陰霾，已經過了兩年了嗎？我不知道，也不重要了。站起來後，我抱了布恩一下，然後跟T先生抱在一起很久很久。

我被選為美國聯盟冠軍系列賽的MVP，但這不是真正的MVP。這個獎杯應該分成二十五份。這不是隨便說說，我是認真的。我們一直沒有放棄比賽。我們是一群好夥伴。我們齊心協力，擁有共同的信念。我好想整晚都待在球場上，感受這份喜悅。

第十四章　失利

與佛羅里達馬林魚隊（Florida Marlins）捉對廝殺的世界大賽第三戰，二十三歲擁有詭異的快速球與曲球的小夥子賈許・貝基特（Josh Beckett），在第一局時用三球便將德瑞克・基特三振出局。接下來三個小時共八局的比賽，德瑞克為球隊做了比所有人還有多的事情以確保我們能贏下這場比賽。當我看著他這樣努力時，才發現從在格林斯波羅隊到現在，我們已經當了十年的隊友了，在他發生五十六次失誤那年，我就知道，他會變成一個非常、非常偉大的球員。

我在一九九三年認定的事情，到了現在，仍舊沒改變想法：這個男人對於成為最佳球員並獲得勝利，擁有永不滿足的慾望。

綜觀德瑞克一路走來交出的成績單，可說是極為驚人。在第三戰對佩卓敲出的那支開啟攻勢的二壘安打；二〇〇一年世界大賽第四戰第十局擊敗響尾蛇的全壘打；二〇〇〇年對上大都會第四戰的首位打者首打席全壘打，對上勇士隊時第四戰開啟追分攻勢的安打，這次攻勢也促成了金・萊瑞茲的全壘打。

此刻正在進行的系列賽對手馬林魚隊以及貝基特，必定比格林斯波羅隊對上華盛頓將軍隊還要更加激烈——無論在星度、薪資、傳統以及任何地方都不在同個層級。我們在紐約的前兩場比賽戰成了平手，也很清楚今晚打敗貝基特與否決定了整個系列賽的走向。因此，在第一次三振後，德瑞克便做出了改變。

第四局他敲出了左外野平飛安打，後來成功回到本壘得分。第八局也敲出了右外野滾地安打，並在隊友砲火掩護下回到本壘拿下超前分。

貝基特投了七又三分之一局，投出十次三振，只被敲出三支安打，失掉兩分。三支安打與兩分得分都是德瑞克·基特拿下的，他從未停止奮戰，並充分體現了喬·托瑞帶領下的洋基隊表現出來的運動精神：他的個人表現永遠是為了全隊所做的付出。

我在客隊的牛棚熱身，準備等下上場接替穆西納，這一晚他拿出了超凡的表現。在德瑞克打出第三支安打以及拿到第二分，讓貝基特下場後沒過幾分鐘，我便站上了投手丘，投六球便讓矮胖子羅德里奎茲、米格爾·卡布瑞拉（Miguel Cabrera）與德雷克·李（Derrek Lee）黯然下場。後來我們在亞倫·布恩的陽春全壘打與伯尼的三分打點全壘打攻勢下猛灌四分結束了第九局。

我們擊敗了馬林魚隊的最佳投手，還有羅傑·克萊門斯在第四場，以及大衛·威爾斯在第五場把關。沒人把贏球視為理所當然，但我喜歡我們目前的態勢，而且代打魯本·席拉在第九局兩人出局時，敲出一支車布邊的右外野三壘安打將第四戰的比數拉成三比三平手時，令我有種似曾相似的感覺，就像是洋基在十月份的比賽慣常拿出的表現。

「坦率的說，這就是我們一九九六、一九九八或二〇〇〇年的表現。」我心想。

從這個時間點開始，洋基隊在二〇〇三年的世界大賽就幾乎沒再拿出正常的表現了。我們就像是變成了華盛頓將軍隊。差不多就是這麼諷刺，但事實是無可辯駁的：我們不再是原本的那隻洋基隊了，甚至連稍差都談不上。馬林魚隊擁有速度、具侵略性並用十成的精神在比賽，不過，我很抱歉的說，有很多擁有這些特質的球隊，在面對我們這支曾在五年內拿下四次世界冠軍的隊伍時，都被我們給擊敗了。我們找到了一個方式，齊心一志真正成為一個團隊，隊上的每個人都在意勝利勝過任何其他事情。但我再也感覺不到這股氣勢了。

我們在十局上留下滿壘的殘壘，接下來又看著馬林魚隊的游擊手艾利克斯．岡薩雷茲（Alex Gonzalez）在十二局下半第一個上場就從傑夫．威佛（Jeff Weaver）手中敲出致勝全壘打。這樣的精采表現原本是寫在亞倫．布恩的劇本裡的，但現在我們只能看著別人表現了。

於是系列賽戰成了二比二平手，第五場許多隊員也接連發生狀況，內野練習時，吉昂比告訴T先生說他膝蓋不舒服，不確定自己能不能守一壘，然後威爾斯投了一局便因為背痛退場。我們在八次跑者攻佔得點圈的打席中只敲出了一支安打，最後以四比六輸球。回到洋基體育館後，安迪投球表現非常好，但貝基特硬是強壓他一頭，在只休息三天的情況下，拿出了只被擊出五支安打無失分，三振九次的好表現。我們哭著清空球員置物櫃，迎接另一個沒有冠軍遊行的休賽季。

任何沒拿到冠軍的賽季，都勢必會造成喬治·史坦布瑞納的洋基隊很大的改變，二〇〇四年更是帶來了你所能想像到最大的改變：我們交易來了美國聯盟MVP艾利克斯·羅德里奎茲這個一般認為是目前大聯盟最強的球員。阿方索·索利安諾則在這項交易案中被換到游騎兵隊，而艾利克斯禮讓德瑞克，將守備位置從他原本的游擊換成三壘。洋基隊是艾利克斯在四年內待的第三支隊伍，他在我們隊上讓我非常興奮，不過當我想到二〇〇四年球季，是我跟洋基隊五年合約的最後一年，心中便產生了一股不想去其他隊伍的強大渴望。我不想競逐所能拿到的最大合約，也不想穿上其他球隊的球衣。這種想法可能會讓我的經紀人夜不成眠吧，畢竟我確實對玩那種自由球員競標戰，假裝我對哪幾支球隊有興趣，偶而洩漏一些我可能的去向這類事情一點興趣也沒有。

或許這種想法讓我少賺了些錢吧。我在二〇〇四年時簽下一紙兩年的延長合約，合約到期前與之後幾年，費城人隊提供了一紙四年，總額六千四百萬元的合約，比洋基隊的合約多了快兩千萬。你知道我思考了多久嗎？大概是你讀完這頁一半的時間吧。

理由非常簡單。

我從沒為了錢而比賽過。我跟大家一樣喜歡錢，這份財富確實可以讓我的家人過上優渥的生活，但這絕對不會是我打球的動力所在。我永遠都認為假使我用正確的態度比賽，假使我認真鍛鍊並努力當個好隊友，以身為場上的一份子為榮，自然就會得到應得的錢財，事實證明確實如此。我的職業生涯中從來沒有看著別人賺進大把鈔票，然後覺得自己少領了錢。我為何要這樣想呢？為何要拿自己跟別人比較？

這樣做對我一點好處也沒有，只會讓我焦慮與不開心，把我對人生的滿足程度與銀行存款綁在一起。主透過他的智慧給了我更多的富足與圓滿，正如同希伯來書13:5所述：

「你們存心不可貪愛錢財，要以自己所有的為足，因為主曾說：我總不撇下你，也不丟棄你。」

我的滿足感皆來自於主，無論何時、何種身分，圍繞我的是華美之物或窮徒四壁，主的智慧皆供我採擷。除了對我珍視之人的愛，其他東西皆是身外物。這就是我看待人生的方式。

我本來就不是真的很需要錢，不過當我們在二〇〇四年又一次挺進季後賽時，一件事故強烈的提醒了我，錢真的不是最重要的事。當時正是我們在大都會巨蛋擊敗雙城隊，只用四場拿下美國聯盟分區系列賽清盤戰後幾分鐘；我在第十一局下半只花了十球就讓雙城隊的球員打包回家。

大家跑進球員休息室，開始互噴香檳，這個遊戲永遠玩不老，每一次對我來說都是新的體驗。T先生拍拍我的肩膀，要我去他的辦公室。德瑞克、梅爾和其他幾位教練也在場。

「莫，發生了一些事。」T先生說，雙眼開始有點濕潤，掙扎著尋找說明的方式。

「莫，我很抱歉，但我認為這件事得由克拉拉來跟你說。」

我完全不知道發生了什麼事。

他們把克拉拉帶進了球員休息室，她也一直在哭。後來我發現到，她一直到比賽結束後才讓人告訴我有事發生。整個晚上她都在痛苦中煎熬，讓其他洋基隊球員的太太安慰她。

「我們在凱米托的家發生了一件意外。維克多跟李奧在游泳池裡遭到電擊，兩人都沒能活下來。」

我不敢相信自己聽到了什麼！維克多是克拉拉的堂哥，跟我們很好。我認識他一輩子了。李奧是他十四歲大的兒子。當我聽完整件事後，我能做的就是抱著我的妻子，兩人一起在T先生的辦公室裡痛哭流涕。後來我才真正知道這起駭人意外的所有細節。幾年前，我和克拉拉蓋了一棟房子，想說回去時就有地方可以住了。維克多幫我們照料院子與游泳池。那天，天氣很熱，維克多和李奧一起打掃那間房子，李奧決定要去游泳池裡涼一下，便跳進池子。旁邊有一排我們為了不要讓狗跑太遠而設的電籬笆。有條將圍籬通電的電線意外地掉到了池子裡，將電流導入水中。李奧被電到失去了意識，淹死在泳池裡。維克多見狀，便跳下去救人，也遭到了同樣的下場。

我和克拉跟球隊一起飛回紐約後，便搭上隔天前往巴拿馬的飛機。抵達後立刻前往殯儀館探望維克多與李奧的遺體。我想看看他們，這聽來有些毛骨悚然，但我得看看他們，跟他們道別，表達我深沉的哀傷之情，並且為他們禱告。殯儀館位於巴拿馬市某個建築物的地下室。他們將屍體運了出來，準備舉行葬禮。看著如同長兄般的堂兄與他兒子毫無生氣的屍體，是我人生最傷心的時刻之一。

我在他們的屍體旁禱告。

「敬愛的主，我知道維克多和李奧此刻已飛升至您永恆的王國，知道他們進入了永遠的平靜。請保佑他們，看照他們，並讓他們的家人度過這段怵目驚心的悲傷歷程。請賜予我們此刻需要的力量，幫助我們發現並明瞭，信奉耶穌基督者終能獲得永生。阿門。」

葬禮在十月十二日，星期二上午，於凱米托的神召會教堂舉行，兩小時的儀式有上百人參加。艾利克西．雷耶斯牧師講授名聲與錢在這個世界是多麼微不足道。我們對耶穌基督的愛才是最重要的事。我們移師至附近的墓地將氣球放至天空。我在下午兩點三十分乘坐洋基隊的專機離開凱米托，抵達紐澤西的泰特波羅機場（Teterboro Airport）時差不多剛過晚上七點。洋基隊已經先幫我把手續都辦好，讓我能快速通關。一出機場就有一輛藍色凱迪拉克等著我，我們驅車經由北澤西，開過喬治華盛頓大橋，沿著迪根少校高速公路開到洋基體育館。抵達時，第二局剛剛開打。我今天已經哭了一整天，所有情緒都被掏空了，不過這對重返工作崗位是件好事，讓我在心理或身體上都能全神貫注在賽前的準備工作上。我想要投入競賽，想要上場幫助我的球隊贏得勝利。

這便是走過傷痛最好的解方。

我來到球員休息室，吉尼在裡面等著我。我們擁抱了很長一段時間，看到吉尼善意的笑容感覺很棒。在他幫我熱敷與進行例行熱身程序時，我們一直在聊天。五局下半，我走進牛棚，當時洋基隊以六比〇領先。每個人看到我都走向前擁抱我。露天看臺上的球迷都看著我，並開始喊著「馬里安諾」。這確實是我現在需要的東西。大夥很快的跟我說明比賽狀況——松井秀喜打下四打點，包含一支三分打點的二壘打，讓我們只用三局就將柯特·席林打下場——很快的領先優勢就拉到了八比〇。我坐在場邊看著穆西納的精美技藝，他帶著零安打的完美表現進入第七局，但紅襪隊在這一局突然間連下五分，我幾乎確定自己得上場投球了。第八局時湯姆·戈登（Tom Gordon）在兩人出局時被歐提茲打了支兩分打點三壘安打，使得領先分數只剩下一分時，牛棚的電話響了起來，是時候了。

面對的第一名打者是凱文·米拉，球數以一好兩壞落後，接著我投出卡特球，米拉擊中球，是一個游擊方向的小飛球。伯尼在這一局下半敲出了一支兩分打點二壘安打，讓我們有了三分的緩衝，第九局兩人在壘時，我讓比爾·穆勒（Bill Mueller）打出滾地球，製造了一——六——三的雙殺守備，以如此令人振奮的表現結束了這個折磨人的一天。

不需要提醒我們也知道紅襪隊有一大堆如同鬥牛犬般的比賽型球員，但隔天立刻進行由瓊·李伯（Jon Lieber）與佩卓對陣的第二戰，我們仍以三比一獲勝。我拿下最後四個出局數，三振了戴蒙、歐提茲與米拉，拿下了救援，比賽移師至波士頓，但紅襪隊寄望在綠色怪物與佩斯基標竿（Pesky Pole）[1]能夠改變他們被洋基隊撲天蓋地的全壘打攻勢給掩埋的命運的想法，被洋基隊一連串越過綠色怪物與其他全壘打牆的攻勢完全澆熄了。松井秀喜六打數五安打，兩支全壘打並有五分打點；艾利克斯・羅德里奎茲一發全壘打、三安打，得了五分；蓋瑞・謝菲爾（Gary Sheffield）也有一支全壘打以及四支安打，伯尼也貢獻了四支安打。這就像是整個晚上都在進行打擊練習，我們以十九比八拿下了勝利。不過在公爵與德瑞克・洛夫（Derek Lowe）對決的第四戰，便完全不像是一場公平的對決了。

第四戰我們在前七局打完後取得了四比三的領先優勢。此時牛棚的電話響起。

「莫，第八局你上。」李奇・蒙特里昂說。站起來準備伸展時，一個喝醉的球迷開始對我謾罵。我當做沒聽見，但他還是一直罵。其實很難沒聽到他說的話，他幾乎就在我耳朵旁邊喊叫。

「**他真的說了這些話嗎？**」我心想。「**比賽應該要打成這樣嗎？**」

這名喝醉的球迷覺得用我的堂哥與他兒子嘲弄我應該很有趣。他也真的這樣做了，噁心與扭曲的侮辱一句接一句。我甚至無法將他說話內容寫出來，實在是太醜陋了。我根本不想讓這些字出現在我的書上。我把所有的注意力都放在麥可・波扎羅的手套上。我不會讓一個酒醉的傻蛋耽誤了我正在進行的準備工作。比起憤怒，我更感到痛心。痛感人性竟會低劣如斯，痛感這個人心

1 為了紀念前紅襪隊球員、教練約翰尼・佩斯基（Johnny Pesky）而命名。

腸如此惡毒、他的人生竟是如此可悲，才能讓他嘴巴一直掛著我深愛的兩個人之死，其中一個還是小孩。

這是另一種全新境界的低劣行為。

我在第八局下半，四比三領先時上場。曼尼敲出一壘安打，不過我三振了歐提茲，成功度過了紅襪隊中心打線的攻勢，沒有發生劇場。第九局首名打者是米拉。他曾經成功從我手上打出安打，對上他時更是多了一份小心，特別是他前面的打席打出了一支沿著左外野邊線的安打。我在一好三壞下投了一顆偏高的壞球保送米拉上壘，他們隨即換上代跑戴夫・羅伯茲（Dave Roberts），他上場就是為了盜壘。我知道、荷黑知道，整個球場的人都知道。今年羅伯茲嘗試盜壘四十一次，成功三十八次。他離壘距離很遠，我輕輕鬆鬆的傳給一壘，接著再傳一次，然後是第三次。他總是能在我們的一壘手湯尼・克拉克（Tony Clark）將他觸殺前回壘。

我認為應該來個故意壞球牽制（pitchout），不過這個暗號沒出現。我對下個打者比爾・穆勒投出第一球時，羅伯茲便開始起跑，他的起跑時間捉的很好。這球是偏高的外角球，荷黑接到球後猛力傳給德瑞克，他手套揮過去觸殺的時間只慢了一點點。羅伯茲站上得分位置，沒人出局。穆勒使出了假點，一好球。下一球我投出一個紅中位置的卡特球，不是我想要的位置，打者用力一揮，是一個中間方向強勁的平飛球。我試圖伸展身體，活像個曲棍球守門員般想攔下球，甚至想用腳去踢球，但球還是飛到的中外野，戴夫・羅伯茲回本壘得分。

穆勒曾在七月時從我手中敲出了一支勝利打點全壘打，加上艾利克斯挨了觸身球後跟傑森·瓦瑞泰（Jason Varitek）的一場爭執，讓紅襪隊的情緒整個升溫。此刻，他又一次的擊垮我了，芬威球場的球迷很喜歡這樣的表現。

我投完了這一局，但傷害已經造成，並且越演越烈，整個季後賽棒子最火燙的打者歐提茲，在十二局下半敲出了一支兩分打點的全壘打。

這場比賽持續了五小時又兩分鐘，不只讓紅襪隊贏得了一場比賽，也讓他們看到的勝利的契機。第五戰，我們打完前八局以四比二領先，但在第十四局輸球。回到布朗克斯的第六戰，席林對上李伯，我們以四比二輸球，每過一局，我們看起來就越綁手綁腳。

就像是有什麼東西將我們鎖了起來，就如同洋基隊的N與Y標誌一般。我們坐等壞事發生，陷入了負面思考之中。這就是我們球隊氣氛改變的另一個明證。我們在拿下冠軍那幾年是不會這樣就屈服的，大家會找出方法。但現在這支球隊不會。紅襪隊在第七戰以十比三擊敗了我們，完成季後賽史上最偉大的逆轉勝。繼去年亞倫·布恩的失利後，紅襪隊締造了連四勝逆轉，屬於他們自己的史詩級表現，而且沒人比我對這件事更感到沮喪了。

說到底，我在第四戰第九局那次失敗的救援，給了他們一線生機。這一局改變了一切，當我離開芬威球場回到旅館時，心中突然浮現一個非常清楚的想法：

「我們以三勝一負領先。假使無法再贏下一場球，我們就不能理所當然的認為自己一定可以打入世界大賽。」

我們確實也沒打進去。

第十五章　歡呼與奚落

今天是二〇〇五年四月十一日，我們在波士頓進行開幕戰，我比保羅．列維爾（Paul Revere）[1]還要受歡迎。世界冠軍隊波士頓紅襪隊——正接下他們的冠軍戒指，升起了冠軍旗幟，你絕對想不到，紐約洋基隊竟然前來恭逢其盛。我們還接受了唱名出場，一個接一個的出去接受現場的噓聲，有些人更是被大噓特噓，尤其是艾利克斯．羅德里奎茲。背號四十一號的蘭迪．強森出場接受觀眾的噓聲後，輪到我要接受波士頓後灣球迷的煎煮炒炸了。

場上的擴音系統唱名：

背號四十二號，馬里安諾．李維拉……

整個芬威球場的球迷發瘋似的鼓譟，當我小跑步進入球場時，全部的人都站起來為我喝采，把我旁邊的王建民與蘭迪的風采都搶走了。走到隊伍末端後，我脫下帽子對觀眾揮手並鞠躬。我

1　美國獨立戰爭時期一位出身於波士頓的愛國銀匠。

笑容滿面，臉上一直保持著笑容，歡呼聲不斷持續著，就好像我是他們的一份子一般。當然，我知道自己在他們心目中絕對無法與歐提茲或戴蒙相提並論，當然也知道這份歡呼是種嘲弄——是他們對於我在紅襪隊八十六年來的第一座世界冠軍付出的貢獻獻上的一份敬意。

我還受得住，願意跟他們玩在一起。我的回應完全不是虛情假意，也不會有滿腹怒意。球迷都很開心，今天也是波士頓這麼長的日子以來最大的一次慶典，我能夠理解他們的心情。畢竟他們的球隊在對抗他們最兇猛的對手時，居然完成了一次具有歷史意義的逆轉勝。

他們怎麼會不想好好的慶祝一番呢？何必把這麼有意義的事情當成對我個人的羞辱？就讓他們好好開心一下吧。下次我會盡全力擊敗他們，或許這樣做會讓我在這個城市不再這麼受人喜愛吧。用這樣的概念去思考的話，我確實樂於觀賞紅襪隊球迷在芬威球場的慶祝行為，這股歡欣是用數十載不屈不饒的熱情作為燃料所引發的。因此我能夠輕鬆自在的脫帽致意，並對在場三萬三千名為我的付出喝采的觀眾露出真摯笑容，因為他們並不是真的在針對我。

在這裡，我分享一段給予我教誨，讓我走向正確道路的經文。〈雅各書 1:12〉說：

「忍受試煉的人是蒙福的；因為他經過考驗之後，就要得到生命的冠冕，就是主應許給那些愛他之人的。」

二〇〇五年球季開打時，我有比在敵人主場受到熱烈歡迎還要大的問題要煩惱。主要是我在自家球場被球迷噓的很慘。我連續搞砸了兩場救援，對手則是……對，紅襪隊，在球季剛開始那週主場二連戰期間，第二場我完全沒有建樹（送出三次保送、被打三支安打，失五分，一分自責分），走回牛棚時，T先生還過來安慰我不要太在意這種布朗克斯式的激勵方式。有些隊友也被嚇到了，我居然受到了這樣的噓聲，不過當我沒善盡自己的職責時，並不覺得自己還能受到球迷的贊許。我怎麼配呢？我不會因為過去自己拿下了一些救援，就覺得人生便要一帆風順。假使球迷想噓我，那就噓吧。這不會讓我覺得困擾。

比起在意球迷的反應，我把大部分精神都放在如何增進我的表現。換句話說，就是想辦法不要再砸鍋了。我很確定主要的問題並非在於我的控球出了問題——雖然這是最後的結果，而且我在春訓時花了很多時間在讓手肘更加放鬆上。我把問題放在對手的擊球點上，特別是對上紅襪隊時，他們整支球隊都相當有耐心，並對我下了很大的功夫，不管我投出多犀利的球都嚇不倒他們。被狂噓的那場比賽，我投了三十八球，只有十八球是好球。如果這不是我生涯投過最差的好壞球比，那我一定會非常驚訝。球迷可能會認為這是種警示，但我不會。我很清楚這是有沒有調整好的問題而已。多投一些，加強我的投球，最後一定會有好表現。

接下來的三十一次救援機會我都將之轉變為球隊的勝利——是一段超過四個月的良好狀況。其中一次出場是七月初時對上底特律的比賽，這場比賽讓我覺得心神舒暢。伯尼·威廉斯今年三十六歲，也慢慢不再是中外野手的不動先發了。最近一次面對大都會對的連戰，我們在主場打了個三戰兩敗，有一場伯尼漏接了一顆中外野飛球，讓跑者成功往前推進，也不斷的讓跑者回壘得分。T先生說他想讓伯尼休息幾天，轉換一下心情。伯尼不想，但也只能接受。

當伯尼在季後賽打下了比隊上任何人還要多的打點（超過八十分）；當他得過打擊王且有五季得分超過一百分；當他在二〇〇〇年美聯冠軍系列賽對上水手隊時，繳出系列賽打擊率四成三五的表現時，你絕對不會認為他是個無名英雄。二〇〇四年對上紅襪隊那次名留青史的慘敗中，伯尼在系列戰七場比賽中打下了十分打點，兩支全壘打，並有三成〇六的打擊率，全部數據都不容忽視。還有一件事讓我十分敬仰他：比起讚揚自己的成就，他更熱衷於撥弄吉他上。

伯尼跟我在一九九〇年初次見到他時一樣，完全沒變。他總是保持那份純真與藝術家的脆弱，不會在他身上看到某種明星運動員的驕傲氣息。比賽開打前十分鐘，他會拿著吉他撥弄著旋律，就如同他今晚主要的表演是這場演唱會般。

他跟德瑞克、荷黑、安迪和我一樣，都是從小聯盟的農場系統不斷努力而升上大聯盟，成為大聯盟少數炙手可熱的球星——一名左右開弓的全明星級中外野手，能給你全壘打、打擊率、腳程與守備的四拍子球員。我知道他不是最富天份的盜壘能手，但我還是很喜歡看他全速奔馳、膝蓋抬的老高，幾乎像是在跳躍般優雅的繞著壘包。

不過這一季對伯尼來說並不好過。洋基隊想將梅基．卡布瑞拉（Melky Cabrera）拉上來當先發中外野手，且事情越演越烈，後來伯尼只是有一搭沒一搭的擔任指定打擊而已。年齡是運動員最大的敵人，不過看著一名帶給球隊如此多的榮耀與幫助的冠軍球員落得這樣的下場，不禁令人感到有些唏噓。

這個下午我們來到底特律的克邁利卡公園球場（Comerica Park）時，我們只是支勝率堪堪超過五成的球隊（三十九勝三十九負），穆西納即將面對到六呎六吋的右撇子投手西恩．道格拉斯（Sean Douglass）。

伯尼出賽後，在第四局敲出了一支安打，是他生涯第兩千一百五十四支安打，使他在洋基隊的史上安打排行榜上超越了唐．馬丁利，只落後盧．賈里格（Lou Gehrig）[2]、貝比．魯斯、米基．曼托與喬．迪馬喬（Joe DiMaggio）。隨後他在第六局又帶出一支打回兩分的平飛安打。第八局又從凱爾．方茲沃（Kyle Farnsworth）手中敲出一支平飛安打，到了第九局，他再從特洛伊．帕西佛（Troy Percival）手中敲出一支三分全壘打，打破了一分差的僵局。

伯尼無疑是這場比賽的亮點。但媒體來到球員休息室想要訪問他時，他卻早已走人。他一直都是這樣一個特別的隊友，也是長期以來洋基隊在重大比賽仰賴的球員。我很高興能看到他這天有如此精采的表現。

在球季剛開始時，我受到波士頓球迷熱烈喝采，並在對上波士頓紅襪隊的前兩場救援都砸鍋

---

2 被譽為史上最強的一壘手，以穩定性高，不容易受傷著稱，整個職業生涯都待在洋基隊。

的狀況下。除了回到芬威球場解決他們——拿下另一個美聯東區冠軍外，我想不到其他能夠化解這份情意的方法。我認為是時間在球員休息區發表激勵演說了，於是我從牛棚跑過去，發表一小段即興的鼓勵：「現在是我們了結這一切的時候了。」我說，「這是我們的地盤，我們要把勝利留下！」

每次我進入啦啦隊模式時，大夥總是被我逗得很樂。若是能產生我想要的結果，娛樂他們一下有什麼問題？

例行賽的最後一個星期六，艾利克斯、蓋瑞・薛菲爾（Gary Sheffield）與松井秀喜全都從提姆・威克菲爾手中敲出全壘打，而蘭迪・強森也堅持到第八局。對艾利克斯來說，這是他怪物般的球季中敲出的另一支全壘打，也讓他往MVP的寶座挺進。等到第九局兩人出局時，強尼・戴蒙揮棒將球打回來給我後，我們達成了連續第九季佔據美聯東區王座的成就（紅襪隊最後戰績與我們同為九十五勝六十七負，但兩隊例行賽對戰成績是我們領先）。

季後賽分區系列賽的對手是天使隊，前兩場得飛到安納罕進行。我們拿下第一戰的勝利，很早就把巴特羅・柯隆（Bartolo Colon）打得落花流水，主要得感謝我們的菜鳥二壘手羅賓森・坎諾（Robinson Cano）第一局一上場就敲出了三分打點二壘安打。第二戰，我們靠著三次失誤把連拿兩勝的大好機會給踢開了。回到紐約時，這個系列賽還是打成了平手，我們派出了蘭迪・強森，對上的是保羅・畢爾德（Paul Byrd），你得對自己隊上站上投手丘主投的投手，是未來的名人堂成員這件事感到無比歡欣。

畢爾德今晚表現不佳，但蘭迪表現更差，投了三局就被打出九支安打，失掉五分。我們好不容易才把五分的缺口補起來，反倒以六比五領先，不過牛棚偏偏選在這時候放火，我們以七比十一輸球，在系列賽以一勝二負落後。第四場我們扳回一城，以三比二獲勝。我用兩次三振，被打出四個滾地球出局的表現抓下了最後六個出局數，不過這場比賽最棒的部份就是球迷對伯尼如洪水氾濫般的不捨之情，全場觀眾四次為他起立鼓掌，並一次又一次的喊著他的名字，四年前球迷也這樣對保羅做過。雖然還不確定伯尼明年會不會待在洋基隊，但如果這真的是最後一場球，洋基隊的球迷不會想留下遺憾。

正當我們在為關門戰做準備時，我的腦海中浮現過往伯尼的某個身影：地鐵大戰的第五戰，伯尼奮力一跳，將麥可．皮耶薩的飛球接殺後，單膝跪地祈禱的情境，這記接殺也讓我們得到了五年內的第四座世界大賽冠軍。那是最完美的結局——謙遜的舉動與充滿敬意的慶祝方式。這便是伯尼這個人的精隨所在。

第五戰，我們以五比二落後，但德瑞克在第七局首先上場便敲出了全壘打，讓對方的領先分數只剩兩分，還有九個出局可用。每次局勢看起來已經毫無希望時，我們都能夠力挽狂瀾。我祈禱我們能夠再次喚來力量並度過難關。想想兩年前在第七戰對上佩卓時的情景，那時我們在第八局還落後了三分之多，為何不能再逆轉一次？

艾利克斯打出滾地球出局，隨後吉昂比敲出了二壘打，薛菲爾敲出外野飛球出局，松井秀喜小飛球出局結束了第七局的攻勢。第八局我們仍舊沒有任何建樹。

到了第九局，首位打者德瑞克一上來就敲出一支一壘安打，但艾利克斯打了一個由三壘手接到滾地球後策動的雙殺打。吉昂比與薛菲爾都打了一壘安打，接著松井秀喜打了一個一壘方向的強勁滾地球，一壘手戴林・厄斯泰（Darin Erstad）使出了美技攔住了這球，傳給補位的投手法蘭西斯科・羅德里奎茲（Francisco Rodriguez），製造了最後一個出局。

這樣的比賽是我最不喜歡的類型……我們輸掉比賽，而且自己根本沒能參與。這是種無助、空虛的感覺，明明就準備好要上場拚搏，而且我很想上場一拚，接著卻發現自己再也沒有上場的機會了。我們在一片低氣壓的球員休息室中沖澡換裝後前往機場。我手上拿著紅皮聖經，在又一次橫跨全國的航程中，坐在我專屬的第二十九排座位上祈禱，清楚了解到自己完全在主的掌握之中，從而得到安慰，我經歷的這些沮喪與失望，終將讓我變成更好與更強的人。我聽著傑希斯・阿德里安・羅梅羅（Jesus Adrian Romero）[3]演唱令人感到自適的基督樂曲，讓我能夠感受到聖靈的存在。我抱著這樣的心情慢慢睡去。

[3] 曾得過拉丁葛萊美獎最佳基督教專輯（西班牙語）的歌手。

第十六章　別幫我記錄數字

數據對我來說幾乎沒有任何意義。雖然我想把這筆帳算在我的數學老師特哈達女士身上，但不行，這是我的本性。我投身其中的體育運動是個大家都著迷於記錄與里程碑，會大量製造出許多數字性的金塊好填滿那些記錄簿的產業。我不會一直注意那些事，應該說從來沒注意過。要是你請我對你的「夢幻總教頭」陣容給點建議的話，我只能說那會是一件很恐怖的事。你知不知道我什麼時候會知道自己達成了某個里程碑？都是別人告訴我的時候我才會知道。

二〇〇六年六月初，我用五球製造三出局在芬威球場拿下了救援成功（這次他們沒幫我歡呼了），這是我生涯第三百九十一次救援，讓我超過丹尼斯・艾克利斯（Dennis Eckersley），擠身生涯救援排行榜第四名。

大約六週後，我在洋基體育場面對白襪隊時投了兩局無失分，拿下了第四百次救援成功。二〇〇八年九月十五日，也是在主場面對白襪隊，我讓皮爾辛斯基（A. J. Pierzynski）打出本壘前滾地球出局，為菲爾・寇可（Phil Coke）拿下了這場比賽——以及第四百七十九次救援，超過李・史密斯（Lee Smith），成為生涯救援排行榜第二名。

假使洋基隊的媒體關係部長傑森・齊洛（Jason Zillo）沒有提示我，或是記者沒問我的話，這件事就會草草帶過了事。不過當我超過了崔佛・霍夫曼的六百〇一次救援時，又是另一件事了，因為這變成了頭條新聞，不然在別的時候，大家頂多就是打開牛棚的門，配上〈睡魔降臨〉的音樂，然後告訴我排名在史上第幾這樣。

這些里程碑對我的意義是再簡單不過了。我善盡職責——然後我們贏了很多場比賽。

這些年來我聽過很多關於球隊守護神的故事——那些名氣響亮的守護神——若不是救援機會，他們就會拒絕上場。

「抱歉，跳過一次出場好嗎？我身體鬆不開。」他們可能會這樣說。

或者是，

「我想今天我沒辦法幫你做什麼了。」

換句話說，他們想的是：**假使上場沒辦法累積我的救援次數，我是不會拿起球來投的**。

我合理猜測他們的想法，就是他們能領多少錢是根據他們的救援數，那為何他們要接下不能讓他們多領錢的職責呢？

若我是投手教練或總教練，而我手下的人是保持著這樣的態度做事的話，我毋寧用比布萊特・加德納（Brett Gardner）[1]跑壘還要快的速度把他弄走。我們為什麼要在球隊裡放一個不在意球隊戰績的人？假如你真的這麼在意你的成績與收入，也許你應該去打網球或高爾夫。

二〇〇七年九月初，我們正在進行外卡爭奪戰，對上水手隊時，我們取得了八分領先——這絕對不是一個救援機會——T先生要我上場拿下最後三個出局數；二〇〇四年我們被紅襪隊擊敗的美聯冠軍系列賽，在我們已經整個崩盤的第七戰最後，T先生要我在三比十的情況上場，拿下最後的出局數，那是洋基隊史上最令人難過的一晚。

你知道我想說什麼嗎？

總教練要我上場投球，我就上場。沒什麼好說的。

我沒想過自己會拒絕接下那顆球，從來沒有。

因此，我的數據？除非你是在說我的球隊的數據，或是舊約聖經中的民數記（Numbers）（**願主賜福保護你；願主使祂的臉，光照著你的臉，賜恩給你；願主看顧你，賜給你平安**），不然，我願意將數字留給他人，讓他們操心。

二〇〇六年從開始到結束一整年的時間，我們的團隊數據可是會算到讓你的計算機冒煙。這一季我們得了九百三十分，比最接近我們的球隊多了超過六十分。全隊打擊率是二成八五，並敲

1 二〇〇八年加入洋基隊，以快腿與非常大的守備範圍而聞名。

出了兩百一十支全壘打，人才濟濟的打線包括了羅德里奎茲、基特、薛菲爾、戴蒙、阿布瑞尤、坎諾、威廉斯、吉昂比、松井和波沙達，我對我們一場平均居然沒打下十分感到存疑。

我們以九十七勝作收，例行賽最後一場主場比賽，我們在如同往常一般擠進了五萬名球迷（我們以單季累積看球人數四百二十五萬人打破了美國聯盟的紀錄）的情況下，介紹我們新任總教練伯尼．威廉斯。這一季是伯尼在洋基隊的最後一年，我們也穩坐分區冠軍，這時T先生會按照他的傳統，在沒有風險的情況下，讓一名球員擔任最後一場比賽的總教練。今年他挑中了伯尼。

就一個寡言少語的的音樂家來說，伯尼算的上是個大師級的總教練了。德瑞克這時正與雙城隊的喬．莫爾（Joe Mauer）爭奪打擊王的寶座，第一局德瑞克敲出安打後，他只稍稍落後喬．莫爾而已。但莫爾最終打了兩支安打，等到情勢明朗，德瑞克已無法趕上他後，伯尼便在九局上半派上剛從小聯盟徵招上來，背號六十三號的安迪．卡尼扎羅（Andy Cannizaro）上場，將德瑞克換下場。德瑞克指著自己的胸部，像是在說：「換我？」激起球迷一陣熱烈掌聲。不久後，伯尼指派自己上場代打，與指定打擊米格爾．開羅（Miguel Cairo）替換並敲出了右外野二壘安打。一壘教練東尼．潘尼亞（Tony Pena）將那顆安打球取回——這會是伯尼第兩千三百三十六支安打以及生涯最後一支安打的紀念球——拋進球員休息區，荷黑接到後，看了看伯尼，然後假裝要把球丟到看臺上。

伯尼因為派了凱爾．方茲沃上場而搞砸了這場比賽，他在第九局被藍鳥隊的亞當．林德（Adam Lind）敲出了一支兩分打點全壘打，接下來伯尼在賽後記者會坐在T先生的位置上，宣布喬治．史坦布瑞納已經將他開除了。

這整個過程都相當有趣，我們也帶著樂觀的心情進入季後賽分區系列賽，對手是老虎隊，他們最後五十場比賽輸了三十一場，但還是將勝場從去年的七十一勝提昇到今年的九十五勝。以洋基隊的標準來看，我們算是好不容易才從這個瘋狂的失誤年慢慢穩定下來。我們經歷了許多球員受傷的狀況，每天幾乎都會有兩三名新人走進球員休息室。單單以投手陣容來說吧，我們前前後後登錄過二十五名不同的球員。連記住每個人的名字都是一件難事。我想跟大家好好培養感情，當個好隊友，不過有些人常常在我跟他握完手道好沒多久就又消失了。

（不好意思，你是科爾特．賓還是T. J.賓？）

投手表現永遠是我們這支冠軍隊的核心所在，因此我不會完全打包票說我們靠著強打部隊就可以橫行霸道。不過很多人是這樣想的，包括了艾爾．卡林（Al Kaline）這個老虎隊的名人堂外野手，他曾經在五〇與六〇年代初期與米奇．曼托以及偉大的洋基隊捉對廝殺，他看著當時的紀錄說，洋基隊的打線可說是深度與強度兼具。這樣的強打方程式確實在這個系列賽一開始良好的運作著，第一場德瑞克敲出一支飛過中外野護欄的全壘打，五打數五安打。吉昂比全壘打、巴比．阿布瑞尤打下四分打點，我們打出了十四支安打。我替王建民在八比四領先，壘上有跑者的關鍵時刻成功拿下救援；第二戰一開始戴蒙就將賈斯丁．韋蘭德（Justin Verlander）的球大力一揮，打出一支三分打點全壘打，穆西納取得了三比一領先，看起來氣勢一片大好。

但老虎隊擁有全聯盟最佳投手陣容，假使在第一戰有人老調重談說好投手能壓制好打線這個說法能逗得大家開懷大笑的話，第二戰再提出來可就沒人還笑得出來了。我們在得點圈八個打席只敲出一支安打，其中最大的戰犯之一就是艾利克斯，他被三振三次，有一次還是滿壘。艾利克斯對於自己從清壘的第四棒被調到第六棒感到相當沮喪，這個部分我也無法真的說自己了解T先生在想什麼。艾利克斯擔任第四棒時敲出了三十五支全壘打與一百二十一分打點，儘管跟他自己的成績相比，他今年算是低潮，而且前兩年季後賽的安打表現差強人意，但你就這樣把他擠到別的棒次？T先生每到季後賽總是有他自己的一套節奏，而且很明顯我也不能決定什麼。我不知道T先生是不是想藉由把他的棒次往後調來減輕艾利克斯的壓力。艾利克斯擁有驚人天賦，但有時候他會有一套自己的做事方法，並讓他自己受到比他人更艱苦的待遇。

「別懸在這件事上了，」我告訴他，「既然你沒辦法改變棒次，就上場想辦法把球打出去，這樣一來所有事都會迎刃而解。你不用向誰證明什麼，只要用自己的方式打球即可。」

然而，艾利克斯是非常自傲的人，外界的目光對他非常重要。擔任中心打者對他也非常重要。自從他十年前在水手隊第一年打滿整個球季後，就沒有被排在後段棒次過了。我很確定，這帶給他很大的壓力，我要確保他沒有因此而分神。因為我不斷開導艾利克斯——特別是在他身邊滿是雜務的時候（這很常發生）。

「放鬆點，艾利克斯。別嘗試面面俱到，這是你可以送給自己最棒的禮物。」我告訴他。

在底特律開打的第三戰艾利克斯便回到了第四棒的位置，但這樣做並沒改變任何事。我們在一九九六年奪冠的成員之一肯尼・羅傑斯，已經很久沒有擊敗過洋基隊了，不過他今天似乎被山迪・科法斯附身了，在八局的投球中，只被打出五支安打並祭出八次三振。蘭迪・強森則是被一陣亂棒打垮了，我們以六比〇輸球。

這幾場系列賽究竟是怎麼回事？為何我們這幾年打季後賽時都好像只是在做無力的掙扎？這個系列賽我只投了第一場就沒再上場過了，這不是我們作戰計畫的一部分。但我永遠保持樂觀的態度。我們能做的就是將比賽贏下來，僅此一事。星期六我們贏得勝利，接下來得在主場迎接關鍵的第五戰，我們最棒的投手王建民好整以暇的站在投手丘上。我們一球一球打好，一球一球投好，不斷奮戰。這就是奪得冠軍的祕方。把握住每一刻，拿下所有小型的遭遇戰，便能讓你贏下整場戰役。

老虎隊整場比賽都拿出了超凡的表現，洋基隊呢？沒他們那麼好。整個賽季都表現正常的艾利克斯，現在被調到了第八棒，我們的打線就像甲板一樣平。他現在看起來完全的失去方向，我不會怪T先生為何要把他擺在那個棒次，只能在他旁邊要他坐下來冷靜一下。球隊正瀕臨解體，得要有人站出來幫助我們贏得比賽。原本擁有優異表現的艾利克斯，現在看起來完全不像是能帶領我們贏球的人。老虎隊的強力先發傑瑞米・邦德曼（Jeremy Bonderman），投了一個五局的完全比賽。我們的先發投手賈瑞・萊特（Jaret Wright）在第二局被打了兩發全壘打，我們以〇比三落後，第四局時又因為艾利克斯的失誤丟了一分非自責分。比分差距最大曾拉到〇比八，最後還是因為在這個系列賽繳出五成打擊率的荷黑，在第九局兩人出局時從對方的中繼投手傑米・渥克（Jamie Walker）手中敲出了一支兩分打點全壘打，讓我們只以三比八輸球。

洋基隊幾乎沒有任何亮點可言。艾利克斯這場比賽三支零，系列賽打擊率只有〇・〇七一（十四打席一安打），沒有任何打點，但他並不寂寞。薛菲爾打擊率〇・〇八三，整支球隊在前面二十一次得點圈有跑者的打席中，只敲出了兩支安打。多年來，我們都是靠著頂級投球內容與將對手攻勢完全鎖住的牛棚，以及一支接著一支的關鍵安打贏下比賽。我們並非整隊都是明星球員；只有全力拚搏的球員，並贏得勝利。

我甚至可以一球一球說出我在這個系列賽的出賽內容。我只投了十二球，剛好投滿一局。

這種閒散真要人命。

春天或許會帶來新氣象，但二〇〇七年我去坦帕報到時，卻是帶著感傷的心情前去的。伯尼・威廉斯現在不在這裡，以後也不會在這裡了。他想回到洋基隊擔任替補球員，就像他在二〇〇六年時勝任愉快的角色，而且只要一點點薪水即可，但洋基隊對他沒有興趣。他們告訴伯尼，他可以回來參加春訓，但只能是邀請小聯盟球員參加春訓的形式，而不是跟他簽下大聯盟約。這就是合約形式的差異罷了，但對伯尼這個從一九九一年便是個洋基人，還幫助球隊拿下四次世界大賽冠軍的球員來說，這是個大聯盟級的羞辱。

球隊人員在伯尼於季後賽敲過二十二發全壘打，打下八十分打點，在他為球隊做出這麼多貢獻後，居然說要評估看看他是不是能為球隊帶來幫助？伯尼說：「不了，謝謝，那就這樣吧。」沒有再見，沒有伯尼日，他深愛的洋基隊就這樣讓他離去。教洋基隊老闆怎麼經營球隊不是我的工作。布萊恩・凱許曼（Brian Cashman）跟他身邊的球隊職員做出了他們覺得對球隊最有利的選擇。我只是不認為這是對待伯尼的正確方式，我也不認為這是對球隊戰績最好的選擇。我會想念他的吉他，更想念背號五十一號的身影。

此時背號四十六號的安迪・佩提特回歸球隊，多麼不完美的時間阿。

二〇〇三年世界大賽對抗水手隊失利後，安迪就以自由球員的身分離隊，跟他家鄉的球隊休斯頓太空人隊簽約。四年後的現在，他回來了，看見他走進門的身影便將喜樂帶進了我的心中。安迪不只是個每次上場投球必定全力以赴的人，他還是你這輩子遇到最棒的隊友，虔誠的基督徒，做事直接了當，可以全然倚仗他。當他的名字出現在米切爾報告（Mitchell Report）[2]使用表

[2] 大聯盟主席委託前聯邦參議員喬治・米切爾調查球員禁藥使用狀況的報告。

現增強藥物的棒球選手名單上時，也曾經歷過一段艱苦的時光。大部分的球員在類似的情況下都會選擇保持沈默，手放在聖經上發誓他們是清白的，或是透過他們的經紀人發表些不痛不癢的道歉。安迪直接面對這件事，並承認自己施打了人類生長激素（Human Growth Hormone）。這樣做需要莫大的勇氣，這也令我更加尊敬他。

下了投球丘，安迪仍舊充滿勇氣。他一次又一次的證明了心志能力是無法從球探報告中看出端倪的。他是一九九〇年六月自由球員選秀第五百九十四順位被選中的，這已經是第二十二輪了。這時他只是剛從德州的鹿公園高中（Deer Park High School）畢業的胖小子，大家對他的預測基本上就是一事無成。他的手臂或運動能力沒有吸引到太多注意，但他最終在大聯盟拿下了兩百五十六場勝投，並在季後賽拿下十九場勝投，在近年來洋基隊季後賽賽史上許多大比賽都可看見他投球的英姿。

我很確定，他是那種你會想讓他加入你的球隊的球員。

五月底他輸掉一場對上藍鳥隊的比賽時，我們掉到了一個無法想像的排名：墊底。但這不是他的錯，他那場其實投得很不錯。當時我們的戰績是二十一勝二十九敗。我們換過十個不同的先發投手，每個投手都沒能拿出他們應有的表現。我們被紅襪隊遠遠拋在後頭——十四又二分之一場的勝差，我們陷入了墊底的危機。

我們來到多倫多，這裡有新一輪惡行正被揭露，一如往常，惡行的焦點就放在艾利克斯・羅德里奎茲上。他被拍到跟一名不是他妻子的女性在一起，照片馬上就被放在小報的封面上。我對實際細節一無所知，我只知道所有媒體通通見獵心喜，陷入了一陣狂熱。同一週，當荷黑在第九局敲出一支三壘方向的小飛球時，我們以七比五領先藍鳥隊。藍鳥隊的豪伊・克拉克（Howie Clark）正等在那裡準備接球，因為已經兩人出局了，艾利克斯便還是往前跑，經過克拉克時，他大喊一聲：「哈！」受到驚嚇的克拉克往後退了一步，想說是游擊手已經站定位要叫他停下，球因此落地。後來我們多得了三分，以十比五獲勝。稍後，藍鳥隊總教練約翰・吉本斯（John Gibbons）抨擊艾利克斯這樣的行為是二流球隊的球員才會做的事，其他藍鳥隊的球員也同聲聲討他。

無疑的艾利克斯是個善於讓大家將注意力放在他身上的人，這也讓他的人生要比一般人還要艱辛許多。

作為他的朋友，我只希望能幫助他看清這件事。幫助他思考這種種問題造成的影響。幫助他了解到，他可能比其他從事棒球運動的人都還需要謹言慎行，不然就會自毀前程。

但我也認為人們會對他窮追猛打也因為他是艾利克斯・羅德里奎茲的緣故。若是荷黑或德瑞克跟艾利克斯一樣朝著野手大喊，我不認為這會演變成讓人大作文章之事。你知道有多少次打者跟壘上跑者都嘗試用類似的方法干擾我嗎？你知道每當我處理觸擊時都會聽到什麼嗎？

「三壘！」有個人喊著。

「二壘！」另一個人喊著。

到處都有人對我喊叫，試圖要混淆我，讓我慌亂的處理球，看我會不會因此傳錯壘。這對我沒用，我總是將注意力放在我得完成的任務上。若是你會去聽那些人喊叫，那你就不具備應有的專業水準。艾利克斯的舉動跟這些人有什麼不一樣？

還有那些內野手假裝準備好要接外野手的回傳球來騙打者的人，你怎麼說？即便這些完全是搞鬼的行為，甚至可能造成跑者因為緊急煞車而滑倒受傷，也都沒關係嗎？

我認為運動家隊的投手達拉斯・布拉登（Dallas Braden）與艾利克斯之間的騷動也是一件極為可笑之事。幾年前布拉登在艾利克斯從一壘跑到三壘後，因為球出界回壘時橫越投手丘而整個發作，咒罵艾利克斯說他是白毛・巴爾傑（Whitey Bulger）[3]後最邪惡的人。

就因為橫越投手丘？你是認真的嗎？你居然在煩惱這種事，你是把投手丘當成什麼聖地嗎？假使你在我拿下一個出局數後從投手丘上走過去，你認為我會覺得很沮喪嗎？隨便你想怎麼走，想在投手丘上打滾也行，也可以在上面跳舞沒關係，我不在乎。我會再次站上投手丘，做好我的工作，試圖打垮你。

我在「哈！」事件後拿下救援，只希望這會是讓事情好轉的開端。這是我一個月來第一次救援成功，這一季只有四月我的救援失敗次數比救援成功多。這四個星期我的自責分率還高過十，於是年度質疑大會又開始了，一些說我失去宰制力以及我的守護神光環已然消失的言論不斷出爐。但我並沒有質疑自己，完全不擔心現在的狀況。我知道自己現在投球的感覺如何，卡特球也運作良好。事情會慢慢好轉，自己會變得更加犀利。這一刻我被打倒了，或者是無法確實讓打者出局，但我會走出來，不需要任何人提醒我什麼。

對我來說感覺最差的時刻可能是某一次在主場面對水手隊時，我們推出菜鳥先發麥特・迪薩猛（Matt DeSalvo）[4]那場比賽，他剛從小聯盟被拉上來，大聯盟首次亮相便投了一場很棒的比賽，投完前七局只被打出三支安打失掉一分，完全壓制住對方打者。到了第八局，威利・布隆奎斯特（Willie Bloomquist）試圖盜二壘時裁判誤判，儘管威利距離壘包還有一根魚竿的距離就被抓到了，還是判定安全上壘，後來水手隊追成了平手。到了第九局，我搞砸了。阿德里安・貝爾川（Adrian Beltre）把我失控的卡特球轟了出去，我原本是要投內角偏高的位置，但最後跑到紅中去，變成了一支全壘打，我們也輸掉了比賽。每次因為這種原因輸球，總是會讓人苦惱，而且對我來說，這次是背棄了年輕的麥特・迪薩猛的期待，他在賽後訪問說，當他面對一朗投出他在大聯盟的第一顆球時，感覺就像是個「莊嚴」的時刻時，我整個被罪惡感給吞噬了。這個可憐的

3　南波士頓勢力最大的幫派份子，FBI十大要犯名單中，僅次於賓拉登。

4　二〇一二年年初曾來台效力中華職棒Lamigo桃猿隊，登錄名為迪薩猛M・D。

小孩在他非凡的首次亮相居然沒拿下勝投。

後來在球員休息室裡，我過去跟他攀談。

「你投了一場好球。我很抱歉最後的結局是這樣。」我說。

「沒事的，莫。總是會有這種事。我知道你盡力了。」麥特說。

我們前往芬威球場進行三連戰，這可能是艾利克斯今年最難熬的其中一個週末。他不知道偷拍事件的餘波會演變成什麼狀況，也不知道自己要怎麼安撫他的太太、女兒的媽媽——辛西亞，她將會在波士頓跟我們碰頭。

對艾利克斯的事情做批判或說教不是我的責任。我也有自己的缺點。我知道他和辛西亞有許多事要討論，我絕不會涉入他們的家務事。我只是認為最好的作法就是真誠與直接的面對事情。反省自己。讓主來淨化自己的心靈，期望主分享力量給自己。擺出謙遜的態度並讓自己朝向更好的道路前進，一條正道，清楚了解到主的寬容是沒有邊界的。

來到球場後，不意外的，芬威球場的球迷對這件事大開玩笑，無情的帶著金髮女性的面具對艾利克斯大肆撻伐。星期天晚上，打到第九局以二比二平手的態勢下，艾利克斯在兩好球的情況下，將喬納森·派柏邦（Jonathan Papelbon）投出的球敲到了紅襪隊的牛棚裡，是支全壘打。他從來沒有繞壘時這麼開心過，我向你保證。這是我們球隊今年打得最漂亮的一球。我拿下了這場救援，在芬威球場拿到了三戰兩勝。我們開始建立起一種氣勢了。

幾週後，我們表定要前往科羅拉多。我最大的兒子小馬里安諾即將從中學畢業。這是我成家後第一次有人畢業。我走進T先生的辦公室。

「方便撥空聊聊嗎？」

「當然，莫，怎麼了？」

「我知道你會有很多問題想問，但假使我不參加科羅拉多的客場戰，好讓我能參加我兒子的畢業典禮的話，你覺得可行嗎？這件事對我來說意義深遠，對我的家人也是。」

我不記得自己曾經要求T先生給我這樣的待遇過。過去我絕對不會要求不參加客場比賽。他看起來相當驚訝。回答前他想了好一陣子。

「莫，我很樂意幫你協調看看，真的。我明白這對你和克拉拉還有你兒子來說有多重要，但這對我來說真的很為難。這會是個不好的示範。開這個先例給你，後來卻不讓其他人也有這種特例的話也不公平。」

我靜靜聽完他的回應，也知道提出這樣的請求是將他逼到一個尷尬的處境。不過，就這一次，我不要順從球隊第一的那個自己。我不認為T先生明白這件事對我的重要性。當我只比這個兒子大一點點的時候，我就輟學了，我父親輟學的時間點甚至比我還早。在我心中，這天是一定要好好慶祝一下的。

「我很抱歉，但無論我有沒有得到許可，我都會去。我的出席對這件事來說相當重要。」我說。

「我無法阻止你這樣做，」T先生說，「但假使到了第八或第九局，我們取得領先，需要你上場時你卻不在，你要我怎麼跟大夥說？你告訴我我要怎麼跟大家說？說你在沒得到允許的情況下離隊？我不知道你希望我怎麼說，但我不會在其他二十四個人仰仗你的時候，告訴大家說我允許你這樣做。我辦不到。」

「好，我知道了。」我回道，我得先思考一下。我離開辦公室後去找克拉拉討論。我跟她說明剛剛的談話內容，越說我越清楚領悟到自己不能這樣違抗總教練的命令去參加畢業典禮。這不是我做事的方法。而且話說回來，我確實覺得自己這樣的舉動真的會讓大家感到失望。

下一次遇到T先生時，我告訴他我已經重新思考過了。

「我會隨隊參加科羅拉多客場之旅。」我說。「不跟球隊一起行動確實不對。」

我對大兒子解釋：「我比任何人都還想參加你的畢業典禮，但洋基隊不允許我錯過客場之旅。我愛你，也以你為榮，很希望能跟你分享那一刻，不過我真的不太可能到場。」

小馬里安諾完全理解。令人傷心的事實是，他、亞費特跟亞西爾早已習慣我在外奔波而錯過某些聚會或事件了。棒球給予我們家太多太多了，但行程上總是沒什麼寬容的空間。

我們在科羅拉多遭到橫掃，我連一球都沒投到。這差不多就是這個球季的寫照。每次我覺得快要逆轉時，我們就又倒打一波。明星賽前，我們好不容易才拿到五成勝率（四十三勝四十三負），從心理學來說，現在才算是球季開打。我們要忘掉上半季的混亂，重新盤整紐約洋基隊。

在面對光芒隊的二連戰，我們打了兩場好球，得失分是三十八比九，繳出了四十五支安打，再次拿下大聯盟最多得分記錄。明星賽後我們的戰績是二十四勝八負，突然間跟紅襪隊只剩下四場勝差了。跟之前最大的不同就是我們牛棚的新秘密武器，來自內布拉斯加的高大小子喬巴．張伯倫（Joba Chamberlain），他今年二十三歲，已經擁有壓倒性的球技了。喬巴擁有九十九英哩的速球，滑球更是一絕。在他前十二場出賽中，沒有失掉任何分數，一局要三振超過一人次，每次投出三振都會敲敲手套激勵自己。例行賽結束時，他在出賽十九場，二十四局的投球中，交出了三十四次三振、六次保送，與投手自責分率〇．三八的成績單，我們贏下了其中十七場比賽。看到一個孩子對自己這麼有信心，從第一球到最後一球都全力向對手進攻，這種感覺十分令人開心。我不是那種會因為某人短短幾局的優異表現就會被沖昏頭並神化他，認為他是明日之星的人，畢竟這樣的狀態隨著時間拉長並不一定能夠繼續保持，不過他幾乎已經達到了打者完全無法打到他的球的境界，這是不容忽視的。

我們已經連續十三年打入季後賽了，不過今年是近十年來我們第一次沒拿到美聯東區王座，而是以外卡身分晉級。這個系列賽的開端將是在客場對上克里夫蘭印地安人隊。這場比賽一開始強尼．戴蒙就將ＣＣ．沙巴西亞（CC Sabathia）的球敲出了全壘打牆外，接著是王建民站上投手丘，他是個穩定的伸卡球投手，過去兩年都幫我們拿下了十九勝的好表現。我們對王建民保持著無比的信心。前七次先發出場他贏得了六勝，在過去兩年季後賽也完全能夠控制住壓力。

接著，比賽開始，王建民馬上就忙碌了起來。光是第一局，他就投出兩次保送，被打出三支一壘安打失掉三分。他的伸卡球不但沒沉下去；還被打得四處飛來飛去。等到他投完第五局下場，記錄表上寫著他被打了九支安打失掉八分，儘管沙巴西亞狀況也不好，我們也教訓了他一下，但沒差了。我們以三比十二輸掉這場比賽，這讓第二場變成是必定要拿下的比賽，我們需要這個人站上投手丘力挽狂瀾：安迪．佩提特。他需要吃下更多局數，將球交給喬巴，喬巴則會將球交給我。從喬巴加入的那天起，這個勝利方程式幾乎可說是全無瑕疵。

安迪再次證明了他的拚戰精神不輸任何人。每一局都有跑者站上壘包，但都沒失分。第六局首位打者葛瑞迪．賽斯摩（Grady Sizemore）一上來就敲出了三壘安打，但沒能回到本壘；安迪讓艾斯杜巴．卡布瑞拉（Asdrubal Cabrera）將球打回投手丘送給他，接著連續三振掉崔維斯．哈夫納（Travis Hafner）、維克多．馬丁尼茲（Victor Martinez）。

比賽來到了第七局，到現在唯一的分數就是來自於梅基．卡布瑞拉第三局時從印地安人隊的先發投手羅伯托．賀南德茲（Roberto Hernandez）敲出的陽春全壘打。第七局一人出局時，強尼．佩拉塔（Jhonny Peralta）打了支二壘安打，肯尼．洛夫頓（Kenny Lofton）保送上壘，T先生換上了喬巴，他季後賽首度登場的表現是三振了富蘭克林．古鐵雷斯（Franklin Gutierrez）並讓凱西．布萊克（Casey Blake）打了個右外野飛球出局。

這個小子令人驚艷並全然無懼。

喬巴投完八局後，而我正在牛棚為了第九局熱身。當喬巴準備要面對賽斯摩時，他開始在投手丘上揮甩他的手臂。他身邊不是只有一兩隻蟲而已，是一大群叫做蚊蚋的蟲，在這個毫無理由突然熱起來的秋天夜晚（比賽開打時的溫度是華氏八十一度），那些蟲子突然在喬巴身旁現身，他那滿是汗水的脖子跟臉上沒有上千，也有上百隻蟲子貼著。脖子上滿滿都是。牠們在他耳邊盤旋。嘴巴、鼻子和眼睛附近也都是。喬巴一直不斷拍打蟲子，但一點用都沒有，即便吉尼．莫納罕帶上了殺蟲劑，事情仍舊沒有好轉。

牛棚這邊完全沒有蚊蚋，我一刻都沒被牠們給影響。看著喬巴的反應，我不敢相信裁判居然沒有暫停比賽。他們會因為突然的暴雨停止比賽，那為何不為了突然的蟲暴暫停比賽？可能是球員休息區沒受到蚊蚋侵襲吧，T先生不是很清楚喬巴經歷了什麼，便沒有建議裁判先暫停比賽。比賽繼續進行，從喬巴．張伯倫兩個月前首次登上大聯盟至今，他這台三振機器第一次從熱得發燙的跑車變成了破舊的老爺車。投了四球便將賽斯摩保送上壘，是他大聯盟生涯第一次發生這種狀況。他馬上用暴投送賽斯摩上二壘，過了兩名打者，他又投了個暴投送賽斯摩回本壘得分將比賽拉成平手。這個可憐的小子用盡一切努力要保持平靜，但蚊蚋持續攻擊他，他砸到一名打者，又再保送一個，才終於用滑球解決掉佩拉塔，結束對方這一局的攻勢。

喬巴黯然退場，同時蚊蚋也跟牠們出現時一樣，神秘的消失了。

九局上半，我們站上二壘，但艾利克斯被三振。我則是在下半局讓他們三上三下，進入延長賽。我們在十局上一無所獲，下半局我先遇到一股亂流，才在滿壘的情況下將佩拉塔三振出局，我們全隊的進攻皆盡熄火，第四局後整個打線只貢獻了兩支一壘安打。

後來哈夫納在滿壘時，從路易．維茲凱諾（Luis Vizcaino）敲出一支平飛安打，印地安人隊以二比一獲勝，我們又陷入了一次嚴重的淘汰危機。

回到沒有蚊蚋的布朗克斯，T先生派上四十四歲的羅傑．克萊門斯擔任先發，洋基隊誘使已經退休的他復出以穩定我們的先發輪值，不過他一整年都在跟不斷復發的病痛對抗，今晚也不例外。

菲爾．休斯（Phil Hughes）中繼表現相當優異，戴蒙和坎諾猛力敲出許多長打，加上我的救援，總算是以八比四留下了這場勝利。因此，我們需要在克里夫蘭舉行的第五戰拿下勝利，才能取得系列賽的勝利。又輪到王建民上場了，距離上次先發只有三天時間，這次的命運也跟上次一樣，印地安人只花了一局多就從他手中敲出五支安打，攻下四分。我們以一比六落後，雖然艾利克斯和阿布瑞尤都敲出了全壘打，但又是另一場投打失靈的比賽，表現不夠好到能贏球。

最後，這個球季我們以這場四比六輸球的比賽作為收尾。

進入休賽期後，我就像個徜徉在大海之中的漁夫。會先消失一陣子，也不會回首過去。不去想棒球的事，也不看棒球比賽。我還是一樣熱愛棒球，但假如我沒打進世界大賽，我就不會看轉播。今年也不例外，這次的戲碼是紅襪隊對上落磯隊，不過我沒花多久時間就發現到，我的朋友艾利克斯．羅德里奎茲又登上了新聞版面。在世界大戰第四場也是最後一場比賽八局上半，佛克斯電視台（FOX）記者肯．羅森塔爾（Ken Rosenthal）顯然是在報導艾利克斯將要跳脫與洋基隊的合約。

「為何是現在？你在想什麼，艾利克斯？你不能等到明天再決定嗎？」

當我看到這個新聞時，心裡這樣想。

依照合約規定，艾利克斯是有權力變成自由球員沒錯。這完全就是他的權利，如果他覺得這樣做最好，他確實應該跳脫合約。不過在世界大賽還沒打完的這個時間點？為何要綁架那些觀賞你熱愛的球賽那些球迷的注意力呢？我不是心理學家，我也不會假裝自己很懂。你們很清楚我不會急切的去評斷這件事；我試著不去評判這整件事。我不知道艾利克斯的動機為何。也許他的經紀人成功說服了他說這樣是開啟競價戰爭的好方法，告訴全世界艾利克斯．羅德里奎茲的動向會是一件大事……大到要打斷世界大賽來討論他的簽約狀況。或者也可能是他自己覺得這樣讓他看起來很重要，好吧，這很重要，我不知道。種種爭議可能不會跟克里夫蘭那晚喬巴身邊那些蚊蚋一樣圍繞在艾利克斯身旁，但有時候也相去不遠。我得多跟他說明，讓事件盡量簡單的美好與益處。

我期盼並祈禱有一天他能夠聽進去。

今天是十一月二十九日，我的三十八歲生日，世界大賽剛剛結束，又過了一個月，更接近春天了，但現在不是慶祝春天到來的心情。我正在巴拿馬參加我的朋友與導師奇哥．賀倫的出殯與葬禮儀式，他不堪長期病痛的侵擾，終於過世了。我認識奇哥一輩子了，非常非常愛他。假使他沒有發掘我並相信我的潛力，我不會有機會在大聯盟投球。假使他沒有將他的知識與技巧傳授給我，我不知道自己會變成什麼樣子。

奇哥是個很有趣的小個子，整個巴拿馬棒球界都跟他脫不了關係。你會在離城市好幾英哩的礫石地上打棒球時，抬頭一看，就看到奇哥了。接著，你去巴拿馬城最大的體育館時，會發現他也在這裡。奇哥熱愛棒球，也熱愛發掘球員，熱愛幫助那些他相信有潛力的球員。奇哥發掘我，要我當投手時，不擔心我骨瘦如柴，也不擔心我的球速只有八十多英哩。他看到了我的潛力，他看到我可能會變成一個，更有肌肉，肯下苦工練習的小子，會是一個中規中矩的明日之星。他將我推薦給他的老闆賀伯．雷伯恩，很快的，我就打包行李前往坦帕。

然而，除了識人之明外，奇哥還擁有極為善良的靈魂。他知道如何以正道行事。他一次又一次的教導我，要我時時記得要付出，要我尊敬他人，保持專注，在艱苦的情況下還是要有堅忍不拔的意志，這絕對是打好比賽與好好過生活的必要條件。

「相信自己，信賴自己，信賴主。」奇哥這樣告訴我。「擁有這份信賴，你就會願意不斷的努力，你絕對無法預料到，自己真的可以克服前方那些阻礙。」

我傾聽他的話語，這些話改變了我的人生。

第十七章　關門時刻

你絕對想不到比這樣還詭異的球季開始方式。我上次看到羅傑．克萊門斯是二〇〇七年秋天，他還在布朗克斯，穿著條紋球衣，試圖擊敗克里夫蘭印第安人隊，保住球隊一線生機。此刻，我竟看到他在電視上，穿著條紋西裝，在華盛頓特區試圖保住他的傳奇生涯，與他過去的訓練員布萊恩．麥克納米（Brian McNamee）對抗。這對棒球運動來說，又是另一個低谷，體能增強藥物的議題在國會山（Capitol Hill）法院的聽証室裡又揚起了一陣熱烈的辯論。我知道這很重要，而且沒人比我更希望棒球是一個乾淨守法的運動。但還是期盼這些風風雨雨都會過去，大部分曾經作弊過的人也能一起離開。

此刻也是我棒球生涯的一個重大轉變。T先生離開了，G先生——喬．吉拉迪報到。他是我職業生涯的第三位總教練，當然，他也是第一位，不只是我的前隊友，還是跟我搭配過的捕手。我們第一次在職業比賽中合作，是一九九六年球季的第一個星期，在德州對上遊騎兵隊的比賽。我三振了盧斯提．格利爾並跟喬很快的搭檔投完兩局。他非常樂觀，滿是能量，雖然是個小個子，卻擁有很大且正面的存在感，精通觸球、配球與指揮防守佈陣技巧，也是一個全心全意為球隊付出的人。他打第八棒，在德瑞克前一棒，那一年他打出了全隊最多次的犧牲觸擊，十三次盜壘，並打出了世界大戰系列賽最重要的一支安打——從葛瑞格·麥達克斯手中敲出了一支帶有打點的三壘安打，讓我們贏下在洋基體育館開打的關鍵第六戰。

擁有一個新的總教練或許是一個很大的改變，但正如過去跟他一起打球的經驗，為他打球也會一樣有趣。由他擔任總教練對我來說一點問題也沒有。我會跟過去一樣努力打球並做好萬全準備，我也會做好任何他要求我做的事。

他告訴我他想盡量在可能的狀況下限制我一次最多只投一局，並審慎判斷我上場的時間。

「你什麼時候要我上場，我都會做好準備。」我說。

無論是新的總教練或是我的新捕手荷西·摩里納（Jose Molina）（荷黑因為受傷錯過了這一季大部分的比賽，洋基隊便找了摩里納大哥進來），這季開打後，我覺得自己像是快二十九歲的小夥子，而不是快要三十九歲。開季兩個月，我投出了二十六次三振，只有兩次保送，自責分率是〇·三八，拿下十五次三振。後來我們又拿下了七連勝，我靠著將海盜隊的打者通通三振的表現，拿下了第十九次救援成功。假使這次在舊洋基體育館舉辦的明星賽來到時，我們的勝場不是只比五成勝率高五場（五十勝四十五敗）的話，我這火熱的手感絕對會讓我更開心，這也是舊洋基體育館的最後一次明星賽。

這是我第九次參加明星賽，也是對我來說最特別的一次，那些歷史上最佳棒球選手紛紛前來與這個勝地告別。這份特別的體驗對我來說最震撼的部份，就是看到喬治・史坦布瑞納重回體育館。他有好些日子沒來了。我們一直聽到他的健康每下愈況，身體機能也越來越遲緩的消息，所以，看到他本人露面真是太好了。

你也不能忽略在這個時刻現身對他來說有多麼重大的意義。在比賽前的開場儀式，喬治先生從外野坐在高爾夫球車上入場，當他來到投手丘時，眼中泛著淚光。他將球交給洋基隊名人堂球星——懷提・福特（Whitey Ford）、尤吉・貝拉（Yogi Berra）、古斯・古賽吉（Goose Gossage）以及雷吉・傑克森（Reggie Jackson）。大家紛紛上前擁抱他，接著將球投給他們指定的捕手：懷提投給德瑞克；尤吉投給喬・吉拉迪；雷吉投給艾利克斯；古斯投給我。

我不太確定自己第一次正式跟喬治先生見面的時間，但我能肯定自己當時已經進入大聯盟了。我還小的時候，如果看到他來到春訓的訓練基地，我只會遠遠的看著他，但大部分時間我都在進行自己的訓練，並試著不要被他注意到。

明星賽時喬治先生身旁圍繞著他的家人，他看起來好不容易才撐過了大部分的慶祝儀式。看到一個原本是這樣指揮若定（而且要求很高）的存在，這樣有力的領導者變成這樣，令人十分傷悲，他身上的活力都消失了。我想上前感謝他給我機會，讓我有幸能夠穿上紐約洋基隊的球衣，但我不確定要怎麼說或怎麼做——這樣得要靠近他，並冒著他可能會不認識我的尷尬風險。我決定最好讓他好好享受與家人相處以及跟這個體育館，一個他一手建立起來的傳奇球場道別的歡樂時光。

這是我最後一次見到喬治・史坦布瑞納先生。

明星賽過後，下半季就此展開，一開始我們就拿下了八連勝。改為先發出場的喬巴，在七月下旬某個星期五晚上的芬威球場投了一場一比〇獲勝的大師級演出，在我將麥可・洛威爾（Mike Lowell）與J. D.祖魯（J. D. Drew）三振出局，結束了這場比賽後，我們跟紅襪隊的勝場數只差三場——這是五月第一週後兩隊戰績最接近的一刻。

接下來我們又被打回原型了。後面五場我們輸掉了四場，總共送出了四十四分，失去了那種投手群各司其職，接力將對方打者封鎖的能力。六月時，我們失去了王建民，他在我們將休士頓太空人隊打爆的一場比賽中，跑向本壘得分時，居然很詭異的扭傷了腳踝（傷心的是，之後他再也沒能拿出從前那樣的優異身手了），這樣一來，我們只剩下穆西納這名先發投手自責分率低於四了。再加上，我們的打線強度連聯盟平均水準都不到，這樣加起來可說是雪上加霜。

八月底換成紅襪隊來我們的主場比賽了，我們真的需要將這次連戰拿下來，不能被清盤。但我們沒能做到，安迪一開始就被打爆了，我們以三比七輸球，下一場我們派出了席尼・龐森（Sidney Ponson），才過一下子紅襪隊的煙火秀又出現了，我們看著達斯汀・佩德羅亞（Dustin Pedroia）大顯身手。

他繳出三安打、得到四分，並從大衛．羅勃森（David Robertson）手中敲出滿貫全壘打。他又跑又撲，整場比賽就是他的個人秀，從一開始到最後他身上都沾滿了泥土，他用這樣的熱情比賽，讓人覺得這似乎是他這輩子最後一場比賽般。

不過到了隔天的下場比賽，和再隔天的下下場比賽，他都是用同樣的態度在比賽。

有許多球員都令我非常欽佩，而達斯汀．佩德羅亞絕對是這份球員名單中名列前茅的人。沒人能像他一樣認真比賽、付出更多、更想贏球。每次遇到他，他會纏著你不放，讓你覺得要使二十七名打者出局怎麼會如此困難。每次看他出場比賽都是種特別的體驗，明明只是一個小個子，卻願意盡一切努力付出。我在大聯盟這麼多年來，看過許多頂級二壘手。羅伯托．阿洛馬擁有驚人天賦，在比賽場上看起來一派輕鬆，會用他的手套、腳程或棒子擊垮你。羅賓森．坎諾擁有優秀的打擊能力，守備能力也優於大多數的人。傳球能力出問題之前，恰克．納布拉克也是一個夠用他的腳程與勇氣接管比賽的人。不過假使我得贏得比賽，要跳過達斯汀．佩德羅亞挑選其他人擔任我隊上的二壘手，對我來說都是一個艱難的選擇。

差不多過了三個星期，我們的球季事實上來說就結束了，我們連續十三年打入季後賽的紀錄也同時中止。美聯東區冠軍是光芒隊，紅襪隊則贏得了外卡，洋基隊運氣用盡，以落後六場的八十九勝七十三敗作收。我跟德瑞克與荷黑一樣，職業生涯每年都打進了季後賽，不過今年很明顯我們不配打入季後賽。我以職業生涯名列前茅的數據結束了今年的比賽（四十次救援機會三十九次救援成功、自責分率一．四〇、七十七次三振，六次保送），然而這一切甚至不值我坐巴士到喬雷拉的車資。

二〇〇八年最後一個工作就是跟舊洋基體育館道別。經過了八十五年，二十六次世界冠軍的洗禮後，最後一場比賽在九月二十一日，星期天舉行。對手是金鶯隊。大門提前七個小時開啟，球迷可以先走進來，好好的跟這裡道別。今天從我離家前往布朗克斯開始，心中便湧起許多情緒，就像湧進船頭的海水般不斷衝擊我的內心。

我想到了自己第一次在季後賽站上投手丘的情境——一九九五年美聯分區系列賽對上水手隊，第十二局上半，以三振傑．布納開啟了三又三分之一局的中繼，一直投到金．萊瑞茲在十五局下半轟了一支全壘打才結束了這場比賽。

我記得四年後跟荷黑、提諾與所有人一起慶賀我們在世界大賽橫掃勇士隊拿下冠軍，我也記得又過了四年，亞倫．布恩繞壘時，我正跪在投手丘附近禱告的畫面。

當然，這些畫面僅僅是很小、很個人的，屬於一個巴拿馬籍小男孩逐漸茁壯的少數幾個特別回憶。那其他歷史性的時刻呢？以及所有具有代表性的人物，從魯斯到賈里格到狄馬喬（DiMaggio）到貝拉到曼托，現在又把棒子交給基特了嗎？他們在場上奮戰的痕跡與記憶，還有他們的榮耀呢？

德瑞克說這道光環與傳統會轉移至新體育館，但真的會這樣嗎？舊體育館的精神與靈魂會真的由新體育館再次發揚光大嗎？我不知道，到現在還是不知道。

洋基體育館不只是一個象徵勝利的家園。他還是我成長為一名投手與一個男人的地方，一個具有特別意義之處，一個充分洗滌我身心靈之處。這些年來，比賽進行時，我幾乎都跟吉尼一起待在訓練室中，運動員與治療師；年輕人與年長的人，在那些重要的想法與練習中越來越親近，並分享彼此的價值觀與信念。

左外野看臺下方有條通道，我都從那裡走出球員休息室，沿著迴廊走到牛棚，迴廊一直通到本壘板後方，中間還會穿過左外野的界外標竿線，我在那裡右轉，最後穿過紀念公園往牛棚走去。牛棚裡有張板凳，我都是坐在這裡觀看比賽，我會跟牛棚裡的靈魂伴侶共同分享眼前球場翠綠草皮的壯麗景象。我喜歡這個板凳，我每天晚上都在這裡等待上工，偶而在這裡嬉鬧或做些傻事，後來則是在這裡反省與打者對決的狀況，直到我的個性變得更完整，變成一個全心全意專注在如何讓打者出局並拿下勝利的真男人為止，我已經成為這個地方的註冊商標了。

我深愛這張板凳，喜歡到舊體育館關門大吉時洋基隊很大方的讓我把這張板凳帶回家去。再來是牛棚的投手丘，收到上場通知後我便會站在這裡，進行我精確的熱身程序，等待牛棚大門開啟，讓我獨自一人朝向投手丘走去。

我珍愛這個地方，並對這裡表示我的敬意。我想成為最後一個站在這個投手丘上的人。我想投出這裡的最後一球，解決最後一名打者。

今天帶給我的力量與辛酸永遠不會止息。球賽開始前，似乎半個古柏鎮（Cooperstown）[1]都被搬到了球場，到處都是洋基隊的偉大球員。洋基隊有史以來最受人愛戴的球員巴比・莫瑟（Bobby Murcer）今年夏天過世了，但他的妻子凱與他們的小孩都來了，全都穿著巴比的一號球衣，沐浴在全場的歡呼聲中。當然，伯尼也出現了，而且可能還受到了全場最熱烈的歡呼。貝比的女兒茱莉亞・魯斯・史蒂雯絲（Julia Ruth Stevens）第一個開球，將球投給荷黑。尤吉穿著舊法藍絨長褲，侃侃而談說著這個地方將會永遠在他心中長存。

茱莉亞的父親在這個球場出賽的第一場比賽敲出了他生涯第一支全壘打，之後也不斷敲出全壘打。第三局下半，強尼・戴蒙便擊出了三分全壘打，讓洋基隊在球賽前半段取得領先優勢。安迪拿出最佳表現來捍衛領先地位，但金鶯隊在第四局還是將分數扳平了，隨後，今年全季只敲出兩支全壘打的荷西・摩里納，打出了這季的第三發全壘打，將球敲到左中外野的護網上，讓我們以五比三領先。

在訓練室中，吉尼剛剛結束他幫我進行的熱敷。

「吉尼，謝謝你。」我說。

「我只是做好我的工作罷了，」他說，「我知道你也會把你的工作做好。」

「感謝你，願神保佑你。」我說。

第六局，安迪將球交給荷西・維拉斯（Jose Veras）。我從左外野看臺下的迴廊走出去。我不想離開這個地方，不希望這是最後一次在這裡出賽。

我不是一個很常被懷舊之情影響的人。

現在，載滿過去回憶的列車正不斷朝我駛來。

此刻，是我最後一次，走進這個過去十四年來一直是我棒球之家的牛棚。

喬巴（他又回到牛棚了）投了一局又三分之二局的好球，我們也多添了兩分。牛棚的電話在第八局響起。麥可・哈凱拿起聽筒回話。

「莫，第九局交給你。」哈凱說。

德瑞克擊出三壘方向軟弱無力滾地球，結束了第八局下半的攻勢，時間到了。藍色大門開啟，〈睡魔降臨〉的音樂響起，我最後一次穿過舊洋基體育館外野。所有觀眾都起立鼓掌。這一切有種超現實的感覺。

我站上投手丘，手持棒球。我得做這些動作來讓我跟平常一樣開始上工；我得專注在這三個出局數上，雖然今天的狀況跟平常上工情況不太一樣就是了。

金鶯隊的第一名打者是傑・裴頓。他在八年前的地鐵大戰系列賽第二戰第九局時，曾將我的

1 大聯盟名人堂所在地。

球打成一記三分全壘打，球沿著右外野邊線飛了出去。你很難忘記這類事情。

我讓裴頓打出了一支游擊方向的軟弱滾地球，德瑞克輕鬆完成這次守備。下個打者我先搶到了兩好球，再投一顆強勁的內角卡特球，打者打成了二壘方向彈跳球。兩出局，再一個出局數比賽就結束了。不過在我踏上投手板投出下一球前，我看到威爾森·貝特米（Wilson Betemit）從一壘側的球員休息區往游擊跑。喬要德瑞克從他的老位置下場，下場時場邊響起了一陣熱烈鼓掌。

這就是這件事的來龍去脈。

德瑞克·基特，這個傳奇體育館最後一個洋基隊的象徵，走進球員休息區後，再次被召換出來接受球迷的鼓掌致意。

下一名金鶯隊打者是布萊恩·羅勃茲（Brian Roberts）。對我來說，他一直是個棘手人物。球數來到一好兩壞時，他打了一個往一壘手科迪·蘭森（Cody Ransom）跑的滾地球。我跑下投手丘要去補位，但科迪自行踩壘拿下了最後一個出局數。他將球放到我的手套，並跟我握了握手。洋基隊今年贏的比賽不夠多，但我們贏得了這場比賽，在一百六十一街與河流大道（River Avenue）交會處舉行的最後一場比賽。

贏得這場比賽，我非常感激這一切。

我完全清楚要如何處理這顆球。我會將它交給喬治·史坦布瑞納。他是唯一值得擁有這顆球的人。

第十八章　新發現與舊感觸

你絕對不會想要草率的下定論，但搬來新洋基體育館的先期報酬是相當明確的，全壘打很容易就飛出球場了。從設計觀點來看，新球場擁有宏偉、奢華與最先進便利的設施，也有更寬敞的開放空間：不過室內沒有太多噪音或是主場球隊的熱情，大多數地方都跟舊球場大不相同。身為球員，這不是我們應該操心的地方，但若是你沒辦法在任何地方聽到每一球投出後，球迷放開嗓子的喊叫聲，那你要麼就是離開位置去看看場上的狀況，不然就是不知道剛剛的打帶跑戰術究竟有沒有成功。

舊體育館是隊上的第十人——一個吵鬧且帶著瘋狂條紋狂潮的大炒鍋，看臺上許多的死忠球迷也是其中一部分。可能是我判斷錯誤吧，但我認為新球場確實很難複製這一點。

然而，有些事情是完全不受新建築影響的，其中一件事就是德瑞克．基特的打擊。十五年來，他一直擁有魔術般的推打技巧，現在是他第一次在原本球場的對街展示這項技巧。對上印地安人隊第二場比賽的第八局，分數來到五比五平手。球數來到一好三壞時，德瑞克猛力將球揮到右外野，同時像彈簧般將球棒甩出去，並立刻全力跑壘，直到球確定飛出護牆才開始放慢速度。

現在，輪到我了。在被打出一支深遠的中外野高飛球出局後，我被連續打出兩支一壘安打，然後是葛瑞迪・賽斯摩登場。他把兩顆卡特球打成了界外球，球數來到兩好一壞，荷西・摩里納比了外角，要我投一顆走後門的卡特球。賽斯摩揮棒落空。馬克・狄羅薩（Mark DeRosa）上場。滿球數後，跑者全都準備起跑。我投了顆外角卡特球，希望球正好劃過外角角落上緣。我投出後，球確實跑到了我希望的位置。荷西幾乎沒有移動手套。狄羅薩認為球已經跑出好球帶了，便停下沒揮棒，不過球的進壘位置剛好。裁判菲爾・庫吉（Phil Cuzzi）舉起手臂。狄羅薩非常生氣的走下場，我也拿到了在新洋基體育場的第一次救援成功。

洋基隊也花了大錢來為新球場打造亮麗的新球隊陣容，花了數千萬元迎來CC・沙巴西亞、A. J. 柏奈特（A. J. Burnett）與馬克・塔克薛拉（Mark Teixeira），但這還是沒讓我們從蕭條的開季狀況走出來，其中包含了四月底在芬威球場令人難忘的週末。我們被橫掃，最痛苦的一場失利是星期五晚上。我三振了歐提茲與佩德羅亞，只剩一出局就能夠為喬巴守住比賽，以四比二勝利，拿下救援。我在沒有好球一壞球時對傑森・貝投出了一顆紅中略高的卡特球，他大棒一揮，將球直接打出中外野，球就這樣往波士頓灣飛去。又是另一場救援失利，而這個隊伍到目前為止將我擊沉的次數比其他球隊要多了許多。我思考了許久，不斷的跟教練團討論，也看了好幾次比賽錄影，還是沒法點出一件紅襪隊面對我時有做到，而其他隊伍對上我時沒做到的地方。看起來不像是他們有改變在打擊區的站位或是修改揮棒方式。我想還是因為他們對我很熟的關係，他們比其他球隊都還要常對上我，對我的球會怎麼跑有比較敏銳的感覺吧。

但願我能對紅襪隊的作法有多些頓悟，這樣才有辦法用不同的方式對他們進攻，不過我沒有頭緒。我只能在面對他們時努力再投好些，或是改變我的投球模式，不要這麼容易被他們預測到。

最後我們在十一局被凱文．尤克里斯（Kevin Youkilis）的再見全壘打擊沉了，並在柏奈特沒能守著六分領先的情況下輸掉了星期六的比賽。在紅襪隊星期日的勝利中，雅戈比．艾爾斯布里（Jacoby Ellsbury）完成了直接盜本壘得分的壯舉，安迪這場已經兩次抓到盜壘的跑者了，但最後安迪投球的時候，還是被艾爾斯布里抓到空檔得逞。

幾個星期後，我被光芒隊的卡爾．克勞福（Carl Crawford）與埃文．隆哥里亞（Even Longoria）連續兩打席敲出全壘打，我的職業生涯第一次發生這種事。今年到現在我被敲出的全壘打已經比去年全年總和還多了。我的球速並非如自己想像的那般快了；我只知道這麼多。十月時我將會進行小型的肩膀手術，也知道我的手臂會變得更加強壯，這個手術只是要確保我的手臂健康而已。我知道現在失投的空間比我過去球速動輒九十六或九十七英哩時要小的多，因此，我也明白重新找回控球能力是最大的關鍵。

當然，我目前的掙扎也帶來了新一輪的驚慌論調，認為我差不多就到這了。這幾乎可說是滑稽了。我喜歡在紐約打球，不過這裡也是過度反應的大本營。人們總是會搜尋一些不存在的趨勢。

伴隨我們預期中面對紅襪隊時得到的結果——我們開季到現在對他們吃下了八連敗——我在球隊中看到了好一陣子沒見識到的事。我們從頭到尾都在努力奮戰，從比賽一開始到結束都是如此。很多球隊總是將拚戰精神掛在嘴上，但沒有什麼人真正去做。

要舉個例子嗎？六月初在主場的比賽，我被光芒隊狠狠的修理了一陣，在三分之二局的投球中被打了三支安打，失掉三分自責分，徹底的慘敗。

隔天呢？我們在第八局下半攻得三分，第九局我馬上就讓他們清潔溜溜，贏球後我們也順利爬到分區第一。球季開打短短兩個月，我們已經有二十次從落後的局面反敗為勝的紀錄了。接著我們繼續保持這種反敗為勝的劇本，來展開與大都會隊的地鐵大戰系列賽，其中要感謝的是竭盡全力奮戰的馬克．塔克薛拉。

我在第八局被大衛．萊特（David Wright）打了一支帶有打點的二壘安打，使我們以七比八落後。德瑞克打出一壘安打，又盜上二壘，塔克薛拉被故意保送，上了一壘，艾利克斯站上打擊區。大都會隊的救援投手法蘭基．羅德里奎茲（Frankie Rodriguez），奮力將球投出，讓艾利克斯將這顆快速球打成了二壘附近的小飛球。艾利克斯大力將球棒往地上甩，因為他就是在等快速球，最後卻打偏了。球飛到了二壘手路易．卡斯提洛（Luis Castillo）後方不遠處，卡斯提洛往後飛撲，大都會就要將這球守下了，但不知為何，球從卡斯提洛的手套滑了出來。當然，從艾力克斯揮棒的那一刻，德瑞克便快速往前跑，就在他前方的塔克薛拉也使盡全力狂奔。他們兩人都安全回到本壘，我們也贏得了這場比賽，不只是因為這個五年難得見到一次的失誤，還有這些明星球員不預設任何立場的拚戰精神，全力以赴直到比賽結束。

這就是贏家的態度。

我們以五十一勝三十七負的戰績，在明星賽前與第一名拉到只剩三場勝差，慢慢調整至這一季最佳狀態來迎接下半季的比賽。我們在明星賽假期結束後前二十三場比賽裡贏了十八場，在主場橫掃紅襪隊，連續拿下四場勝利，擠下他們，取得第一名的位置。

這一季最後幾場比賽的內容，就是我們這一季的縮影。八局下半，一比二落後，戴蒙和塔克薛拉接連敲出全壘打，接下來荷黑又是一支兩分打點一壘安打。我讓艾爾斯布里打出朝向塔克薛拉跑的滾地球結束比賽。我在七個星期，一共二十一次出場中，沒失掉任何分數，而且九月初我們又打了一次連贏四場的橫掃，這次苦主是光芒隊，我們目前戰績比勝率五成要多贏了四十一場球（九十一勝五十敗），領先分區第二名九場勝差。我非常確定今年不會在季後賽缺席了。

我拿下了三十九次救援成功，自責分率一．七二。九月中旬時，我已連續在三十六個救援機會下都順利拿下救援點。

恐慌終於平息。

下一個星期五在西雅圖進行的比賽，我在第九局登板，要替A. J.柏奈特守下一比〇的領先，柏奈特今天的投球表現力壓偉大的菲利斯・賀南德茲（Felix Hernandz）一頭。我讓前兩名打者眼睜睜看著好球進壘吃下三振，接下來的麥可・史威尼（Mike Sweeney）敲出了一支深遠的二壘打。下名打者是一朗。他是一名非常優秀的推打打者，我希望讓他打得綁手綁腳些，試著擠壓他。我投出了卡特球，但沒有成功擠壓到他。

進本壘時，球還是保持在內角。他是世界上最好的打者之一，清楚知道要怎麼處理這球。他將球敲出了右外野全壘打牆，只花了兩球就敲出了一支漂亮的逆轉全壘打。面對如此優秀的打者，你得比他更優秀。我沒投好，砸鍋了，比賽結束。

我的錯。

「我很抱歉。」我對A. J.說，「你應當拿到這場勝投的。」

「別想太多，莫。你幫我救下太多場比賽了。」A. J.說。我走出球員休息室，一邊吃著巧克力霜淇淋。但這一切都無法抹去讓球隊失望的心痛。

我們在分區系列賽的對手是雙城隊，在沙巴西亞的優異表現下，我們在主場拿下了第一戰，不過最好的消息是艾利克斯今年的表現看起來比他往年在十月的表現都要好。我們得到了德瑞克與松井全壘打的挹注，以及艾利克斯的兩支長打灌進兩分，以七比二獲勝。

「你現在知道當你不要做太多雜事，只讓你的本能接管比賽時會發生什麼事了嗎？」我對他說。

第二場打得更激烈了。進入第九局下半時，雙城隊取得了三比一領先，投手丘上站著聯盟最佳守護神之一喬・內森（Joe Nathan），拿下救援成功是勢在必得。內森今年例行賽拿下了四十七場救援成功，但甚至在他還沒讓任何打者出局前，塔克薛拉就敲出了一支右外野平飛安打，而艾利克斯也將球打到中右外野的牛棚裡，比賽扳成了平手。這是新球場首次在十月締造的魔幻時刻，接著又過了兩局，到第十一局時，當塔克薛拉將荷西・哈瑞斯（Jose Mijares）的球扛出去，敲到了左外野界外標竿時，我們便取得了二勝〇負的領先。

我們前往明尼亞波利斯（Minneapolis），感謝艾利克斯貢獻的另一發全壘打，讓我們以二比一領先，接著又因德瑞克與荷黑展現的驚人守備美技，讓我守下了這場比賽。尼克・龐托（Nick Punto）在八局下半首先上場，從菲爾・休斯手中敲出了一支二壘安打，然後丹納德・斯潘（Denard Span）打成了中間方向的彈跳球。德瑞克在球彈到外野前便將球攔了下來，接到球後知道一定來不及封殺斯潘。這時他看到龐托正積極的繞過三壘，似乎想要強攻本壘，於是德瑞克穩了一下，轉身，迅速將球傳給荷黑，荷黑再以閃電般的速度傳給艾利克斯，觸殺呆住的龐托。這是非常嚴重的跑壘失誤，但也只有這麼完美的處置才能抓到他。

我正在牛棚熱身，而你幾乎能夠感受到地鐵巨蛋（Metrodome）裡的氣氛悶到快讓人窒息了。休斯又解決一名打者後，我上場與喬・莫爾對決，追平分站在壘包上。莫爾今年例行賽打擊率三成六五，是美聯MVP，但你不能成天擔心這些事。你要信賴自己的本事，並了解到假使你投出自己最拿手的球，並真心相信自己，將球投到你想要的位置，你就能拿下對手，就算眼前的對手是喬．莫爾也一樣。擁有這樣的信念，你就進入了進攻模式，準備好拿出你最棒的絕招——完美的完成投球動作，將你全副精力都放在球場上後，就會知道那是什麼感覺。

面對這樣的強打者，哪怕你只是稍稍保守些，都關乎到這場對決是以安打或出局作收。

我讓莫爾打斷了球棒，打成一壘方向滾地球出局。

第九局荷黑和坎諾從內森手中各打下了一分打點，我為安迪守住了勝利，而現在將會是二〇〇四年後再次在美聯冠軍賽對上天使隊。我們靠著沙巴西亞拿下了第一戰，四比一獲勝，接著是艾利克斯在第二戰救了我們，在第十一局將布萊恩．弗恩特斯（Brian Fuentes）的快速球敲出了右外野全壘打牆外，回應了天使隊的得分攻勢。這是艾利克斯這次季後賽第三次敲出追平比數的全壘打，兩局後傑瑞．賀斯頓（Jerry Hairston）敲出了一壘安打，再用觸擊將他送上二壘，最後因為對手的暴投回來得分取得勝利。

天使隊回到安那罕後在延長賽拿下了一勝後，沙巴西亞在第四戰又投出了一場壓倒性的比賽，我們回到主場，突然間我又有了一個新的體驗。我從來沒被人在網路上罵過。有人提供了一段影片，內容大概是我站在投手丘上，背對本壘板，然後把口水塗在球上。

我承認，這段影片看起來相當有說服力，但我沒有把口水塗在球上過，也從來沒有投過口水球，這絕對是事實。大聯盟檢查那部影片後，確定我沒有任何舞弊行為，儘管面對媒體我有問必答；儘管我所有舉動都符合規定，還是有些記者對於他們即將解開我十五年球員生涯的重大秘密抱持著樂觀的態度。

這並沒對我造成困擾，也沒改變任何事。若是有人想要騎在我頭上，或是讓我下場，他們就得擁有某些比我更好的武器才行。

我們最後在第六場將天使隊送回老家，安迪拿下勝投，我在兩局沒有投出口水球的情況下失掉一分，拿下了這個系列賽的第三個救援點。下個對手：費城費城人隊，棒球界的防守世界冠軍隊。

原本打進世界大賽看起來似乎再也跟我們這支穿著條紋球衣的隊伍無關了——距離我們上次在世界大賽亮相，已經過了六年了。我對於來到這裡有多麼困難有了新的感觸。再一個月我就四十歲了。我祈求自己能夠榮耀主並細細品嚐這份體驗。

我不知道自己是否能再次通過這樣的考驗。

我的首次大考驗，是在第二戰八局上半，兩人在壘，一人出局，面對蔡斯·厄特利（Chase Utley）的時候。克里夫·李（Cliff Lee）主宰了第一戰，完投九局，帶領費城人隊以六比一拿下勝利，厄特利以兩支全壘打的火力支援他。在柏奈特展現亮眼的表現技壓佩卓·馬丁尼茲後，這時厄特利再次站上打擊區。費城人把佩卓交易過來就是希望他有這樣的表現，他這場其實投的不錯，但塔克薛拉和松井秀喜都敲出了一支陽春全壘打，接著荷黑代打上場，擊出了一支重要的一壘安打。因此，當厄特利磨到了滿球數後，我得守住三比一的領先優勢。面對他時，我沒有投出卡特球以外的球種，大部分往外角塞，這是有原因的。他總是試圖要用拉打攻擊每顆球，荷黑跟我都很清楚這件事。我不知道左打者打擊時是不是都會被將球打到角落的誘惑給吸引，但厄特利確實是保持著這樣的想法。球數來到兩好三壞時，我又丟給他一顆外角卡特球，他也如同我們所希望的一樣——試圖使用推打。他確實跟到球了，但擊出了一顆彈跳球，坎諾接到後傳給基特，基特再傳給塔克薛拉，以雙殺守備結束這一局。

一局後，我讓麥特．史泰爾斯（Matt Stairs）揮棒落空結束這場比賽，我們結結實實的將系列賽扳成平手。

在艾利克斯、松井秀喜與尼克．史威瑟（Nick Swisher）的全壘打攻勢，以及安迪受到傑森．沃斯（Jayson Werth）兩次砲轟下，我們以八比五在市民銀行球場（Citizens Bank）拿下第三戰這場關鍵的勝利，接著在第四場，我們在第九局連下三分，打破了四比四平手的僵局，艾利克斯與荷黑敲出了關鍵安打。我在第九局投出三上三下，守住了七比四的領先取得勝利，我們只差一勝了。

在費城人隊拿下他們今年在市民銀行球場的最後一場比賽，將系列賽推至第六戰後，我們回到主場迎接這場比賽，先發投手是安迪對上佩卓。松井秀喜在第二局敲出一支兩分全壘打，讓我們取得領先，接下來又在第三局敲出一支兩分打點一壘安打，再來是第五局敲出一支兩分打點二壘安打。他在三個打席灌進了六分打點。

要是關鍵時刻都由他上場打擊該有多好。

萊恩・霍華（Ryan Howard）的兩分全壘打讓比數變成了七比三，但喬巴與達馬索・馬提（DamasoMarte）就此澆熄了他們反攻的火苗，而我在第八局拿下了最後兩個出局數，接著又在第九局抓下兩出局，中間夾著一個保送，將卡洛斯・盧伊斯（Carlos Ruiz）送上一壘。謝恩・維克托里諾（Shane Victorino）站上打擊區。體育館所有的球迷都站了起來。維克托里諾奮力與我搏鬥，他總是不斷的戰鬥著。他是另一個像佩德羅亞的那種好球員，我隨時都歡迎他加入我的球隊跟我並肩作戰。他的球數雖然以兩好一壞落後，還是持續發揮他的韌性，在球數兩好兩壞時接連打出四顆界外球。最終，他磨到了滿球數。

接下來三名打者分別是厄特利、霍華與沃斯，我沒有時間把事情弄的更複雜或炒熱場子了。我得現在拿下維克托里諾才行。我又投出一顆卡特快速球，位置偏低，維克托里諾將球往地上打，是一顆朝坎諾方向、人畜無害的彈跳球。我跑向一壘，想說應該需要補位，但坎諾將球快速傳給塔克薛拉，球還沒送到他手套前我就開始握拳歡呼了。我轉身往內野跑，一直跑一直跑，現在我感覺整支球隊的人都追著我跑。

我像是在玩鬼抓人的小鬼一樣不停的傻笑。這是我第四次拿下世界大賽最後一個出局數，也是最棒的一次。或許是因為距離上次實在太久了。或許是因為上次這麼接近勝利的時候，我在沙漠中被擊垮了——那是二〇〇一年，八年前的事，一直到今天才要回來。我不知道，我會一直不斷的剖析這件事。這份美好不只來自於我們的勝利，跟我們是如何拿下了勝利也有莫大的關連。松井秀喜完全拿出職業級的表現，在六場比賽繳出打擊率六成一五，敲出八分打點。達馬索・馬提讓他最後面對的十二名打者無功而返，其中包含了厄特利與霍華，在最後一場比賽讓他們兩人都吃下了三振。安迪在兩場關鍵比賽拿下勝利，而且中間只休息了三天。德瑞克打擊率四成〇七，戴蒙打擊率三成六四，艾利克斯今年十月簡直是煥然一新，有六分打點；荷黑也有五分打點進帳。

同樣美好的地方是，這是第一次克拉拉和小孩們每場比賽都到場，我們父母與岳父岳母也都在現場。我們一起分享了這整個系列賽。有什麼事情能比你身旁圍繞著你最深愛的人還要更棒呢？

那天稍晚，在我們開了半小時的車回家，接受我家人的恭賀並互道晚安後，我跪在床邊，我的聖經就放在床頭櫃上。我開始祈禱，純然且完全被對上帝照拂我的人生、健康與家人的感激之情感動得不能自己。沒有祂，這一切都不可能實現。

第十九章　通道

若是美國想要擁有自己的公主，瑞秋·羅賓森（Rachel Robinson）會是最完美的選擇。她既尊貴且優雅，充滿智慧且不露疲態——一生都在為自由與平等奮鬥。我敬畏的對象沒有太多，但我十分敬畏瑞秋·羅賓森。她失去了丈夫，那位運動史上最具勇氣，最重要的棒球選手已經超過了四十年，但瑞秋仍持續透過背負著那名選手名字的基金會，不斷彰顯背號四十二號選手傑基·羅賓森（Jackie Robison）的豐功偉業，並藉由瑞秋的努力讓這個世界變得更具公義。

在我邁向我第二十一個職業棒球球季前，二〇一〇年開始第一次跟瑞秋接觸。這件事是發生在某次在下曼哈頓為傑基·羅賓森基金會舉辦的募款餐會上。我在那裡與漢克·阿倫進行一場訪問，內容是在闡述其他相同背號的球員都已經退休在家裡逗弄孫子的情況下，身為最後一名身穿傑基四十二號球衣的棒球選手，這其中的榮耀與壓力。

榮耀的部份再明顯也不過了；誰不想跟偉大的傑基·羅賓森共享同樣的背號呢？壓力則在於要以一個改變世界，並且一舉一動都帶著高上尊嚴的人為標準來過生活。

我不知道有誰可以符合這樣的標準。我可以老實告訴你，我並非先驅。羅伯托・克萊門特（Roberto Clemente）是第一個拉丁籍球星，除此之外還有許多人，包括追隨其後的維克・包爾（Vic Power）與奧蘭多・瑟佩達（Orlando Cepeda）。中繼投手漢柏托・羅賓森（Humberto Robinson）是第一個來自巴拿馬的大聯盟球員。跟他們相比，我只是一個樸實的人，憑藉著擔任上帝謙遜的僕人，試圖盡自己所能善待任何人，並用正確的方式投入比賽，僅此而已。

主場開幕戰舉行時還會進行一項重大的儀式——這一天總會是像個慶典般的盛大場面，特別是這次還有頒發冠軍戒指的儀式。不過今年確實不會太歡樂就是了，我們在全場起立鼓掌的情況下接下了冠軍戒指，而大家將最盛大的掌聲留給了世界大賽的英雄松井秀喜，他現在是天使隊的一員——也是我們開幕賽的對手。球迷們為了他多年來優秀的表現向他致意，也讓我內心激動不已，不過當司儀介紹吉尼・莫納罕時，我的心就從未來的對手那邊被拉了回來。

經歷了這麼多年來的按摩與熱敷，吉尼進行這些工作時仍舊散發著耐心與細心。因此當我在春訓前一個月發現他被診斷出喉癌時，這不啻為晴天霹靂。他將四十年的歲月都花在了照顧洋基隊的球員上，現在他得照顧自己了。

休賽期某天，吉尼在刮鬍子的時候突然發現脖子上有顆腫瘤。他做了每次他都叫我們不要這樣做的事：硬是不去做檢查。最後，他還是在十二月去看了醫生，一月時拿到了診斷結果。他得了扁桃腺癌，並擴散到淋巴腺了，接著便開始了三十次放射線治療的療程。吉尼記得清清楚楚，他每次都有記下來。他是個比瑞士名錶還要精準的人。他的訓練室就跟他的車一樣潔白無暇，他清理訓練室的方式就跟我們刷牙一樣仔細。每個東西都就定位放好，就連貝比・魯斯以前量體重的體重計他都精心維護，好好的放在訓練室裡。這間房實在是……被他照顧得好好的。當我走進訓練室時，這也是我心中最大的感觸。

吉尼接受放射線治療時，也離開了球隊。他在開幕戰早晨做完治療後，便來到體育館。荷黑要求主司儀麥克・凱在介紹球員時先介紹吉尼，因此司儀介紹完喬・吉拉迪後便接著介紹吉尼。球迷全都站了起來並為吉尼喝采，洋基隊的球員都以他為榮，便全都跑到欄杆旁為他喝采。吉尼哽咽得說不出話，一直拍著自己的心口，我也哽咽了。我好想他，想念我們聊他女兒和我兒子的事，還有所有的一切。吉尼希望能在六月初重新歸隊，我祈禱主能給予他走過這段療程的力量，能幫助他重回這份他熱愛的工作。

我們用勝利來慶祝拿到冠軍戒指與吉尼，不過我們另一名前隊友巴比・阿布瑞尤在第九局時從大衛・羅勃森手中敲出了一支滿貫全壘打，將比數扳成七比五時，著實讓我們嚇了一跳。喬派我上場來拿下最後兩個出局數。我先三振了托利・杭特（Torii Hunter），接著站上打擊區的是……松井秀喜。幾個小時前，我還在為他鼓掌喝采，現在我想的是要解決掉他，好讓大家為我鼓掌喝采。有時候就是會有這種詭異的事發生，自由球員轉隊也是職業棒球的一環，不過當我看著荷黑的手套，哥吉拉松井也站在打擊區嚴陣以待，我就不能被這種事影響心情。

松井秀喜將我投出的第一球打成了飛向二壘的小飛球，比賽也就此結束。

吉尼最後還是在預定的時間內康復了，或許是這位六十五歲的年長訓練員帶給我的啟發，讓我覺得自己好像還是個年輕人。當我們在某個星期二晚上前往鳳凰城面對響尾蛇隊時，我們擁有全聯盟最佳戰績（四十四勝二十七敗），我們在第九局時追成平手，在第十局靠著隊上的新任中外野手柯蒂斯・格蘭德森（Curtis Granderson）敲出一支飛進右外野看臺的平飛全壘打超前對手。先是第九局投出無失分的好表現，第十局依舊由我上場，要拿下這場勝利。此前我已經連續讓二十四名打者無功而返了，到這裡才被史蒂芬・祖魯（Stephen Drew）的一壘安打與賈斯汀・厄普頓（Justin Upton）的二壘安打給破了。喬命令我故意保送第四棒米格爾・蒙特羅（Miguel Montero）來製造強迫進壘。

因此響尾蛇的球員成滿壘的局面，喬與所有的人都擔憂著我會不會害怕二〇〇一年世界大賽的結果重現。

之後我告訴他們我的答案：

「不會。」

那天是二〇〇一年十一月四日，今天是二〇一〇年六月二十三日。那時我還有頭髮，現在沒有了。當時我左右兩個壘包站著史考特・波休斯和提諾・馬丁尼茲，現在旁邊站的是艾利克斯・羅德里奎茲和馬克・塔克薛拉。

那時我三十一歲，現在四十歲了。

我不會把對我無益的心情牢牢掛在心上。我會放手讓那些事情隨風消逝，現在的我無比輕盈自在。

上場的打者是中外野手克里斯・楊（Chris Young）。我將球往他內角塞，他打成了往我的補手法蘭西斯科・瑟維里（Francisco Cervelli）方向飛的飛球。下一個是亞當・拉洛許（Adam LaRoche），這場比賽響尾蛇五分進帳全是由他打下來的。我把卡特球投到他手臂附近位置，他打成了艾利克斯方向的飛球。

現在輪到了馬克・萊諾斯（Mark Reynolds）。他的全壘打次數領先全隊，但三振次數則是大聯盟第一。對上他時，絕對要小心不要失投。

我先投了一顆偏外角的卡特球，萊諾斯看著球進壘，我投太偏了。接著又投了一個外角卡特球。球數來到兩好兩壞，我想要採用階梯式投法——混淆他對球進壘高度的判斷，又投了一個卡特球，但偏高了些。萊諾斯猛力一揮。

這次的結果跟九年前不同，你可以從最後的成果看出這件事。

兩天後，我們來到洛杉磯對上了道奇隊，是我們第一次與T先生對陣。比賽開始前我給了他一個大大的擁抱。看到他的臉孔，注視他的雙眼，這種感覺真好。他不只是帶領我們打下四次世界大賽冠軍的人；他是看到我身體裡隱藏了某種特質的人，他是那個願意給我機會，讓我擔任洋基隊守護神的人。換做是你也絕對不會忘記這些事。

「今晚稍微手下留情好嗎，莫？」他說，「那些傢伙過去從沒見過你這種卡特球呢。」

我笑著走開。CC・沙巴西亞投完八局被敲出四支安打，丟掉一分，第九局由我接手，很快就拿下三出局拿下救援，二比一拿下勝利。

上場的打者分別是曼尼・拉米瑞茲、麥特・坎普（Matt Kemp）跟詹姆斯・隆利（James Loney）。我將三名打者通通三振掉了。我不斷提醒自己不要往道奇隊休息室觀察他們的反應。

當我們剛到這裡時，我那位跟T先生一起轉隊的舊日牛棚搭檔麥可・波扎羅，問我願不願意跟道奇隊的後援投手喬納森・布朗克斯頓（Jonathan Broxton）聊聊。他是個身材像輛貨櫃車的小夥子，擁有一條健壯的手臂，之前表現也不錯，但一直苦於自信不足。道奇隊進行打擊練習時，我走到外野去找他。

「你好，很高興見到你。」他說。

「我聽人說了很多你的事情，最近還順利嗎？」

「我猜還行吧，」他說，「只是今年表現的沒有去年那麼好。」

布朗克斯頓跟我說了些他覺得自己在二〇〇九年是多麼有自信跟一切都在控制之中的感覺，我能發覺到他多麼努力的想要回到那種狀態，我覺得最大的關鍵就是他把自己逼太緊了。我很常跟年輕投手聊天，但說話內容不會是如何握球、投球選擇，或是卡特快速球的投球機制。我都會跟他們聊聊救援上場精神層面的想法。這部份絕對是決定了他們會是一兩年偶有佳作，還是能夠年復一年把球投好的關鍵差異處。

「我接下來說的東西，聽起來可能會有些無趣或是老生常談，」我說，「但你知道當我上場救援時，心中都在想些什麼嗎？我想的是拿下三個出局數，盡我所能的讓他們快點下場，結束這場比賽。」

「如此而已。這樣就已經夠困難了，不用再將它複雜化。你不會希望投球時心中還有這麼多雜訊，不會希望存有質疑。只要想著要盡力投好每顆球，這樣一來你便能拿下第一個出局數。接著是第二個出局數。再來就是第三個出局數。」

我也告訴他：「不要擔心被打安打。這是一定會發生的事。我的球會被打出去，大家的球也都會。你面對的是大聯盟的打者，他們多少會打得到你的球，但你能為自己做的，就是快點把被打出去的感覺忘掉。昨天發生的事千萬別到今天站上投手丘還惦記著。假使你放不下，今天就沒辦法放開投球。」

「每次我被打者教訓，都會讓我變得更好。每一次這種事情發生時我都會覺得不開心，但我也會很開心這樣讓我變得更好了。你只要把注意力放在正面的效應，而不是負面的效應上即可。」

這個系列賽最後一場，克雷頓．科蕭（Clayton Kershaw）先發出場只讓我們打出四支安打，送出兩分。布朗克斯頓上場救援。我希望他一切順利，但不是現在。等我們離開後，他可以慢慢找出改善精神強度的方法。

布朗克斯頓三振了塔克薛拉拿下了一出局。我心想當初是不是系列賽結束後再跟他聊聊對我們比較好。接著艾利克斯敲出安打、坎諾擊出二壘安打、荷黑又一支一壘安打、格蘭德森保送上壘。查德・哈夫曼（Chad Huffman）又安打，我們連下四分，追成了六比六平手，打得喬納森・布朗克斯頓頭昏眼花，落得跟今年其他場次大致相同，得了個救援失敗。第十局羅賓森・坎諾從喬治・薛瑞爾（George Sherrill）手上敲出了一支兩分打點全壘打，讓我們拿下了這場比賽的勝利。

「真是謝謝你跟布朗克斯頓聊了一陣啊。」下次我遇到T先生時他對我說道。無論我怎麼辯解，他就是投差了，我也不能多說什麼。

我們以第一名的姿態進入明星賽，戰績是五十六勝三十二負，儘管我第十一次被選入了明星賽中，大部分時間我還是坐壁上觀，讓我那三不五時出毛病的膝蓋與腹外斜肌好好休息一下。今年明星賽在安那罕舉行，時間是七月十三日，這一天也傳來了一個令人傷心的消息：喬治・史坦布瑞納先生因心臟病於坦帕醫院辭世，距離他八十大壽只過了九天。也是洋基隊傳奇現場播報員鮑伯・薛帕（Bob Sheppard）過世後兩天的事。當然，死亡與病痛是人生的一環，但我收到消息後還是覺得天旋地轉。先是奇哥．賀倫，現在又是喬治先生和偉大的鮑伯．薛帕，他用高貴端莊的態度與近乎上帝直接下凡說話的姿態榮耀彰顯了我們。

我們很難預料到人生中會突然發生何事，或是為何我們似乎對雙城隊擁有完全的宰治力。今年我們在季後賽再度橫掃雙城隊，與他們在季後賽的對戰記錄取得了十連勝，近十四戰贏了十二場。光是最近八年我們就在季後系列賽中將他們淘汰了四次，而且總是靠著後來居上拿下逆轉勝，今年我們拿下的三場勝利，就有兩場是這樣的套路，包括了第一戰。

對上雙城隊時，我比對上其他球隊時表現都要好。當下我的確有感受到這點，不過回首來看，我生涯在地鐵巨蛋與標靶球場（Target Field）的自責分率是一．〇九，而面對雙城隊的總自責分率卻是一．二四？我無法解釋這樣的數據。今年早些時候我在洋基體育館對上他們時我搞砸了一場救援，被傑森．庫貝爾（Jason Kubel）敲出了一發滿貫砲，但其他時候對上他們就像是用彎刀在玉米田上砍草般輕鬆，特別是在季後賽；我在季後賽對雙城隊投了十六又三分之二局，只被敲出八支安打，沒丟掉任何分數。有趣的是，他們的中心打者對上我時都打得不錯。喬．莫爾打擊率二成八六、賈斯汀．摩爾諾（Justin Morneau）和麥克．庫戴爾（Michael Cuddyer）則是二成五。不是說我對上他們時拿出了很棒的對戰策略，我只是在該讓他們出局時拿下該拿到的出局數罷了。這麼多年來都遇到他們，自然就會發展出一份自信與面對他們時正確的應對方式來支持你擊敗他們。

儘管過了這麼多年，這樣的比賽對我而言，就是讓我對這個運動更有熱情的觸發劑。假使沒有這樣的比賽，就不會讓我發覺到更多獲勝的方法。就是這種種比賽的可能性讓你投入所有努力、所有準備功夫，讓自己做好萬全準備來付出最好的表現，這便是美聯冠軍賽第一戰在阿靈頓對上德州遊騎兵隊，麥克·楊（Michael Young）站在打擊區，我看著荷黑手套時心中的想法。

此刻是九局下半一人出局，追平分站在二壘。我們從極大的落後急起直追，靠著羅賓森·坎諾在第七局的全壘打與第八局一個五分的攻勢，反倒以六比五超前。這兩局讓遊騎兵隊的總裁諾蘭·萊恩（Nolan Ryan）一直保持雙臂交叉，臉色蒼白，看起來好像他吃下了壞掉的牛排般。我在第九局登場，先被打了支安打，對手又使用觸擊，接下來面對到楊。

他完完全全是個職業球員，相當強悍，是一名每個打席都全力以赴的強打者，職業生涯面對我的打擊率是三成二〇。我並不懼怕任何打者，但我相當尊敬某些打者，麥克·楊便是完全贏得我尊敬的打者之一。荷黑跟我都很清楚要解決他是相當費勁的事，我需要不斷改變球路，並確保自己讓他不斷猜測我的下一步。因此我一開始先投了個內角接著再一個偏高的卡特球，兩球都被他打成了界外球。後兩球卡特球都投偏了，一球偏內角一球偏外角。我肯定兩好一壞時投出的那球是顆好球——進壘時位置在膝蓋高度，切到外角角落，但我沒看到裁判舉起手。我接到荷黑的回傳球，完全沒有想要瞪裁判或是跟他們翻臉。

我還有一球要投。

我投了一顆比原本想像還要高些的二縫線快速球，可能是這個打席投得最好的一球了；楊打成界外。我繼續穩住，擺出準備姿勢，荷黑比了外角，要我投高一點，我投了一顆相當刁鑽的卡特球，直向荷黑的手套飛去。

楊對準球揮棒。荷黑朝著我指了指他的手套。我們在投手板跟本壘板之間盡了一切努力終於拿下了楊，讓他揮棒落空。有幾個出局硬是比其他出局更要令人開心；就像這次打席，著實令人欣喜不已。

下一球，我投到賈許．漢彌爾頓（Josh Hamilton）拳頭附近的位置，他打成了一個三壘方向軟弱彈跳球，我們拿下了最後一個出局，完成了令人激動的逆轉勝。但我們距離拿下這場系列賽還差三勝，拿下一勝不具任何意義，而且我們最後連拿下四勝的邊都沒摸到。美聯冠軍系列賽之後幾場幾乎都是遊騎兵拿下了勝利，他們投打守的表現都遠優於我們。在第六場便大勢底定，得失分是十九分比三十八分。漢彌爾頓在六場比賽中用四發全壘打與七分打點完全宰制我們，我們只好給予他貝瑞．邦茲（Barry Bonds）等級的待遇，在一場比賽中給他三次故意保送的禮遇。他被選為美聯冠軍系列賽的MVP，可說是實至名歸。

有些事情會隨著時間狀況而改變。到了世界大賽，漢彌爾頓的棒子便整個熄火，遊騎兵隊只打了五場就敗給了巨人隊。

但有些事情不會變。

我沒看世界大賽。

我們這一季宣告結束後一個月，我也滿四十一歲了，並做好我的季後例行準備作業，其中包含了許多體適能運動與足以讓我保持手臂柔軟度的簡單投球訓練。我幾乎沒有因為年齡而對訓練妥協。我保持正確飲食與適當準備並妥善注意體能狀況，我不認為自己能夠繼續正常上場是個奇蹟。我只是傾聽身體的聲音並給予它適當的支援罷了。

然而，要是說我有什麼地方改變了，那就是我試圖讓所有事情都更經濟些了。誰知道我還能投幾球呢？假使我能用一兩球就讓打者出局，那我何必投三到四球呢？二〇一〇年我投了九百二十八球，投球局數超過六十局。這兩個數字都是我生涯新低，理由就是：我沒有道理讓自己在沒必要的情況下太過緊繃。

二〇一〇年，我在春訓時只投了七局就已經做好了萬全準備，甚至不需要投這麼多局。在我投完前一年季後賽第六場第九局上場面對遊騎兵隊的打者後，下一次上場比賽是三月中對上雙城隊的比賽，並將打者通通三振。其中一名打者是傑森．庫貝爾，就是上次面對我時敲出滿貫全壘打的打者。這次他呆呆看著我的九十二英哩二縫線快速球進壘。現在我不需要熱身很久才能上場比賽，也不需要很長的準備時間才能面對例行賽的挑戰。我的目標不是低度維持狀態，而是將目標放在不需維持狀態。我的投球機制相當簡單，並且無論是何種投球機制，動作都是越精簡越好。我多次思考自己對喬納森·布朗克斯頓與艾利克斯的建言後便豁然開朗。為何要讓事情複雜化呢？

二〇一一年開幕賽，是在洋基隊主場。我繼續保持省球模式，對上底特律老虎隊的三名打者只花了十二球就為喬巴守下了勝利。這樣的開季方式真令人興奮，不過這其中還是有些複雜的情緒，因為我的補手不是荷黑·波沙達。

我不是要針對我們的新捕手羅素·馬丁（Russell Martin），不過當你跟一個人一起成長，一起在哥倫布隊打球，一起在蘋果蜂餐廳吃飯，一定會跟他有種特別的連結。荷黑接了我許多許多球，比任何人都還要多。我很清楚，他再也不會替我接球這件事讓我為他感傷，也為自己感傷。這名極為優秀的球員與隊友，這個如同我兄弟的存在，我們兩人用一顆球、兩雙手套緊緊聯繫在一起，共享同一個任務：拿下出局數、贏得比賽，凱旋而歸。這樣的一個人，從此與我分道揚鑣。

我用堅忍克己與經過計算後的冷靜態度完成自己的工作；他則是用火山爆發的熔岩那種烈火與熱情完成工作。多年來，我們完美搭配、相輔相成，溝通全不費工夫，從來不需要言語就能交流。只消看他一眼，我就能看出很多事情。

荷黑現年三十九歲，今年是他光輝燦爛的十七年職業生涯的終點。目前他被安排在指定打擊的位置，調整為只上場打擊對他來說是件難事，因此他的打擊表現也不如往常。他這份沮喪在某個週末波士頓客場比賽中達到了臨界點。喬的先發名單將荷黑擺在第九棒。比賽前一小時，荷黑在一陣怒氣下，要求自己不要先發。而布萊恩．凱許曼後來上國家電視台詳述臨時調整先發打線的原因時，讓事情越演越烈。

那一晚我跟荷黑聊了很久。當然，他的情緒正烈，但荷黑是一個能夠真誠看待自己狀況的人，並在需要時能夠做出調整的人。

我告訴他，「我知道你覺得不受尊重，但拒絕上場打球不是你應該做的事。確實，這很傷人，但你需要釐清事實，以球隊為重，畢竟我們需要你跟你的打擊。」

「你說的沒錯，」他說。「雖然這是壓垮駱駝的最後一跟稻草，但你說的對。」

荷黑跟喬與凱許曼道歉後，便回到球隊繼續打球，表現出他對今年最令人難忘的一場比賽的態度。今天是七月九日，星期六，洋基隊主場的比賽。第三局時，他站在本壘板旁，德瑞克．基特剛從大衛．普萊斯（David Price）手中敲出一發全壘打，這是他在大聯盟第三千支安打，也是他職業生涯中另一個令人難望項背的成就。荷黑是第一個上前向德瑞克道賀的人，給了他一個大大的熊抱，我是下一個。德瑞克今天打了五支五，我們以五比四拿下勝利，儘管我是一個不太注重這種里程碑的人，但看著一個跟我和荷黑一起打了幾乎二十年球的人，在棒球史上佔據了一個甚至連貝比．魯斯、喬．迪馬喬與米基．曼托都未能達到的地位，還是令我對這一切充滿了歡欣。

兩個月後，荷黑又站在同樣的位置，這次他擁抱的對象是我，那天我超過了崔佛・賀夫曼，以六百零二次救援成功成為大聯盟史上救援成功最多次的球員。當時與我搭配的捕手是馬丁，對手則是雙城隊，我投了一顆外角卡特球，克里斯・帕米里（Chris Parmelee）眼睜睜看著球進壘，裁判約翰・希瑟貝克（John Hirschbeck）舉起他的右手，同時荷黑從休息區跑了出來，在〈紐約，紐約〉的音樂響起前就跑過來向我慶賀，讓我知道他有多為我開心，這就是他跟我是好友的明證。他和德瑞克把我推回投手丘接受全場觀眾的祝賀。他哪都不讓我去，一直到我確實接受了所有喝采後才放我一馬，沒過多久，德瑞克和我也有機會祝賀荷黑了，他打了下勝利打點，為球隊拿到了另一個美聯東區冠軍。

我們沒能保衛世界大賽冠軍頭銜，甚至連邊都沒沾到。在季後賽分區系列賽五場比賽中，我們的投打表線都優於老虎隊，不過第五戰我們在洋基體育館以三比二輸掉了比賽。洋基隊敲出了十支安打，但幾乎沒有一支真正幫上忙——這便是這次系列賽的故事。

不過這個系列賽還有另一個故事，隊上表現最好的打者繳出了四成二九的打擊率，上壘率五成七九，十八次上場有十次站上壘包。他的名字是荷黑・波沙達，有他當我的捕手、隊友與好友，我覺得非常光榮。

第二十章　傷痕累累的膝蓋

外野一直是我最喜歡的地方。那是個你可以自在徜徉，接飛球，嘗試在球落地前將它接進手套，擊敗地心引力的所在，也是學會這個運動有趣之處的地方。若你問我，我會說棒球比賽中沒有比接住飛球讓打者出局還要有趣的事情了。

儘管洋基隊當時跟我簽約時是要我擔任投手，我還是心繫外野，每天比賽都抱持著能夠上場守備可能性。雖然，我很清楚不能當投手我就沒辦法待在這支球隊了，但還是時常做著這個美夢。

除了擔任外野手，最棒的時候就是打擊練習或是接飛球練習。棒球圈的人都很清楚，有很多投手都會出來接飛球，不過對大多數投手來說，這比較類似社交活動而非體能活動。他們會四處閒晃，聊聊天，假使球飛到他們附近，就撿起來丟回去。對我來說可不是這樣，我會盡可能接下每一顆飛球。我會全力奔跑，在警戒區附近來回走動，在兩側界外線中間來回奔跑，這不是為了運動，我就是想要奔跑、弄得滿頭大汗，搞得髒兮兮的。若是打擊練習因為下雨或是白天晚上都有比賽而中止，我會是整個球場最傷心的人。

二〇一二年球季開打一個月後，我們離開紐約前往堪薩斯市與皇家隊進行四連戰。這天是五月三號，星期四，這季第二十五場比賽。我們是傍晚抵達這裡的，我睡在這，白天在旅館裡溜達，去華館餐廳（P. F. Chang's）吃午餐前先看了一下《動物星球》，一個人用餐。大約四點鐘抵達球場。星期一之後我就沒投過球了，那場比賽的對手是金鶯隊，我替黑田博樹（Hiroki Kuroda）守下了那場比賽。我不喜歡太多天沒投球，希望今晚的比賽能夠上場。

參加接飛球練習前，我去跟剛加入的隊友傑森・尼克斯（Jayson Nix）打聲招呼。他是個工具人，剛剛從三A球隊史克蘭頓／威爾克斯—巴禮鐵道騎士隊（Scranton'Wilkes-BarreRailRiders）徵招上來，替換為腦震盪所苦的艾瑞克・夏維茲。喬將尼克斯排上先發，擔任第九棒左外野手。

我很快就換裝完畢前往球場。今天是美好的春天夜晚。雖然我還沒發表正式宣言，但我幾乎確定今年是我最後一個球季了，這個想法讓我想要守下每場比賽、每一天、每場賽前飛球，更多更多。

我站在考夫曼體育場（Kauffman Stadium）的中外野，身穿海軍藍洋基隊防風外套與灰色跑鞋——這是我接飛球練習時的固定穿著。堪薩斯市幾乎四季都有強風，今天也不例外。我們的牛棚教練麥可・哈凱和我的牛棚搭檔大衛・羅伯森就站在不遠處。

哈凱的身材非常高大，他的兒子科瑞也是，科瑞是美式足球聖路易公羊隊的邊鋒（tight

end）。哈凱心腸很好，是幫助我開創職業生涯的人，我時常提醒他這件事。我在奧克蘭贏得第一場大聯盟勝投時，輸球的投手就是麥可．哈凱，前芝加哥小熊隊第一順位球員，一九八七年總選秀排名第四順位，只在小葛瑞菲後面三個順位。我那天搭檔的捕手是金．萊瑞茲，一壘手是唐．馬丁利，游擊手當然是荷蘭人羅伯特．艾本霍恩（Robert Eenhoorn）。全隊從哈凱手中敲出七支安打，攻下四分，我也因此受惠。

「感謝你投那些好球給我們打啊，哈凱。」我對他說。

「別在意，很高興能幫上忙。」他回道。

哈凱在管理牛棚上堪稱完美。他篤信放任式管理，並盡量讓大家放鬆點，他知道比賽接近結束時的狀況通常都不太能放鬆。他曾說過，他最想念我的地方會是我帶給牛棚的冷靜感。我會帶給大家冷靜，同時也會帶來許多惡作劇的點子。前五局我通常都會待在球員休息室，到牛棚時差不多是第六局快結束的時候。我會先跟所有人擊拳，接著開始惡作劇，大部分是用口香糖。當你把一堆口香糖拿到牛棚丟來丟去時，你會訝異於這群成熟的大人居然就這樣變成了小屁孩。我是他們的領頭羊，我投卡特球時的控球能力完全無法跟丟口香糖時相比。十呎遠的耳垂？我每次都可以丟到。不只是耳垂，當大家陷入口香糖熱時，我會慢慢改變對象，把口香糖黏在某人身上──最理想的目標，就是哈凱。他坐下時黏在他的褲子上，他的背上──哈凱巨大的身體有許多好目標。我最愛的位置是他的夾克口袋，當他手伸進口袋沾到口香糖時那種感覺真好玩。

「你又要到我了。」他跟我說。

「因為你太好騙啦。」我回道。

新進球員傑森·尼克斯站上打擊區時，打擊練習的時間已經過了超過一半了。他揮棒將球敲成一個朝左中外野全壘打牆飛的平飛球，我也開始往右跑，跑的很快，這時心中完全沒想到惡作劇的事，只想著那顆球，要用手套接住球。尼克斯直盯著球的飛行路徑，球隨著風的牽引改變了位移，但我還是確定自己能接到。我斜切著往左中外野跑，眼睛從頭到尾都盯著球看。正當我接近警戒區時，我注意到球偏回到中外野了。堪薩斯之風再次搞怪，球開始往下掉了，我幾乎要趕到球的落點，快要完成我這次打擊練習最漂亮的一次接殺了！正當我稍稍轉左轉時，腳好像踩到了什麼發出了嘎喳聲。

要踏出下一步時，突然一陣疼痛從我右膝爆了出來。

感覺就像原本膝蓋裡支撐腳的什麼東西撕裂了，可以輕鬆搖晃它。這是我這輩子最痛的一次。球落到了警戒區的地上，我僅存的動能讓腳先繼續往前踏了一步撞在牆上後，才倒在泥巴地上。

我試著要哀號，但聲音出不來，我痛到牙齒只能緊緊咬合。哈凱和大衛看到我的嘴型想說我在偷笑——應該是我故意把自己弄得髒兮兮的來假裝受傷吧。我的臉直接朝泥巴地栽了下去，膝蓋不斷顫抖。我不知道發生什麼事了，但我知道一定不是什麼好事。我能感受到膝蓋不受控制的抖動。你知道的，我無時無刻不在禱告。在家、在車子後方、站在投手丘上時都會。但我現在無法禱告，這陣疼痛太過劇烈了，我只能不斷摩擦膝蓋，希望疼痛會不知不覺就減弱了。

過沒多久哈凱和正好站在旁邊的拉斐爾・索利安諾（Rafael Soriano）發現我是真的受傷了。哈凱馬上吹口哨叫喬，並揮手要他快點過來。

喬和他的助理訓練員馬克・利特菲爾（Mark Littlefield）跑到我身旁，打擊練習中止，我還在不斷的掙扎。

「你有聽到啪的一聲嗎？」某個人問。

「沒有。」

「沒聽到任何聲音嗎？」

「沒有。」

「這是個好兆頭。」

我很感謝他鼓舞人心的診斷，但我覺得沒那麼簡單。過了好幾分鐘我才終於能夠坐起來。哈凱、喬和拉斐爾小心翼翼的將我抬起，放到一輛強鹿牌拖曳車後座的拖車裡。這原本是球場清潔人員拖運工具用的，現在則是拖了一名大聯盟史上的救援王。我的腿被妥善固定在拖車上。

「莫，希望你沒事。」一位站在中外野觀眾席的球迷對我說。

拖車一邊緩緩前進，我一邊向那位球迷揮手，車子順向開到了三壘側的球員休息室。幾位球迷喊著一些鼓勵的話，大喊我的名字，我再次向他們揮手。整個過程都讓我有種超現實的感覺。

「我到底現在怎麼會躺在強鹿拖曳車上呢？為何我之前做了上千次都沒事的動作，結果卻變成這樣？」

拖車開進通道時，我開始想，或許事情沒那麼嚴重。有沒有可能是因為發生的太突然，我才會覺得很不舒服，說不定這只是個小扭傷之類的，我可能一兩周就可以上場比賽了呢？我確實可以自己走路，也沒覺得那麼痛了。看起來甚至沒有腫起來。

「也許只是因為我過度反應了，我很快就會好起來的。」我這樣告訴自己。

我跟馬克．利特菲爾一起在車上等了一下。現在快六點了，我們正要前往堪薩斯大學醫院做核磁共振攝影測試（magnetic resonance imaging test）。過去的車程大約半小時，讓我們有時間在路上對我的頭做些診斷。我保持樂觀的態度，畢竟我對任何事情都是保持這樣的態度，不過我也是個現實主義者。我已經四十二歲了，假使檢查出來的報告不樂觀，那麼下一步該怎麼辦呢？

我的生涯確實在我頭朝下倒在考夫曼體育場的警戒區上那一刻就結束了嗎？有一名記者問喬，若我需要進行膝蓋手術的話，這將意味著什麼呢？

「假使報告上這樣說，假使事已至此，我們要做好最壞的打算。」喬說。

我們開進了一棟四四方方的建築物，而我經歷了約半小時的電鑽伺候，腦海中，樂觀主義和現實主義正在激烈的拔河。MRI結束後，我問醫生狀況如何。

他看起來不太自在。

「我還沒看到最後的結果，我們會儘快把報告弄出來。」他說。

他的一些舉動透露出，他只是不想直接把壞消息告訴我罷了。我在沒人攙扶的情況下回到車上，讓膝蓋好好休息一下。

「若是我還可以正常走路，很難想像狀況會真的這麼糟糕。」我心想。

我剛剛在醫院裡看到的另一位醫師走近車子。

「聽到你受傷的消息，我很難過，」他說，「我知道你是基督徒。不介意的話，請讓我和你一起禱告。」

「謝謝你，當然好。我很希望能和你一起禱告。」

我們兩個都合起雙手。

「**主，您掌控了萬事萬物。**」醫師開始禱告。「**有時您下了不同的旨意，讓我們的人生並不如同我們想像或計畫的前進。主，請幫助馬里安諾恢復健康，並給予他力量與堅韌不拔的毅力來走出傷痛，健康的回到投手丘上。阿門。**」

我感謝他這段簡短又衷心的禱告，很快的我們又回到了球場。進入球員休息室時，比賽進行到第五局。今天我不會進牛棚了，但有人會幫我對麥可．哈凱使出口香糖惡作劇吧。

我跟皇家隊的隊醫文森．凱（Vincent Key）醫師聊了一下。他是一名年輕的非裔美國人，留了一嘴山羊鬍，頭剃得跟我不太一樣。我們在客隊休息室的訓練室中會面。

「醫生，看起來狀況如何？」我問道。

「嗯，要當那個跟你說明這件事的人，我也覺得很難為，馬里安諾，不過MRI顯示出你膝蓋的前十字韌帶（ACL）跟內側副韌帶（MCL）都撕裂了，」凱醫師說，「這得要動手術才行，不過手術後能夠完全恢復，只是你今年剩下的比賽確定無法上場了。」

我讓他的話沈澱一陣子。

前十字韌帶撕裂。

內側副韌帶撕裂。

手術。

今年報銷。

這一年。

很難接受這個事實。三小時前，我還在外野活蹦亂跳的做著自己最喜歡的接飛球練習，想著或許這是我最後一個球季了，我要珍惜每一刻。現在我的下半身受了職業生涯最嚴重的傷。我即將接受重大的膝蓋重建手術，以及一段長時間的復健。

此刻，誰能知道我的未來究竟會如何呢？

我向凱醫師道謝後，便待在球員休息室等待比賽結束。我們以四比三輸球。我坐在所有隊員前，跟自己的眼淚對抗，但終究沒打贏。我把診斷書拿給大家看，上面記載著一段恐怖的故事：撕裂成碎片的膝蓋。重大手術。二〇一二年球季，再見。

說真的，我不知道該說些什麼，只能想到什麼說什麼。

「我很抱歉，我覺得自己讓大家失望了，也讓整個洋基隊失望了。」我說。「我現在心情相當糟糕。你們都仰賴著我，但現在看起來這一季剩下的比賽我是無法上場投球了。雖然我知道這個意外有許多原因，但我現在還不清楚成因為何。我要告訴大家的是……我很高興這個意外發生在我身上，發生在我生涯即將結束的時候，而不是我某個年輕洋溢的隊友身上，發生在還有大好前程的年輕職棒球員身上。我不是真的為了發生這樣的意外感到開心，但我知道，藉由主的力量，我一定能夠妥善處理這次的傷。」

德瑞克走上前來給了我一個擁抱，安迪也是，其他隊友也紛紛上前來擁抱我，這就是我為何喜歡這支球隊的原因。你的成就與麻煩事都能和隊友分享，你能跟大家分享所有事情。我們是一個整體，你會願意為隊上的人做任何事。

當我跟記者會面時，他們問我的第一個問題便是我最後一定會回到球場嗎？從春訓開始，我就已經暗示了自己即將退休的事——因此他們邏輯上也想知道：

我的職業生涯就到這了嗎？

幾乎在當下，我能感受到各式各樣的情緒在我身體之中萌發。我不知道要怎麼說，或如何思考，這也差不多是我告訴他們的內容。我深吸一口氣，提醒自己並不孤單，主會賜予我經歷這一切所需要的所有東西。我從沒問過：為什麼是我？

我知道這樣的想法不會讓我變得更好。

我回到旅館後，跟克拉拉說了很久很久的話。我在電話裡對她哭了很久。我們一起禱告，她也說了許多她在我們遇到困難時用來讓我安心的話。這就是克拉拉療癒我的方式，那些話語的效力就跟她柔軟的手摩挲我的背時相同：

「明天會更好。」

這個傷和不斷迴盪的情緒讓我徹夜輾轉難眠。我不認為苦惱這些事有何幫助，我無法回到過去讓膝蓋別受傷，也無法回到二〇〇一年世界大賽第九局改變結果。醒來後，我的膝蓋就跟水泥一樣僵硬。我不再堅持不讓人攙扶自行走動，馬上叫來馬克·利特菲爾並要了雙拐杖。跟別人要求這些幫助，就像是被擊敗了一般。但我心情調適得還不錯，外表看起來完全正常。

我坐在客隊球員休息室，自己的更衣櫃前，許多記者圍繞在我身旁，我的拐杖好好的擺在一旁。現在距離我在警戒區的泥土堆上打滾還不滿二十四小時，不過這段時間裡發生了許多事，其中有許多是在我身體之中發生的，我有很長一段時間不能做接飛球練習或是上場救援了，但我沒有打算要離開。

「我一定會回來。把這句話用大寫字母強調。我不會用這種方式離開。」我告訴那些記者。「奇蹟必定發生，我樂見其成。」

後來醫生在我的腿裡發現了一塊血栓，得等到它散去才能動手術，因此手術延後了一個月。六月十二日，紐約特別手術醫院（Hospital for Special Surgery in New York）的大衛・艾爾特查克（David Altchek）操刀進行手術，一切順利。他說撕裂並沒有X光照顯示得那麼嚴重。整個夏天我都進行著份量很重的復健，對待復健就像為了在世界大賽出場做準備那樣認真。一個星期四到五次，一次三個小時，我經歷了一連串折磨人的練習，需要靠這些練習來增加膝蓋彎曲的角度與力量，不停的前推與後拉，就像在懲罰自己。其中有許多日子，膝蓋發出的疼痛都跟一開始受傷時差不多，甚至更加疼痛，但我的毅力非常的頑強，沒有放棄過。

如果我想要在回歸球場時恢復原本的身手，就得這樣做。

假使在這番嚴苛的考驗中有什麼是我當初沒預料到的好事，就是我發現夏天時跟家人一起度過是多麼令人開心的事，自從二十歲以後，我就沒有在夏天時有機會常常陪在家人身邊了。

七月四日，洋基隊在坦帕拿下勝利後，我在家裡辦了一場烤肉聚會。

「**我一定能習慣這種生活的。**」我心想。

我能參加孩子的棒球賽，有更多閒暇時間可以跟克拉拉一起度過。我可以跟家人的生活步調更加合拍。當然，我還沒準備要退休；還要復出再打一季，二〇一三年正等著我，主也願意。但這些感覺讓我了解到，等我退休後，一定會過得很開心。

當我完成手術開始復健時，洋基隊在美聯東區的排名也開始起飛了，六月的二十七場比賽中拿下了二十勝，最大的功臣是羅賓森．坎諾。每次我轉到比賽時，都看到羅賓森又把球轟出了全壘打牆外。這個月他敲了十一發全壘打，打擊率三成四〇，維持連續二十三場都擊出安打的好表現，同時也展現了世界級的守備。

無疑的，羅賓森是我曾一起打球過的選手中最優秀的球員之一。但他也是我曾共事過的球員最讓我感到困惑的球員之一。回到幾年前在安那罕的一場比賽。天使隊已經連續贏下了兩場比賽，若是我們被拒於季後賽的大門外，一定要搶下這場比賽。

第九局打成平手，一人出局一二壘有人，喬派我上場。我要是沒能抓下這兩個出局數，我們就得打包回家了。打者是第一棒西恩．菲金斯（ChoneFiggins）。我投出第一球就被他打成了二壘方向，連續彈了六七次的滾地球。羅賓森站在二壘前方一兩步，位置有點曖昧，但球滾動的速度慢到我知道他一定有時間趕上。羅賓森先是往球來的方向走了幾步，接著，他就停了下來。

沒有撲接，沒有嘗試要將球攔下來。

什麼都沒做，他就是單純停了下來。

球就這樣徐徐滾到了外野。二壘跑者霍伊．肯德瑞克（Howie Kendrick）看到這個狀況便拔腿就跑，順利將我們橫掃出局。沒人知道羅賓森為何不撲球或做任何努力把球擋下來好守住這場比賽。

我肯定不知道原因。就算你覺得一壘手會處理這球，你怎麼會不去他後面補位以防萬一？你怎麼會像百貨公司的假人模特兒一樣站在原地，看著球就這樣滾到外野？

那一刻你怎麼可能不想盡一切方法確保球隊不會輸掉比賽呢？

比賽結束後我沒有跟羅賓森說話。到處都是記者，當下也很多情緒。現在不是跟他討論這件事的時間。

當晚我們飛到明尼蘇達，到了隔天，我把羅賓森叫到地鐵巨蛋的球員休息室，我和羅賓森之前就聊過類似的事情了，這時我們兩個就站在他的衣櫃前。

「昨天菲金斯那支安打究竟是怎麼回事？」我說。

「我不知道，我以為威爾森（一壘手）會去擋那顆球。我只是沒判斷好罷了。」羅賓森說。

「你發現他沒上前接球時，怎麼沒有追上去補位呢？」我問他。

「我覺得應該來不及撈到球了。」他說。

羅賓森頭往下垂，很明顯那球也讓他覺得很難受，也很清楚整個球隊沒人比我更關心他了。

我不會試圖保護他，而是要拉他一把，就跟大哥哥幫助小老弟一樣。

「羅賓森，你會比昨天表現得更好，」我說。「下次遇到那種情況，你得使出渾身解數把球留在內野。」

羅賓森點了點頭。

「我知道這樣做不對，下次不會再發生了。」

到我退休時，我跟羅賓森．坎諾當了九年的隊友。這個小子擁有太多的長處，讓我不知該從哪開始說起。有時候我懷疑他知不知道自己多有天份——知不知道他可以做的比現在要好許多，比任何人都好。他就是這麼有天份。過去我曾對他說，我不想看他在任何一個打席放棄，任何一次打擊都不要。我想看他每個打席都全力以赴。

每次我看羅賓森追打眼睛高度的球，我都會氣炸了，這基本上等於自殺棒。你知道我有多少次看到他在滿壘的時候打第一球嗎？這是沒有自信的球員才會做的事，不是像他這種全場最棒的球員該做的事。

我一次又一次的叮囑他：「羅賓森，你的能力好到不需要去做那些事。投手投第一球時，通常都會投一些位置很差的球，看你會不會被釣到，打成軟弱的滾地球或是小飛球，別讓他們得逞。你被釣到，不只是浪費了這個打席，看著隊上最棒的打者變成自殺棒，會拖垮整隊的士氣。」

「你想讓對方投手得逞嗎？」

「你說的對，我不會再這樣了。」

他的跑壘又是另一個故事了。一切順利時，他是一個非常棒的跑者。他擁有非常優異的第二動作，很會判斷投手的節奏。他的直覺相當可靠，但他不會每次打擊後都盡全力衝向一壘，接下來有很多次——非常非常多次——在看起來必死的滾地球前，沒有對防守者施加壓力。你不能假設每次都會出局，凡事必有意外。

你可以問問前大都會的球員路易．卡斯提洛（Luis Castillo）[1]這件事。

一個月後，在紐約，羅賓森在我們對上坦帕隊的比賽中，接到克里夫．佛洛伊德（**Cliff Floyd**）擊出的球後處理太慢，讓他跑上了二壘。這局結束後，喬把羅賓森換下場。

「你不想拚對吧？找個位置坐。」喬說。

我始終比其他隊友都還要關注羅賓森，精確的說，是關注主賜予他的天賦。假使其他人上場當了自殺棒或是慢吞吞的處理球，也是會惹惱我，但狀況不同。我對羅賓是用比較高的標準看待——也希望他對自己有相同的期望。

不過這邊也要讚揚他，羅賓森從來不會找藉口或是在我上前對他好言相勸時要我走開，而且不只一次。我認為他相當信賴我想拉他一把的精神。他總是用非常尊敬我的態度聽我說話，每次必定向我道謝。

---

1 前佛羅里達馬林魚與紐約大都會二壘手，以快腿與積極跑壘而聞名。

相信我，有許多許多人都無法用這樣真誠的態度待人。

隨著年歲漸增，羅賓森也變得越來越棒。他現在打球非常拚命，我希望他轉隊到西雅圖能夠繼續保持這樣的拚勁。無疑的，他會是未來的名人堂球員——畢竟他擁有這麼強大的天賦。問題只在於他能否照著既定的道路繼續前進。我不認為羅賓森急於想成為最棒的球員。我認為他很滿足於享受比賽，幫助球隊勝利，然後快樂回家。你不會在他身上看到，在大多數菁英球員身上能看到的那種洶湧熱情。他的個性比較懶散，可能是因為他剛上大聯盟時身旁圍繞著很多比他年長的明星球員吧，他就是做好球隊賦予他的角色，但他現在是水手隊的看板球星，之後就看他表現了。

你有多常見到有球員擁有如此漂亮的揮棒動作呢？他還能做出精美的守備美技，而且還有這樣的打擊力道？這實在太驚人了。站上打擊區時，他那精壯的雙手令人安心，接著他會展開雙臂，身體往前傾，看起來又強大又迅速。看他輕輕鬆鬆就能將球敲出全壘打牆，你心想：「**這樣的揮棒，在生涯弱年打擊率應該也有個三成五吧。**」羅賓森就是擁有這樣的能力，我希望他持續進步並達到這樣的水準。

經過了兩個月艱苦的膝蓋復健，我現在感覺很好，相信自己這一季就能夠復出了。便跟艾爾特查克醫師會面，向他報告我的恢復狀況。

「醫生，我膝蓋感覺很棒。」我說，「我真心覺得自己可以——」

他打斷我的話。他很清楚運動員在想什麼，也知道我接下來想說什麼——我一定是要提出充分的理由，說明我應該這一季就回到球場。他告訴我，這樣匆促的上場是愚笨且冒險的。我就像是要衝回本壘的跑者，他就是擋在本壘板前那個跟摩里納一樣高大的捕手。

我離回本壘得分還差的遠呢。

「你的手臂或許狀況不錯，不過要當一名大聯盟投手可不是手臂有力就好了吧？」他說。「你有辦法防守觸擊嗎？你能盡全力衝下投手丘，接球，轉身快傳讓跑者出局嗎？你能做好防守，比跑者還快衝到一壘補位封殺跑者嗎？」

我但願自己能提出有力的反駁，但我沒辦法，他是對的。

「我知道你有多想回到球隊打季後賽，但你還沒做好踏上大聯盟投手丘的萬全準備。」艾爾特查克醫師說，「想讓膝蓋完全康復的話，就應該要調整好身體，以明年春訓為目標。」

確實，春訓很快就到了，今年我們又度過了一個令人失望的十月，先是在分區系列賽擊敗了金鶯隊，不過在美聯冠軍系列賽被老虎横掃出局。打者通通熄火。羅賓森·坎諾例行賽打擊率是三成一二，三十三發全壘打與九十四分打點，不過季後賽四十次打席卻只敲出三支安打，這也是他最後一次穿著洋基隊球衣的季後賽。

第二十一章　睡魔退場

我正站在洋基隊位於坦帕的春訓複合設施的後球場，花了差不多一小時練習觸擊守備與突襲牽制。我們的牛棚教練麥可・哈凱就站在一旁。這一年是二〇〇八。或二〇一〇，或是二〇一二。

這麼多年來都是同樣的情境。

「就這樣吧，哈凱，我就到這了。明年你不會在這裡看到我了。」

「你每年都這樣說。」哈凱說。

「不，這次我是認真的。」我說。

「你就像是那個大喊狼來了的小孩，」哈凱說。「明年你又會回來，說不定再過一年你還是會在這裡跟我說同樣的話。你絕不會退休的。」

我跟哈凱這番對話已經重複了六次了，還是十次？我們常常這樣說，因為春訓是我一年之中最不喜歡的時刻。有時你會聽到哪個人說春訓是人生的隱喻，重生的象徵，帶來一種萬象更新的期待。我從沒真正感受到這份狂喜。我是一個把心都放在家裡的小孩。離開克拉拉和小孩們對我來說一直是件難事。家是我們祈禱與開懷大笑之處，是我們互相扶持的場所。離開前看到兒子們在遊戲間玩耍，而我這一離開又是整整一年，一想到這件事就讓我掉下眼淚。

這種感覺，就像突然遇到一股不知從何處冒出來的颶風。

「我覺得自己好像失去了那些孩子，因為我實在太常不在他們身邊了。」我對克拉拉說。

當我二十三歲時，離開家裡並沒有那麼容易，到了四十三歲時，仍舊是一件難事。我是一個在固定程序中才能自在存活的人，如果固定程序被打亂了，我會覺得非常不安。

不是說我現在不想做準備與練習。我很清楚現在是要好好收心，打下基礎的時候，不過在這種毫無緊張感或是只有正式比賽某部分的練習真能幫上什麼忙嗎？對我來說，春訓比在河邊等魚上鉤還要無聊得多。讓我上場投個幾局，投個一兩個星期，我就可以做好上場的準備了。不然現在的練習實在太單調，也太沒有競賽的緊張感了。

然而，在我第二十四次，也是最後一次的春訓中，我的態度有了一百八十度的轉變。不是因為我知道這是最後一次春訓，是因為我目前體格狀況相當好。花了九個月從堪薩斯市的傷痛中走出來後，我的膝蓋變得非常強壯。整個身體都感到非常強壯有力。無論是在外野奔跑、接滾地球或是跟其他隊友一起練習——都讓我非常感謝主給予我再次回到球場的機會。

在實戰投打練習投了二十球後，我的老捕手搭檔與好友荷黑．波沙達嘲笑我。

「二十球了，你投太多了啦！」他說。

讓他笑吧，隨便大家去說。我重新穿上球衣，能夠上場投球了。我不會將這樣的福份視為理所當然。

接下來幾天我在牛棚試投了幾次，一切順利，接著我在三月九日首度於春季練習賽亮相，只比我正式宣佈即將退休的媒體記者會晚了幾個小時。我們的對手是亞特蘭大勇士隊。我讓丹．阿格拉（Dan Uggla）敲出二壘方向飛球拿下了一出局，接著三振了璜．法蘭西斯科（Juan Francisco），克里斯．強森（Chris Johnson）則是拿著球棒呆呆看著好球進壘，很快就拿下了這局。拿下第一個出局時，感覺再好不過了，讓我對這一季充滿樂觀的期待。

我也期盼對德瑞克．基特的狀況也能保持的同樣的樂觀。

面對勇士隊的比賽也是德瑞克春訓的首次出場。這是他去年美國聯盟冠軍系列賽第一戰第十二局後首次亮相，當時他在守備時，向左橫移途中絆到了腳踝。當時狀況很詭異，讓我想起自己在堪薩斯市發生的意外，因為我看過他做那個動作超過一萬次了。那絕對是完全正常的一次守備，突然間，就發生了意外。一週後德瑞克便動了手術，並且不斷強調他的目標是在開幕戰歸隊。

初次亮相時他擔任指定打擊，睽違五個月的首次登場，投手投出的第一球就被他用推打打成了左外野平飛安打。這是德瑞克的招牌打法，球迷全都狂暴了起來。過了一兩天，他上場擔任游擊手，之後便堅持他已經完全康復，能夠在開幕戰先發出場了。

唯一的問題就是，我不相信他真的能上場。我跟德瑞克一起打了很多年的球，我對他的移位方式、比賽時的守備習慣跟對我自己一樣熟。我覺得他看起來不太對勁。他沒法自由自在的移動腳步。沒有同樣的爆發力或敏捷度。我知道春訓時說這些還太早，但我想的是，我看到的樣子跟他堅稱自己一切都已步上軌道之間的差異。

春訓時，我持續近距離觀察他。德瑞克的左腳踝受了很嚴重的傷。無論手術有多成功，有時候你就是需要時間讓身體復原。我認為他是太想要重回先發，而蒙蔽了自己的判斷。

「我知道你有多想上場，但你得更謹慎些，不要太匆促復出，」有一天我在訓練室跟他說，「這樣不值得。你應該等到百分之百復原再上場，如果你太早就上場，反而會適得其反。」

「莫，我沒事，我現在感覺很好。我知道你說的意思，但我不會做出魯莽的舉動，別擔心。」他說。

他說醫生告訴他復原狀況非常好，偶而有些僵硬或腫脹是免不了的。但他堅持一切都會非常順利。

當然，醫療專業人士比我更清楚腳踝裡面的狀況。我只知道自己看到了什麼。三月底，德瑞克僵硬跟發炎的症狀更嚴重了，還得注射可體松（Cortisone）。他仍然堅持這只是小問題。接著就是他一開季就被納入傷兵名單的消息，而基本上類似的壞消息就再也沒少過了。一直到七月十一日他才終於上場打了今年第一場比賽，沒多久他又受傷了，他的身體變得到處都是傷。

德瑞克是我認識的球員中最會驅策自己的人之一。這也是他表現如此優異的原因，但我認為這樣的驅策力也同時將他蒙蔽了，或許每個人多少都會陷入這樣的盲點之中吧。就我來看，很明顯他還沒準備好，但不知為何他就是一直不斷的逼迫自己，沒人阻擋他——或是說沒人保護他不被自己蒙蔽，就跟艾爾特查克醫師保護我不被自己蒙蔽一樣。我相信這是個結構性的錯誤——一個不夠深思熟慮便往下一步前進的大問題。

無疑的，大家心裡盤算的都是如何獲得最大利益，但有時候你得忘記診斷書上寫的東西，相信自己看到的。德瑞克在二〇一三年總共打了十七場比賽，假使他沒有匆促的復出，就算只打了五十或七十五場比賽，球隊這一季的狀況就會大不相同。隊上會有一位隊長，我們的名人堂球員——不動的游擊手。只要隊上擁有健康的德瑞克．基特，我們這一季就不會只打到九月就結束了。

開季六星期，我在十三次救援機會下拿到了十三次救援成功，這一天，我站在堪薩斯市的考夫曼體育場投手丘上，這次我不是傷患，而是救援投手。我比較喜歡現在的樣子。

這一天對我來說感觸良多，從很多方面來看都是如此。比賽開始前五個小時，我跟堪薩斯市的公益團體安排的十八個人會面。這一整季，無論在哪個地方比賽，我都會找時間做這件事，跟一些我平常不會接觸到的人見面聊聊。他們可能是球迷、體育館的招待人員、咖啡廳的員工、收票員，一些維持棒球比賽正常運作的幕後工作人員；那些堪稱為棒球比賽順利舉行的命脈，努力工作的人。在克里夫蘭，甚至有一個是場邊加油團的傳奇鼓手約翰．亞當斯（John Adams），他總是在露天看臺最上方奮力擊鼓，努力激勵印地安人隊的士氣，幾乎是從我出生開始，他就已經在場邊擊鼓了。洋基隊的媒體公關主管傑森．齊洛（Jason Zillo）完成了一個非凡的任務，把一切聯絡工作都打理好了，而這些私下的會面，跟我最後一年經歷的所有事物都令我同樣印象深刻。我不是試圖要成為高人一等的人或是英雄；我只是單純想藉由這個機會感謝這些人付出的貢獻，與其堅定不移的支持，讓我得以參與他們的世界，而非他們加入我的世界。或者說，藉由這個機會讓我得以一窺他們面對的逆境與悲劇，這也是我所能提供的一種，或許能夠稍稍減緩他們困境的方式。

我因此得以跟全國各地各式各樣美妙的人士接觸，而這些回憶會永久伴隨著我，就算是我在五月十一日堪薩斯市的比賽開打前，拜訪過最悲慘的布瑞塞特（Bresette）一家與名為強納斯．博徹特（Jonas Borchert）的年輕投手的回憶也同樣美好。來自堪薩斯州歐弗蘭帕克（Overland Park）的布瑞塞特一家，才剛遭受到難以想像的慘劇，當時他們正從佛羅里達回返家園。他們全家大多數人同時被阿拉巴馬州伯明罕機場顯示班機資訊的看板砸中。十歲大的小孩路克直接喪命，他的母親海瑟．布瑞塞特受到重傷，另外兩個兒子山姆與泰勒也受了不小的傷。當我擁抱孩子的父親萊恩．布瑞塞特時，我不知道該說或做什麼，我只能表示我的哀傷，並告訴他，我會為他的家人祈禱。

「你在我們傷心流淚的時刻，給了我們一份特別的禮物。」萊恩說。

「你們也給了我一份禮物，就是讓我與你和你的家人共享一段時光。」我流著眼淚說道。

聊到一半時，另一個十三歲大的布瑞塞特家小男孩喬，提到路克很喜歡棒球，不過非常痛恨洋基隊時，大家都笑了。

那天，在我跟如此多特別的人會面時，那種力量與啟發從我身體之中源源而出。我被布瑞塞特家面對這種極大傷痛時展現的力量給激勵了，同樣的激勵也發生在我見到十五歲大的強納斯．博徹特時，他來自密蘇里州的利斯薩米特（Lee's Summit），是名擁有強大宰制力的救援投手，得了癌症，不過他非常努力的與癌症對抗。還有瑞奇．賀南德茲，一名坐著輪椅的年輕人，他在家裡後院建造了一個讓殘疾人士能夠開心遊戲的場所。

每個人都說我願意每天撥出一兩個小時的時間跟他們會面，真是一個大好人，但我總是試圖讓他們明白，是我要感謝那些願意跟我見面的人，感謝他們給予我的一切。儘管會面室中充斥著傷痛與不幸，但主的賜福與人的善心更是充斥各處，來這裡跟大家會面讓我的生命更加豐富。

回到之前受傷的場景不會讓我想起當初的創傷，而是滿滿的喜悅。我在比賽前做了接飛球練習（不過我保證不會跑得跟動膝蓋手術前一樣拚命了），而且我看到隊友在外野牆邊，就在我當初摔倒的位置旁邊掛了一個牌子，上面寫著「非請『莫』入」，真是讓我笑翻了。我迫不及待比賽快點開始，好讓我能上場投球。第八局時，牛棚的電話終於響了。哈凱接起電話。

「莫，第九局交給你了。」他說。

我上場，試著為安迪保住勝投，他跟皇家隊的詹姆斯．席爾斯（James Shields）纏鬥後稍佔上風。我先讓前兩名打者敲出游擊方向滾地球出局後，皇家隊的捕手薩瓦多．裴瑞茲（Salvador Perez）敲出了右外野二壘安打，接下來的打者是麥可．莫斯塔卡斯（Mike Moustakas），是個左撇子，鎮守三壘大關。他全力揮擊，打了四顆界外。現在來到滿球數，我投了顆外角偏高的卡特球，被他敲到了左中外野，相當深遠。那個球正好落在了我受傷的那個位置。我轉過身，望著左外野手維農．威爾斯（Vernon Wells）跑到那個地點將球接著正著。我們拿到了四連勝！而且隔天我又對上了莫斯塔卡斯，這次他敲出了右外野小飛球接殺出局，我替黑田守住了勝利，拿到了五連勝的佳績。

我在前三十次救援機會中拿下了二十九次救援點，覺得自己寶刀未老。我們完全是支非常有凝聚力的球隊，就連受傷也要一起——不只是德瑞克，馬克．塔克薛拉、柯蒂斯．格蘭德森、法蘭西斯科．瑟維里與艾利克斯．羅德里奎茲（還在髖關節手術後的恢復期）通通掛彩，我從沒見過這種狀況。

我們不斷試圖想要找到解決這個困境的方法，這時我們飛往西部朝客場之旅前進，我們來到奧克蘭，我順道拜訪我的老朋友與英文老師，提姆．庫伯。距離我們在同一隊打球到現在有二十年了，但庫伯是我絕對不會忘記的人。當我需要他時，他就在我身旁，教我英文，幫我脫離孤單。我給了他幾張球票，並邀請他與他的家人在比賽開始前來我們的球員休息區參觀。很高興能見到他。

「你氣色不錯。」我告訴他。

「我想幫你剪頭髮，不過你現在沒頭髮可剪了。」他對我說。

當我前去參加生涯最後一次明星賽時，我們還落後第一名六場勝差，這次明星賽，我只要開車過橋到皇后區就到了比賽的球場，對此我感激不盡。美國聯盟明星隊總教練金．李蘭（Jim Leyland）在第八局下半派我上場。當我走出牛棚大門，開始小跑步穿過花旗球場（Citi Field）外野時，〈睡魔降臨〉的音樂也同時播放，球迷們全都起立歡呼。我一開始覺得所有的一切都跟平常相同，就是一般的明星賽，直到我快到達投手丘時，才發現有些異狀。

整個球場只有我一個人。

真的就只有我而已。

美國聯盟的隊友都待著球員休息區向我致意。他們全都靠在欄杆上鼓掌。國家聯盟的球員也在一壘側的休息區做著同樣的事。在大家這樣禮遇我的狀況下，我顯得如此微末，如此驚慌失措，全然沒意識到自己做了什麼回應。我先鞠躬，再送出飛吻。還揮舞帽子，然後將手放在心口上，心中只想著：

「一個人要多有福份才能得到這樣的禮遇呢？」

但願自己能夠繞花旗球場一圈好感謝在場的每一個人。

比賽開始前，我站在休息室正中間，身旁全都是明星球員，他們應該為自己的成就為榮，以及能成為他們之中的一份子，是多麼光榮與值得誇耀的事。托利．杭特站出來說，他懇求美聯的明星球員們為我拿下這場比賽的勝利，並模仿饒舌明星好讓大家開心的振奮起來。

三小時後，我站上球場，試圖要幫助他們、幫助我們拿下勝利。我先投幾球熱身球給薩瓦多．裴瑞茲接，接下來我要守住三分的領先優勢。先是讓尚．席古拉（Jean Segura）、艾倫．克雷格（Allen Craig）與卡洛斯．哥梅茲（Carlos Gomez）通通無功而返。在哥梅茲敲出游擊方向的滾地球後，我慢慢的走向三壘側的球員休息區，球迷再度起立鼓掌。這整季充滿了最後一次……最後一次拜訪這個球場，還有那個球場，所有的地方都是最後一次。這場比賽也要結束了，我最後一場明星賽。現在這種下場方式是最能將記憶烙印在我腦海中的方式。

明星賽後，我們前往芝加哥進行三連戰，對手是難纏的白襪隊——而且我們目前的排名有點難看，在美國聯盟東區排名第四，明星賽後我們前十五場比賽的戰績是六勝九負，而且此刻我們如同換上了條紋球衣的馬戲團演員般在球員休息室中來回走動。今晚我們受到注目並非我們有氣無力、有一搭沒一搭的攻守表現，或者是白襪隊正處於十連勝氣勢正好。是因為我們的三壘手艾利克斯．羅德里奎茲歸隊了，他終於從髖關節手術中復原，今天正是他本季首度亮相。髖關節問題一直是艾利克斯揮之不去的夢魘，不過，根據大聯盟剛剛宣布的裁決，他因為涉入了「生源論抗老化中心」的禁藥醜聞（Biogenesis scandal），服用了這個機構提供的體能提昇藥物，並試圖阻撓大聯盟的調查行動，而遭到禁賽兩百一十一場的懲罰。這是史上因禁藥而遭到禁賽場次最多的一次嚴厲懲罰。還有一大堆球員承認他們涉入此案而接受了禁賽五十場的懲罰，該診所原本的業務是研發抗老化的產品，但調查後才發現其真實業務是販售抗球技老化的藥物，因此這個中心以及涉案球員皆遭到起訴。

艾利克斯在他收到聯盟宣判禁賽的同一天提出上訴，讓他有繼續上場的資格——這個舉動讓白襪隊的客隊球員休息室變成了全面開放的精神病院。就連世界大賽也沒能引起如此大的騷動，或是引來如此多的記者。我不在意這些，只是很開心他歸隊了。他不是普通球員，是一個超級巨星。在他全盛時期，他是我這輩子看過最偉大的球員之一，雖然他的狀況已經不如當年，但還是一個能帶我們離開目前這種低潮的球員。

關於艾利克斯的風風雨雨，我不能說自己完全清楚來龍去脈，但他確實擁有對禁賽判決上訴的權力，也擁有從任何他希望的正常法律途徑解決這件事的權力。他是我的好友兼隊友，要我來說，我覺得他就像是我的家人。你不會因為他犯了錯，或者說犯了許多錯，就不把他當成家裡的一份子。

那天我在他的置物櫃前看到他，便馬上上前擁抱他。

「歡迎歸隊，怎麼這麼久才回來？」我說。

「謝啦，莫。很高興能回到隊上。我準備好上場打幾場球了。」他說。

「我們一起繼續前進吧。」我說。

艾利克斯．羅德里奎茲可能比我認識的任何人都還要熱愛棒球。棒球就是他的一切。我熱愛比賽與競爭，不過比賽結束後，我會很想回家或是回到旅館，到第二天上工前盡量不去想棒球的事。但他會觀看其他比賽的錄影，接著是另一場，不然就是重看那些他已經看過的比賽。他是我歷來隊友中最聰明的球員。這也是讓我很難理解他竟然會選擇做某些事的理由所在，不只是使用體能增強藥物，還有喜歡讓自己成為鎂光燈焦點的個性。似乎成為史上最棒的棒球選手對他來說還不夠，他想要在所有事情上都成為頂尖，想成為最棒的，讓自己看起來是最棒的，吸引所有人的目光，以上種種讓他成為棒球界裡最受爭議的人物。

以上種種，也是我在二〇〇九年《運動畫刊》（*Sports Illustrated*）揭露他的禁藥測試顯示陽性時，我對他說的話。

「我覺得你做錯事了，」我說，「我不喜歡你做的事。但我還是會在你身旁，拉你一把，而不是把你當落水狗倒踢你一腳。」

艾利克斯回歸先發陣容後，球隊表現仍舊沒有起色。對上白襪隊的連戰第一場我們便遭到重擊，安迪投出他生涯最糟糕的先發表現之一，第二場也輸了。現在我們的戰績只比五成勝率多贏兩場，而且是連輸兩場給一支陣亡將士紀念日（五月最後一個星期一）前，就已經失去爭奪季後賽門票資格的球隊，因此連戰的第三場比賽就更加重要了。我們得步上軌道，而且要快，因為我們已經落後第一名十場半的勝差了。

前半段比賽CC．沙巴西亞使出渾身解數，讓我們取得四比〇領先，不過白襪隊隨後將差距縮小到四比三。我在第九局登場。美國行動通訊球場（U.S. Cellular Field）的球迷全都起立為我最後一次到訪鼓掌喝采。我很感謝大家的熱情，便手扶帽沿點頭向大家致意，不過我現在完全將精神都放在比賽上，狀況不錯。投球前我先站在投手丘上禱告。上場首先面對的球員，就是白襪隊最危險的打者艾利克斯．利歐斯（Alex Rios）與保羅．科諾科（Paul Konerko）。我先讓利歐斯打成一壘方向的界外飛球出局。科諾科上場，一好球沒有壞球時他打成中間方向的小飛球出局。兩個出局數只花了五球，全都是好球，我很滿意。

「再抓下一個出局數我們就可以走人了。」我心想。

二壘手高登．貝克漢（Gordon Beckham）站上打擊區。他過去從未從我手中擊出安打。球數以一好兩壞落後，下一球投到了外角偏高的位置。貝克漢揮棒，球棒前端擊中球，打成了右中外野平飛二壘安打。現在追平分站上了二壘。

今年我拿下了三十五場救援，只搞砸了兩場。亞當・鄧恩（Adam Dunn）上場代打。我曾跟他交手四次，從沒讓他將球打進場內，四次都將他三振出局。我連投兩顆卡特球，都是外角偏低進壘，他放過了這兩顆好球，沒有模稜兩可的空間。從我踏入大聯盟開始，我上一任洋基守護神約翰・韋特蘭總是不斷強調一件事：「當你絕對要拿下這個出局數時，千萬不要在關鍵時刻投出你第二好的球路。拿出你最拿手的球路就對了，沒有例外。」

我得拿下這個出局數。左撇子強力打者鄧恩正等著瞄準我的卡特球。從鄧恩對前兩球的反應，我知道他在等內角球，讓我知道一定要繼續瞄準外角。捕手奧斯丁・羅邁（Austin Romine）打了外角的暗號。這球沒有往角落跑，而是飄進了好球帶。以堅持推打聞名的鄧恩，這一季花了許多功夫改成開放式打法。他揮棒將球犀利的擊成了三壘方向滾地球。我轉過身看到球穿過艾利克斯，貝克漢回本壘得分，比賽打成了平手。

我為了自己堅持再投外角卡特球而非常激動。他很明顯在等內角球沒錯，但外角就是他最喜歡打的球啊。我應該投到內角不要太靠紅中，看看能否讓他硬打成不健康的球才對。但我就是沒試著這樣做，還是堅持投外角，失去準心，比賽打成了平手。

我三振了卡洛斯・威爾斯（Carlos Wells）結束了這個半局，但救援成功也飛走了。我得拿下一個關鍵的出局數才能贏得比賽，但我沒能拿到。三振威爾斯後，我走了一段每個後援投手最痛恨的一段路：因自己斷送球隊領先優勢後走回球員休息區的路，而且比賽還沒結束。這真是最漫長的一段路程。

然而，我無法細想剛剛的失投，我還有一局要投，也確實讓對手三上三下，等到羅賓森在十一局上半敲出了一發全壘打，我心情才好些。不過十一局下半白襪隊攻下兩分後，我的心情又更差了。

接下來我們回到主場面對老虎隊，又是另一個充滿話題的羅德里奎茲編年史之夜——自從艾利克斯禁賽並上訴的紛擾後，第一次在布朗克斯出賽。上千位球迷一起噓他，但也有上千名球迷為他歡呼。我很懷疑事情最後會如何收場，希望他能在這些英雄式的待遇中保持專注。比賽進入第九局，我們以三比一領先，又輪到我了。

拿下第一個出局數後，奧斯丁．傑克森（Austin Jackson）敲出了一支左中外野的二壘安打。又讓托利．杭特擊出投手方向強襲球出局。現在，委內瑞拉全壘打製造機米格爾．卡布瑞拉，目前職棒界最棒的打者站上打擊區。現在是我跟他的對決了。卡布瑞拉今年打擊率三成五八，敲出了三十三發全壘打（溫馨提醒，現在是八月初），且一如往常，他能夠將球敲往任何方向，在任何球場表現起伏不大。我在面對他時，投球的態度跟面對所有打者都一樣；不會因為他而改變自己的節奏。有時候對上某些球員的時候，我確實會投出稍弱一點的球好節省力氣，但在面對卡布瑞拉時，投弱一點的球毋寧是自討苦吃，我只能努力用強勁的球路壓倒他。

整個體育場的觀眾又站了起來。我投出第一球，是顆進到好球帶但偏高的卡特球，他揮棒的時間點不對，打成了朝一壘側球員休息區飛去的高飛球，我們的一壘手越過攝影區的欄杆，但跑過頭了得後仰接球。他伸展身體想撈到球，不過球在他手套旁一吋的地方落地。卡布瑞拉休息了一小段時間，也知道要如何面對我的球了。下一球又被打成界外，兩好球。

再一個外角好球。

一顆好球。

「結束這場比賽，讓一切終結吧。」我告訴自己。

我投了一顆偏高的壞球，但他不買帳。下顆球投出，卡布瑞拉展現韌性，打成了擦棒自打球，彈到了他的膝蓋，他一跛一跛的走了幾步，防護員和老虎隊總教練金．李蘭上前觀察他的狀況。幾分鐘後，他艱苦的走回打擊區，我又投了一顆內角球，這次他又打成自打球，砸到了他的脛骨。現在他看起來又更慘了。

此刻我一心只想著要結束比賽。我試著投開點騙他揮棒，對準外角角落投。他沒被騙到。這個打席要到第七球了。他對我卡特球揮擊的方式，透露出他可能無力對付二縫線快速球；那種球近似於強力伸卡球，假使我好好的壓低球路，應該可以抓到他。考慮到他正期待我投出卡特球的狀況，我相信這是最佳選擇。我向前彎腰，做出投球動作，接著投出二縫線快速球，違背了韋特蘭的箴言，我相信自己能靠著投出卡布瑞拉沒預料到的球路來混淆他。我可能確實騙過他了，不過球跑到紅中偏高的位置，就這樣直直的進壘。他將球打的老遠，當他看著球的軌跡時，我趴在投手丘上，頭靠在地上。我知道球會在何處。

球直擊計分版。

穿過了中外野全壘打牆。

不需要看布列特．嘉德納（Brett Gardner）追球的樣子我就知道了。

「哇！」卡布瑞拉用蹣跚的腳步繞壘時，我說道。這聲哇道出了剛剛發生的一切，說明了米格爾．卡布瑞拉擁有多麼強大的打擊天賦。他成功處理掉兩顆通常能夠終結比賽的致勝球，並努力延長這個打席。

接下來，他便擊敗我了。

這兩場比賽接連只差最後一顆好球就守住勝利了。我又步上走回球員休息區那條漫漫長路，沒有完成任務，幾乎有種頭暈目眩之感，就好像下顎被揍了一拳。又讓大家失望了。

我們在第十局靠著嘉德納的關鍵安打贏得勝利，這讓我搞砸比賽的挫敗感稍稍獲得緩解，但這份創傷無法藉由快樂的結局一筆勾銷。

「**有人會因此付出代價的。**」我再次告訴自己，就跟十六年前在克里夫蘭那次，小山迪．阿洛馬在分區系列賽從我手中敲出的那支全壘打一樣。有人會因此付出代價。是誰，會如何付出代價，我無法告訴你。但我這樣告訴自己，要讓自己下定決心一定要討回來。

今晚發生的事會讓我變得更聰明、更強悍、更好。這不會動搖我的信念。若是真有什麼影響，也只會讓我變好的心更加強烈。會讓我加倍堅定，勢必要拿下下一個出局數。

當晚我回家後，克拉拉摩挲我的背，一邊說著那句我明白那是事實的話。

明天會更好。

這是我這輩子最愛的一句話。

我們在星期天又面臨到強大的挑戰，因此，若是我們想要扭轉乾坤，最好能在星期天擊垮賈斯丁·韋蘭德。第二局艾利克斯敲出了他這個賽季第一發全壘打，打到左外野的觀眾席上，當我第九局上場時，我們擁有兩分的領先優勢。

我面對的第一個打者是個熟客，米格爾·卡布瑞拉，我投出一顆犀利的卡特球讓他揮棒落空，球數一好球沒有壞球，然後是一顆壞球，我再投一顆往內角角落竄的卡特球，球數來到兩好一壞。接著投了一顆偏外角的卡特球，他忍住沒揮棒，是顆壞球，球數兩好兩壞，我不會再回到星期五晚上那個二縫線快速球的套路。

我會聽從韋特蘭的話，投出最拿手的球路。這球有點投高了，又是偏紅中。這不是我想要它去的位置——不全然是。我在卡布瑞拉揮棒前就知道結果了。他將球打到右外野全壘打牆外，現在比數是四比三，我站在投手丘上，跟自己對話。

怎麼又這樣？我知道他是很棒的打者，但我覺得自己完全掌握了這個打席的狀況啦！

接著，轟！他再度把我丟出牆外了。

我讓普林斯・費德勒敲出了三壘方向的平飛球出局，現在輪到維克多・馬丁尼茲站上打擊區。一好球沒有壞球時，我投出卡特球，但我再度失去準心，馬丁尼茲大棒一揮，球又飛出去了，掉進右外野的觀眾席，比賽戰成了平手，並達成了一項我完全不想要的歷史紀錄：我大聯盟生涯第一次連續三次救援失敗。

我站在投手丘，試圖接受這個事實。這並不容易。五天內第三次救援失敗，我未能完成任務。嘉德納又當了一次英雄，在第九局兩人出局的情況下從荷西・維拉斯手中敲出致勝全壘打。我們拿下三連戰其中兩場勝利，不用感謝我。我的職業生涯還剩下七個星期。沒有自信危機的問題。我相信自己能夠靠著祂的力量度過這一切。不過，有人今天沒付出代價，這真的很困擾我。

當一個受人信任，讓人依賴的存在，對我來說意味著一切。

而我這個星期完全沒做到這件事。

一週後，我們在芬威球場面對紅襪隊，而紅襪隊的投手萊恩・丹普斯特（Ryan Dempster）決定要教訓一下艾利克斯。在幾次非常笨拙的失投後，最後他終於砸到了艾利克斯。我不敢相信丹普斯特居然會這麼明目張膽的砸人，更不敢相信球迷居然全都發出愉悅的歡呼。這份惡意從看臺區散發出來——很多人對艾利克斯叫囂，他們的臉上的表情——相當醜陋。板凳席清空了。艾利克斯在第六局成功復仇，將丹普斯特的球打成了全壘打，最後我拿下了第三十六次救援成功。我希望這次勝利的精神能帶領我們繼續進步。

還剩下五周的賽事，我們距離外卡還有五場勝差，整個九月我們起起浮浮不斷掙扎，最後我清楚的了解到我最後一季的比賽並不包含季後賽。不過這是讓我非常難忘的一個月。九月二十二日，洋基隊發起了馬里安諾·李維拉日。克拉拉、我的孩子和父母全都到場，過去的隊友也都齊聚一堂，瑞秋·羅賓森與她的女兒夏儂，以及我的好朋友吉尼，全都來了。他們將我的球衣號碼——也是傑基·羅賓森的號碼退休了，並將背號放進紀念公園牆上，旁邊同時播放著金屬製品樂團的〈睡魔降臨〉。

這個情境遠遠超出我的想像，也讓我心中充滿感激與溫暖。我不知道他們會這樣做。這天我投了一又三分之二局沒失分，最完美的收尾就是我們獲得勝利，但我們以一比二輸球。

現在，四天後，我們即將迎接……我在洋基隊職業生涯的第一千一百一十五次，與最後一次亮相。對手是坦帕灣光芒隊。牛棚大門開啟，我最後一次從牛棚跑出來，全場球迷全都起立歡呼。我在八局上半，兩人在壘一人出局的情況下登場，盡力拿出最好的表現，不去思考此刻這一刻有多麼沈重或是如何跟大家告別。這並不容易。我很快就解決掉兩名打者，接著我走回球員休息區，走進球員休息室裡的訓練室。我的前臂有些緊繃。我請訓練員馬克·利特菲爾幫我做些熱敷。安迪·派提特走進來時，馬克正在處理我的手臂。

「你怎麼跑來了？」我問他。

「我和基特想在你投完第九局前上去把你換下來。你怎麼說？」

「別這樣做。」我說。「拜託不要。你們懂我的，我想投完這場比賽，這是我的工作。」

「好吧。」安迪說，然後他就走了出去。等到我前臂比較鬆弛後，我便回到球員休息區，坐在板凳席上。即便我們的攻勢已經結束，我還是坐著不動。我只是想在最後一次上場前，坐在這裡一下，看看投手丘跟球場。

我不知道要怎麼度過這一刻。我一直將快要爆發的情緒壓抑的很好，然而我能感受到這份情緒快壓不住了，便祈求主賜予我更多力量。

最後，我站起來往投手丘走去。上場投球熱身。球迷再度起身為我喝采。首位上場的打者是捕手荷西·羅巴頓（Jose Lobaton），他瞄準卡特球揮棒，打出一個回擊給我的彈跳球，我跳起來將球撈下，完成了這次守備。

一出局。

下名打者是游擊手尤尼爾·埃斯克巴（Yunel Escobar）。他放過一個卡特球，沒有好球一壞球。我再次投出稍高些的卡特球，穿過好球帶，無論怎麼看都不是最好的進球點，但埃斯克巴揮棒打成了朝羅賓森·坎諾方向的小飛球出局。

兩人出局。

下名打者是班・佐布利斯（Ben Zobrist），我在花旗球場的全明星隊隊友。我深吸一口氣，希望能好好結束這場比賽，不要又搞砸了，希望最後一次出場能完成任務。我剛要踏回投手板時，往左邊一看，安迪和德瑞克走出洋基隊球員休息區，朝投手丘走來。

「我不是告訴你們不要這樣做嗎？」我心想。

安迪和德瑞克都朝我微笑，我也朝他們微笑。

安迪的臉上寫著：**「我知道你告訴我們別這樣做，但反正我們就是要這樣，你得這樣收場才行。」**

安迪舉起右手對主審拉茲・迪亞茲示意，然後他跟德瑞克繼續往前走，現在他們都走上了投手丘。

安迪伸出左手，我將球放在他的左手。我再也不需要它了。

安迪緊緊將我抱住，我也環抱他，此刻所有的壓抑全然潰堤，所有情緒都衝擊著我，完全壓垮我了，這種一切底定的感覺將我的情緒往下帶，就像海錨般不斷下沉。我像個孩子般靠在他手臂上大哭。安迪將手放在我的後腦杓，我還是不停啜泣，深沈的喜樂與感傷，與一切的一切，全都湧上心頭。

「沒事的，」德瑞克說，「沒事的。」

這段擁抱持續了很長一段時間，接著我抱了抱德瑞克，我不想這樣結束的，不想在沉浸於全場觀眾加上兩隊隊員的鼓掌聲中離開。

我走下投手丘，並對滿場球迷、對我的隊友、對光芒隊的隊員揮舞帽子致意。比賽結束後，我獨自坐在球員休息區，想試著靜下心來，暢飲土的榮耀與這一刻帶給我的力量。球迷已經散去。大家很有默契的不來打擾我。幾分鐘過去了。

我不想離開。但我已經準備好了。我覺得需要走回投手丘，回去我過去十九年的辦公室，再踏上去一次。

我用腳尖蹭了投手板幾次，接著彎下腰，抓起一把泥土，放在右手。這對我別具意義。我從這片土地開始，最好的結果就是從這裡結束，對一個一切追求簡單的人來說，這是最完美的紀念品。

終曲　希望的庇護所

過去十九個賽季，上帝讓我有機會為紐約洋基隊打球，我的工作是要拯救比賽，我也很享受過程中的每一個部分。現在我有了一個新工作——或許比起直接稱呼這個工作，用描述的方式會比較適合——這個工作是讚美主，宣揚他的名字，而且向那些期待他以及希望得到他的恩賜、寧靜與憐憫的人展現他的神蹟。

從拯救球賽到拯救靈魂嗎？我不確定我是不是會這麼說，但是我會這麼說：

「有了上帝，任何事情都是可能的。」

四年前，克拉拉和我建立了一個新的教會，**Refugio de Esperanza**（希望的避風港）或是希望的庇護所，這是在我們之前的舊房子中提供服務，也離我們現在住的地方不遠，剛開始並沒有什麼人參與，但是教會快速的成長，吸引了不同年齡層、種族和宗教背景的人，我們之中有說西班牙文的人也有說英文的人；富有的人和貧窮的人；虔誠的信徒以及一些懷疑論者，這些懷疑論者好奇的想要知道這些讚頌和歌唱的目的究竟是甚麼。沒過多久我們便知道我們需要大一點的場地，兩年後的現在，我們搬到一個美妙的地方，位在新羅謝爾市中心，花了四百萬美元整修後的上帝之家，原本這裡是北街長老會教堂（North Avenue Presbyterian Church）。

現在則是 Refugio de Esperanza。

北街長老會教堂建於西元一九〇七年，這是一棟有著石板屋頂和美麗窗戶的莊嚴石頭建築物，當我的朋友在兩年前跟我提過這間教堂後，我才第一次看到它。

「這間教堂看起來並不像它的外表一樣，事實上，它有些破舊，」我朋友這麼說，「但是，它有潛力。」

第一次走進教堂時，我發現它不只是廢棄狀態，幾乎是處在崩壞邊緣，我是說，它簡直是一團亂，每樣東西都不堪使用，屋頂和窗戶到處都是破洞，還有一股動物屍體的難聞味道，殘破不堪的程度超乎你想像。但是，這天上帝與我同在，我深信他讓我看到了這間教堂未來的光景，除卻這些可怕的狀況，我只看到了美妙的景色，我看到了木頭搭建的庇護所，我看了高聳的天花板，我看到了主的榮光。站在腳踝高的垃圾堆中，窗戶和長椅碎片的圍繞中，我撥了通電話給克拉拉——Refugio de Esperanza 教會的牧師。

「克拉拉，我已經找到我們的教堂了，它非常完美，妳一定要現在過來看一下。」我說。

沒多久克拉拉到了，而且她也一樣看到了這間教堂的可能性，她也一樣看到了滿屋子人在讚美主的光景，一個充滿聖靈的地方，一個只有善的地方。

「它會需要花很多的時間和功夫，當然還有錢，但是一切都會值得的，」她說。

克拉拉是這間教會的資深牧師，而她虔誠的信仰和謙卑，這些精神的基石在背後支持著我們所做的事。她是我三個孩子的母親，家庭中真正的超級巨星，雖然她從小就在聖歌福音中長大，但是一直到她二十五歲才有了和上帝接觸的機緣，並改變了她的生活。

「我相信上帝，並希望可以一直取悅祂。」克拉拉說。

我們的計畫——上帝的計畫——是要讓教會不只是一間希望的庇護所，還要讓它成為社區的中心，可以提供食物、教育課程、學習指導、小朋友和家庭們的信仰活動以及其他更多的幫助，教會是為了各行各業的人，還有那些我們之中遭遇低潮之人的存在。

在耶穌基督的帶領下，這會是一個充滿施與和愛的地方。

這個世界有太多的麻煩和悲劇，以至於當你想要改變時，會不知道要怎麼開始，要保持樂觀也是一樣困難，我知道在Refugio de Esperanza我們無法解決所有問題，但我們可以做的是去接觸人們的內心，一次一個，提供他們寬慰和支持，這樣或許可以讓他們的阻礙變簡單些和路上的困難變得容易些。

這是一個艱難的任務，但是傳播希望卻是一件值得完成的美妙事物。不論是在我們新家或是舊家，毫無疑問地，我們在希望庇護所中提供的服務是我人生中最重要的時刻，九月，洋基體育場舉辦李維拉日之前的十八個小時，我們做了一次我記憶中最美妙的服務之一，在服務中我控制不住的感激和頓悟讓我潸然淚下，在那個時刻中我所感覺到的喜樂是無法控制的，這就是上帝的存在，在祂榮光照耀下的生命奇蹟，祂與世人分享的善。喜樂和善是上帝想給予我們的，這就是事實。

我樂於為紐約洋基隊打球，我每天都對於自己在棒球運動中所體驗到的一切心懷感激，我身上帶著新體育場的泥土，也坐過舊球場的牛棚長椅，也有終生伴隨我的回憶與好友。我絕對也不會忘記穿著制服的每一天，雖然我在紐約洋基隊的這幾年都是擔任救援投手，我還是試著去榮耀主；以純潔的心去比賽和生活；並將我的每一天盡全力的奉獻給球隊和球迷。

這就是我在新工作中希冀去做的事情。

我知道有無數的可能性，而且最美好的部分尚未到來，就像寫在腓立比書第四章第十三節的：

我靠著他給我力量的，凡事都能做。

致謝

當你和你從事了一輩子的運動說再見時，正如同我在二〇一三年時所做的，你會開始思考很多事情，而當你在同一年開始著手寫下你的人生故事時，這件事會讓你的反思和靈魂探索更加深刻。

寫《終結者》這本書，在很多方面來說都可以算是一種救贖，我可能是眾多統計數字中的一個（或是封面上的一個名字），但這是團隊中所有人付出的重要貢獻才讓這件事得以成真，我可以用另一整個章節羅列出那些我由衷感謝的人名，我希望和祈禱那些因為空間的限制和我疏漏的記憶，而不小心被我遺漏的人可以理解，這是無心之失。

費爾南多・卡扎（Fernando Cuza）多年來一直是我的棒球經紀人、朋友與左右手，他和相對論體育（Relativity Sports）的資深副總裁亞倫・斯派沃克（Aaron Spiewak），從一開始他們就對這本書給予了有力的指導與關照。特別是亞倫，他為這本書找到一個非常棒的歸屬，Little Brown出版社，這是間最頂尖的出版社，也擁有最出色的員工，還有出版商里根・亞瑟（Reagan

Arthur），他們從這個企劃的第一局便一直陪伴著我。關於《終結者》這本書，資深出版編輯凱倫・德里（Karen Landry）和她的團隊完成了一件不可思議的工作，將我的草稿變成一本精美的書籍，行銷伊莉莎白・加里加（Elizabeth Garriga）和妮可・杜威（Nicole Dewey），他們充分發揮創意，不遺餘力的在宣傳這本書。我的編輯約翰・帕斯利（John Parsley），不只對他的工作非常在行；從開始寫書到完成的過程中，他一直努力不懈，是我不可或缺的盟友。同時也感謝約翰的助手馬林・馮・尤拉—霍根（Malin von Euler-Hogan）。

感謝洋基隊媒體總監傑森・齊洛，這些年來，包括我在西元二〇一三年的告別之旅，他一直在我身邊持續支持和鼓勵我。

克勞迪諾・賀南德茲，我的第一個捕手和二十五年交情的老友，和我們西巴拿馬隊的隊友艾密力歐・蓋茲，他們在我做之前便看到了我的可能性；你要怎麼感謝他們呢？克勞迪諾同時也是我的共同作者韋恩・考菲，拜訪巴拿馬隊蒐集資料時的司機與凱米托港的導遊。威恩和我是以禱告開始這本書，並希望擁有主的力量和引導，讓這本書可以榮耀祂，儘管這本書是在說一個和其他人有著一樣多缺點，一個謙卑之人的故事，我相信我們的禱告獲得了回應，在我們修改草稿的有限時間中，韋恩幫助我喚醒記憶，將我人生旅程中的各項元素以誠實和可信的方式進行編織，同時我也發現寫書是一項艱難但非常值得的工作。

我也必須感謝韋恩的妻子丹妮絲・威莉（Denise Willi），以及他們的孩子亞力珊卓

（Alexandra）、肖恩（Sean）以及莎曼珊（Samantha）的忍耐，在這本書接近截稿的期間，他們並沒有和我的共同作者有多少時間可以見面或連絡，法蘭克・考菲（Frank Coffey）和肖恩・考菲（Sean Coffey）其中兩位最早的讀者，他們提供了非常寶貴的意見。韋恩的經紀人，ＩＣＭ的埃絲特・紐柏格（Esther Newberg）和她的助理科林・葛拉漢（ColinGraham）促成了我們和相對論的合作，而相對論促成了韋恩和我的出書之路。韋恩在《紐約每日新聞》共事的那群可敬的體育組同事們——泰瑞・湯普森（TeriThompson）、比爾・普雷斯（Bill Price）、艾瑞克・巴羅（Eric Barrow）、麥克・瑪特威（Mike Matvey）以及伊恩・鮑爾斯（Ian Powers）——都是我們忠實的支持者，我也很感謝他們。

我的父母親、手足以及堂兄弟姊妹們——他們幾乎都還待在凱米托港——在我還是個無名小卒時他們就是我生命的基石，在許多方面來說也造就了現在的我。我不能說大聯盟中的球迷、球員以及員工們是否曾經造就了一部份的我，但是他們做了非常多的事讓我這段旅程更加特別。敬我所遇到的每一個人，以及在西元二〇一三年為我慶祝的球隊——底特律隊、克里夫蘭隊、坦帕灣隊、科羅拉多隊、堪薩斯隊、巴爾的摩隊、大都會隊、西雅圖隊、奧克蘭隊、天使隊、德州隊、道奇隊、聖地牙哥隊、白襪隊、波士頓隊以及休士頓隊的球迷們——我衷心希望你們明白你們的善良和讚美讓我有多感動。敬所有洋基隊的球迷們：在球賽開始時你們在，結束時你們也在，我永遠都不會忘記這些年來你們對我的愛與支持，我永遠只會是你們的救援投手，所以，我只能說謝謝你們，也願主保佑你們。

要我一一道出馬里奧（Mario）和娜歐米・甘迪亞（Naomi Gandia）對於李維拉家族有多重要可說是幾乎不可能的事——兩位都是我親愛的家族成員，也是我們基督信仰的靈感和智慧來源——就像我認識的人一樣，馬里奧和娜歐米都活在主的光芒中，分享祂的愛，希望可以讓世界變得更好。他們總是希望待在幕後就好，但就這一次，他們必須走到臺前。

無論是我的母語西班牙文或是英文，都沒有任何一個字可以表達出我對妻子克拉拉的愛和孺慕之情，她是我們家庭生活中的基石，無論好事壞事，她都能給予全家人最大的幫助。敬我們的男孩子們，小馬里安諾、亞費特與亞吉爾，你們是一位父親所能得到最好的禮物，我為你們感到驕傲，也謝謝你們給我的愛，在你們的生命中我曾經離開很多次，而退休最大的好處之一，就是我可以不用再這麼常跟你們說再見了。

也敬以祂的恩典和慈悲保佑我的主，祂的智慧和愛是我生命中的燈塔，我不想只說謝謝，我希望用我所做的每一件事來讚美和榮耀您，而我祈禱《終結者》這本書得以做為一個好的開始。

BO 0221

終結者：馬里安諾．李維拉自傳

國家圖書館出版品預行編目（CIP）資料

終結者：馬里安諾．李維拉自傳／馬里安諾．李維拉、韋恩．考菲著；威治譯. -- 初版. -- 臺北市：商周出版：家庭傳媒城邦分公司發行, 民104.01
面；　公分
譯自：The closer
ISBN 978-986-272-734-8（平裝）
1. 李維拉（Rivera, Mariano, 1969- ）　2. 運動員　3. 傳記
785.568　　103028084

原書名／The Closer
作者／馬里安諾．李維拉、韋恩．考菲
譯者／威治
企劃選書／簡伯儒
責任編輯／簡伯儒
版權／黃淑敏
行銷業務／周佑潔、張倚禎

總編輯／陳美靜
總經理／彭之琬
事業群總經理／黃淑貞
發行人／何飛鵬
法律顧問／元禾法律事務所　王子文律師
出版／商周出版
臺北市104民生東路二段141號9樓
電話：(02) 2500-7008　傳真：(02) 2500-7759
E-mail: bwp.service @ cite.com.tw
發行／英屬蓋曼群島商家庭傳媒股份有限公司　城邦分公司
臺北市104民生東路二段141號2樓
讀者服務專線：0800-020-299　24小時傳真服務：(02) 2517-0999
讀者服務信箱E-mail: cs@cite.com.tw
劃撥帳號：19833503　戶名：英屬蓋曼群島商家庭傳媒股份有限公司城邦分公司
訂購服務／書虫股份有限公司客服專線：(02) 2500-7718；2500-7719
服務時間：週一至週五上午09:30-12:00；下午13:30-17:00
24小時傳真專線：(02) 2500-1990；2500-1991
劃撥帳號：19863813　戶名：書虫股份有限公司
E-mail: service@readingclub.com.tw
香港發行所／城邦（香港）出版集團有限公司
香港灣仔駱克道193號東超商業中心1樓
E-mail: hkcite@biznetvigator.com
電話：(852) 25086231　傳真：(852) 25789337
馬新發行所／城邦（馬新）出版集團【Cite (M) Sdn Bhd】
41, Jalan Radin Anum, Bandar Baru Sri Petaling, 57000 Kuala Lumpur, Malaysia.
電話：(603) 90563833　傳真：(603) 90576622　Email：services@cite.my

封面設計／蔡南昇
印刷／韋懋實業有限公司
經銷商／聯合發行股份有限公司
地址：新北市231新店區寶橋路235巷6弄6號2樓
電話：(02)2917-8022　傳真：(02)2911-0053　客服專線：0800-055-365

■2015年1月22日初版1刷
■2023年2月8日初版9.3刷
Printed in Taiwan

定價400元
ISBN 978-986-272-734-8

城邦讀書花園
www.cite.com.tw